国家卫生健康委员会"十四五"规划教材
全国中医药高职高专教育教材

供针灸推拿专业用

小 儿 推 拿

第5版

主 编 刘世红

副主编 闫方杰 潘道友

编 委 （按姓氏笔画排序）

尹建康（江西中医药高等专科学校）

申莉鑫（遵义医药高等专科学校）

朱霜菊（四川中医药高等专科学校）

刘世红（湖北中医药高等专科学校）

闫方杰（山东中医药高等专科学校）

陈 玲（湖南中医药高等专科学校）

黄 纬（南阳医学高等专科学校）

曾 妙（湖北中医药高等专科学校）

谢 寒（重庆三峡医药高等专科学校）

潘道友（安徽中医药高等专科学校）

人民卫生出版社
·北 京·

版权所有，侵权必究！

图书在版编目（CIP）数据

小儿推拿 / 刘世红主编. —5 版. —北京：人民
卫生出版社，2023.8（2025.10 重印）
ISBN 978-7-117-34986-4

Ⅰ. ①小… Ⅱ. ①刘… Ⅲ. ①小儿疾病－推拿 Ⅳ.
①R244.1

中国国家版本馆 CIP 数据核字（2023）第 155428 号

人卫智网	www.ipmph.com	医学教育、学术、考试、健康，购书智慧智能综合服务平台
人卫官网	www.pmph.com	人卫官方资讯发布平台

小 儿 推 拿
Xiao'er Tuina
第 5 版

主　　编：刘世红
出版发行：人民卫生出版社（中继线 010-59780011）
地　　址：北京市朝阳区潘家园南里 19 号
邮　　编：100021
E - mail：pmph @ pmph.com
购书热线：010-59787592　010-59787584　010-65264830
印　　刷：河北新华第一印刷有限责任公司
经　　销：新华书店
开　　本：850×1168　1/16　　印张：14
字　　数：395 千字
版　　次：2005 年 6 月第 1 版　　2023 年 8 月第 5 版
印　　次：2025 年 10 月第 6 次印刷
标准书号：ISBN 978-7-117-34986-4
定　　价：56.00 元
打击盗版举报电话：010-59787491　E-mail：WQ @ pmph.com
质量问题联系电话：010-59787234　E-mail：zhiliang @ pmph.com
数字融合服务电话：4001118166　E-mail：zengzhi @ pmph.com

《小儿推拿》
数字增值服务编委会

主　编　刘世红

副主编　潘道友　闫方杰

编　委（按姓氏笔画排序）

尹建康（江西中医药高等专科学校）

申莉鑫（遵义医药高等专科学校）

朱霜菊（四川中医药高等专科学校）

刘世红（湖北中医药高等专科学校）

闫方杰（山东中医药高等专科学校）

陈　玲（湖南中医药高等专科学校）

黄　纬（南阳医学高等专科学校）

曾　妙（湖北中医药高等专科学校）

谢　寒（重庆三峡医药高等专科学校）

潘道友（安徽中医药高等专科学校）

修订说明

为了做好新一轮中医药职业教育教材建设工作,贯彻落实党的二十大精神和《中医药发展战略规划纲要(2016—2030年)》《教育部 国家卫生健康委 国家中医药管理局关于深化医教协同进一步推动中医药教育改革与高质量发展的实施意见》《教育部等八部门关于加快构建高校思想政治工作体系的意见》《职业教育提质培优行动计划(2020—2023年)》《职业院校教材管理办法》的要求,适应当前我国中医药职业教育教学改革发展的形势与中医药健康服务技术技能人才培养的需要,人民卫生出版社在教育部、国家卫生健康委员会、国家中医药管理局的领导下,组织和规划了第五轮全国中医药高职高专教育教材、国家卫生健康委员会"十四五"规划教材的编写和修订工作。

为做好第五轮教材的出版工作,我们成立了第五届全国中医药高职高专教育教材建设指导委员会和各专业教材评审委员会,以指导和组织教材的编写与评审工作;按照公开、公平、公正的原则,在全国1 800余位专家和学者申报的基础上,经中医药高职高专教育教材建设指导委员会审定批准,聘任了教材主编、副主编和编委;确立了本轮教材的指导思想和编写要求,全面修订全国中医药高职高专教育第四轮规划教材,即中医学、中药学、针灸推拿、护理、医疗美容技术、康复治疗技术6个专业共89种教材。

党的二十大报告指出,统筹职业教育、高等教育、继续教育协同创新,推进职普融通、产教融合、科教融汇,优化职业教育类型定位,再次明确了职业教育的发展方向。在二十大精神指引下,我们明确了教材修订编写的指导思想和基本原则,并及时推出了本轮教材。

第五轮全国中医药高职高专教育教材具有以下特色:

1.立德树人,课程思政 教材以习近平新时代中国特色社会主义思想为引领,坚守"为党育人、为国育才"的初心和使命,培根铸魂、启智增慧,深化"三全育人"综合改革,落实"五育并举"的要求,充分发挥思想政治理论课立德树人的关键作用。根据不同专业人才培养特点和专业能力素质要求,科学合理地设计思政教育内容。教材中有机融入中医药文化元素和思想政治教育元素,形成专业课教学与思政理论教育、课程思政与专业思政紧密结合的教材建设格局。

2.传承创新,突出特色 教材建设遵循中医药发展规律,传承精华,守正创新。本套教材是在中西医结合、中西药并用抗击新型冠状病毒感染疫情取得决定性胜利的时候,党的二十大报告指出促进中医药传承创新发展要求的背景下启动编写的,所以本套教材充分体现了中医药特色,将中医药领域成熟的新理论、新知识、新技术、新成果根据需要吸收到教材中来,在传承的基础上发展,在守正的基础上创新。

3.目标明确,注重三基 教材的深度和广度符合各专业培养目标的要求和特定学制、特定对象、特定层次的培养目标,力求体现"专科特色、技能特点、时代特征",强调各教材编写大纲一定要符合高职高专相关专业的培养目标与要求,注重基本理论、基本知识和基本技能的培养和全面素质的提高。

4. 能力为先,需求为本 教材编写以学生为中心,一方面提高学生的岗位适应能力,培养发展型、复合型、创新型技术技能人才;另一方面,培养支撑学生发展、适应时代需求的认知能力、合作能力、创新能力和职业能力,使学生得到全面、可持续发展。同时,以职业技能的培养为根本,满足岗位需要、学教需要、社会需要。

5. 规划科学,详略得当 全套教材严格界定职业教育教材与本科教育教材、毕业后教育教材的知识范畴,严格把握教材内容的深度、广度和侧重点,既体现职业性,又体现其高等教育性,突出应用型、技能型教育内容。基础课教材内容服务于专业课教材,以“必需、够用”为原则,强调基本技能的培养;专业课教材紧密围绕专业培养目标的需要进行选材。

6. 强调实用,避免脱节 教材贯彻现代职业教育理念,体现“以就业为导向,以能力为本位,以职业素养为核心”的职业教育理念。突出技能培养,提倡“做中学、学中做”的“理实一体化”思想,突出应用型、技能型教育内容。避免理论与实际脱节、教育与实践脱节、人才培养与社会需求脱节的倾向。

7. 针对岗位,学考结合 本套教材编写按照职业教育培养目标,将国家职业技能的相关标准和要求融入教材中,充分考虑学生考取相关职业资格证书、岗位证书的需要。与职业岗位证书相关的教材,其内容和实训项目的选取涵盖相关的考试内容,做到学考结合、教考融合,体现了职业教育的特点。

8. 纸数融合,坚持创新 新版教材进一步丰富了纸质教材和数字增值服务融合的教材服务体系。书中设有自主学习二维码,通过扫码,学生可对本套教材的数字增值服务内容进行自主学习,实现与教学要求匹配、与岗位需求对接、与执业考试接轨,打造优质、生动、立体的学习内容。教材编写充分体现与时代融合、与现代科技融合、与西医学融合的特色和理念,适度增加新进展、新技术、新方法,充分培养学生的探索精神、创新精神、人文素养;同时,将移动互联、网络增值、慕课、翻转课堂等新的教学理念、教学技术和学习方式融入教材建设之中,开发多媒体教材、数字教材等新媒体形式教材。

人民卫生出版社成立70年来,构建了中国特色的教材建设机制和模式,其规范的出版流程,成熟的出版经验和优良传统在本轮修订中得到了很好的传承。我们在中医药高职高专教育教材建设指导委员会和各专业教材评审委员会指导下,通过召开调研会议、论证会议、主编人会议、编写会议、审定稿会议等,确保了教材的科学性、先进性和适用性。参编本套教材的1 000 余位专家来自全国50 余所院校,希望在大家的共同努力下,本套教材能够担当全面推进中医药高职高专教育教材建设,切实服务于提升中医药教育质量、服务于中医药卫生人才培养的使命。谨此,向有关单位和个人表示衷心的感谢!为了保持教材内容的先进性,在本版教材使用过程中,我们力争做到教材纸质版内容不断勘误,数字内容与时俱进,实时更新。希望各院校在教材使用中及时提出宝贵意见或建议,以便不断修订和完善,为下一轮教材的修订工作奠定坚实的基础。

人民卫生出版社有限公司

2023 年 4 月

前　言

　　为了更好地贯彻落实中共中央、国务院印发的《中国教育现代化2035》和国务院印发的《中医药发展战略规划纲要（2016—2030年）》文件精神，推动中医药高职高专教育的发展，培养中医药类高级技能型人才，在总结汲取前4版教材成功经验的基础上，在人民卫生出版社、全国中医药高职高专教育教材建设指导委员会的组织规划下，按照全国中医药高职高专院校各专业的培养目标，确立本课程的教学内容，并编写了本教材。

　　本书第1版（2005年6月）名为"小儿推拿学"，从第2版（2010年1月）开始更名为"小儿推拿"至今。

　　本书以思想性、科学性、先进性、启发性和适用性为原则，以长期积累的教学与临床理论以及实践经验为依据，在总结以往教材编写经验的基础上，力求全面反映小儿推拿的基础理论、基本知识和基本技能，突出中医推拿在儿科临床的特色与优势，培养学生较强的动手能力以及敏锐的分析和判断能力，使之能更好地适应临床需要。

　　在本次修订工作中，编者们根据高职高专教育的最新要求，对教材内容作了相应调整和丰富，以期更符合当前教学实际。本版修订，为了突出课程立德树人的根本任务，结合教材特色，全书增加了3个思政元素举例；在第五章"常见病症推拿治疗"编写中，根据目前儿科常见病症，结合小儿推拿临床多发病和小儿疫苗接种情况，删除了"百日咳""脱肛""肠套叠""髋部扭伤""佝偻病"五种病症，增加了"感冒""胎黄""湿疹""汗证""鼻窒"五种病症；在第二章"诊法概要"问诊编写中，适当地补充了寒热、饮食等相关内容；在附录一中，增加了小儿耳部、鼻部等保健推拿法，丰富了原有的保健推拿内容；在附录三中，增加了小儿推拿手法、小儿推拿穴位、常见病症推拿治疗实训考核方案；进一步完善了二维码数字增值服务，包括教学课件、知识导览、课堂互动和"扫一扫，测一测"等；提高了教材的可读性，增加了教材的信息量，并对第4版教材中个别提法进行了修订。

　　本书共分5章，分别介绍小儿推拿概论、小儿推拿诊法概要、常用推拿手法、常用推拿穴位和小儿常见病症推拿治疗，并附有小儿保健推拿、小儿推拿流派、实训指导及实训考核方案、小儿推拿歌诀选、小儿常用中成药简表、儿科常用检验正常值及临床意义、小儿疫苗接种一览表等。书中详细介绍了小儿推拿穴位及小儿推拿手法的具体操作，对临床23种适宜小儿推拿的常见病症，从病因病机、诊断（诊断要点、临床表现、辅助检查）、鉴别诊断、推拿治疗、注意事项几个方面作了较为详细的阐述。全书配有插图近120幅。

　　本教材在修订过程中，汲取了近年来小儿推拿学术发展的最新成果和临床的成熟经验，以临床实用为前提，辨证与辨病相结合，突出了临床诊断的准确性和治疗的针对性。我们希望学生通过本教材的学习，能够掌握从事小儿推拿临床工作的基本知识和技能，具备在上级医生指导下应诊的能力，成为中医药实用型人才。

　　本教材在编写过程中，得到了湖北中医药高等专科学校、山东中医药高等专科学校、安徽中医药高等专科学校、四川中医药高等专科学校、南阳医学高等专科学校、湖南中医药高等专科学校、江西中医药高等专科学校、遵义医药高等专科学校、重庆三峡医药高等专科学校等院校的大力支持和帮助，在此致以诚挚的谢意！希望各学校在使用本教材的过程中，提出宝贵的意见或建议，以便进一步修订完善。

《小儿推拿》编委会

2023 年 4 月

目 录

第一章 概 论

PPT课件

知识导览

学习目标

　　掌握小儿推拿的定义、小儿推拿治疗概要；熟悉小儿生理病理特点、小儿推拿的特点、小儿推拿常用介质；了解小儿推拿的发展简史、小儿生长发育规律及喂养与保健。

　　小儿推拿是运用中医学理论和临床知识，研究用手法作用于小儿体表穴位，预防和治疗儿科常见疾病的一门临床学科，是中医推拿学的重要组成部分。它是随着整个中医学的发展，经历了漫长的历史时期而逐渐形成、发展起来的非药物治疗的专门学科。古代医家在长期的医疗实践中，积累了丰富的理论知识和宝贵的临床经验，使其在推拿学中自成体系、独具特色，千百年来为小儿的健康作出了不可磨灭的贡献。随着社会的发展，人们重新认识不药而愈的自然医疗方法的优越性时，小儿推拿更受世人瞩目，在当今的小儿保育和疾病防治中，继续发挥着重要作用。

第一节　小儿推拿发展简史

　　推拿古称按摩，是以各种手法代替针药，防治疾病的一种方法。起源于远古时代人类的生产劳动和生活实践。在肢体受冻时，人们会自然地用双手摩擦身体取暖；因各种损伤引起疼痛或小儿跌仆摔倒时，会本能地用手抚摩、按压受伤部位，以减轻疼痛。人类在逐渐认识到抚摩、按压、摩擦等动作能起到祛寒、止痛作用的基础上，有目的地将其用于医疗实践，并不断加以总结，逐渐形成了推拿医疗体系。

　　春秋战国时期，按摩作为治疗疾病的一种方法在医疗实践中被广泛应用，并形成理论。据《史记·扁鹊仓公列传》记载："扁鹊名闻天下……来入咸阳，闻秦人爱小儿，即为小儿医。"书中还记载了他率弟子们用按摩、针砭、汤熨、药物等综合疗法抢救了患"尸厥"症的虢太子。

　　我国现存最早的中医理论著作《黄帝内经》不仅对按摩的产生、治疗病种、治疗作用及按摩工具等有许多记载，还有不少关于儿科方面的记叙。关于按摩的产生，《素问·异法方宜论》有"中央者，其地平以湿，天地所以生万物也众。其民食杂而不劳，故其病多痿厥寒热，其治宜导引按跷，故导引按跷者，亦从中央出也"的记载。这里的中央是指我国的中原地区。有关按摩治疗的病症有痹证、脾风发瘅、疝瘕、痿证、口眼歪斜、胃脘痛等，并描述了有关按摩工具，如"九针"中的"员针""锟针"，可见那时按摩和针灸常常配合使用。有关按摩的止痛作用和原理，《素问·举痛论》指出："寒气客于肠胃之间，膜原之下，血不得散，小络急引故痛，按之则血气散，故按之痛止。"又说："寒气客于背俞之脉，则脉泣，脉泣则血虚，血虚则痛，其俞注于心，故相引而痛，按之则热气至，热气至则痛止矣。"

　　在儿科方面，《灵枢·逆顺肥瘦》载有"婴儿者，其肉脆，血少气弱"，《素问·上古天真论》有"女子七岁，肾气盛，齿更发长""丈夫八岁，肾气实，发长齿更"等小儿生理特点和生长发育过程的记载。

　　在《汉书·艺文志》中不仅有《妇人婴儿方》十九卷，还有《黄帝岐伯按摩》十卷，可惜这部按摩专著早已佚失。长沙出土的西汉墓中《五十二病方》帛书，有"婴儿病痫""婴儿瘛"等记载。

以上资料表明，按摩疗法当时已在医疗实践中普遍应用，儿科学也开始孕育。

秦汉时期，按摩不仅广泛用于临床，运用膏摩法防治疾病也成为其特点。医圣张仲景首次在《金匮要略·脏腑经络先后病脉证》中提出："若人能养慎，不令邪风干忤经络，适中经络，未流传腑脏，即医治之。四肢才觉重滞，即导引、吐纳、针灸、膏摩，勿令九窍闭塞。"膏摩法，是手法与药物协同作用，既提高了疗效，又保护了皮肤，扩大了临床适用范围，也为小儿按摩介质的使用打下了基础。

魏晋时期，按摩除了用来养生保健和治疗慢性疾病，又作为急救措施应用于临床。晋代医学家葛洪在《肘后备急方》中，记载了许多用按摩救治的病例，诸如卒心痛、卒腹痛、卒死尸厥、卒霍乱、卒中风、脚气攻心等，其首创的指针法、捏脊法、颠簸法等，至今仍为小儿推拿临床所用。

隋唐时期，按摩在医学领域的地位较高，是医学教育的四大科目之一。此时期是中医儿科学形成的奠基时期。隋代设有按摩博士职务，唐代太医署设有按摩专科和少小科（即小儿科），并把按摩医生分成按摩博士、按摩师、按摩工的等级。按摩博士在按摩师和按摩工的辅助下，对按摩生进行医学教育，开始了有组织的按摩教学。对儿科医生的要求也非常严格，聘请医学博士教授学生，学制五年，考试合格为小儿医。正是唐代医学教育的开展，促进了按摩医学的发展和中医儿科学的形成。

此时按摩已在内、外、妇、儿、骨伤、急诊和养生保健中普遍得到运用。许多文献和医学著作都记载了按摩、导引、膏摩和儿科方面的内容。《唐六典》中记载按摩可除"八疾"，即风、寒、暑、湿、饥、饱、劳、逸，说明按摩治疗范围广泛。隋代巢元方《诸病源候论》50卷，分67门，1 720论，每卷之末，都附有按摩导引方法。其中专论小儿诸病的6卷，计255候，详细描述小儿保育和证候病源。唐代孙思邈《备急千金要方》《千金翼方》各30卷。《备急千金要方·养性篇》中记载了以自我按摩为主的"老子按摩法"42式。《备急千金要方》首列妇人、少小婴孺诸病，将小儿病证分为：初生、惊痫、客忤、伤寒、咳嗽、癖结胀满、痈疽瘰疬、杂病等科，载有儿科方325首，《千金翼方》补列75首，共400首方，并有不少用于小儿的膏摩方，如《备急千金要方·少小婴孺方》记载："治少小心腹热除热方，丹参、雷丸……膏成，以摩心下，冬夏可用""治少小新生肌肤幼弱，喜为风邪所中，身体壮热，或中大风，手足惊掣，五物甘草生摩膏方"。采用膏摩法治疗小儿项强、外感鼻塞不通、腹胀满、不能乳食等十几种病证，扩大了膏摩治疗小儿疾病的范围。书中还记载："小儿虽无病，早起常以膏摩囟上及手足心，甚辟寒风。"将膏摩用于小儿的保健按摩。唐代王焘《外台秘要》第35、36卷为小儿诸疾专卷，将小儿证候分为86门，载方约400首，对小儿夜啼有摩儿头和脊的记载。唐末出现了第一部儿科专著《颅囟经》，书中首创小儿为"纯阳"的理论，并有对小儿脉法及惊、痫、疳、痢的论述。这时，成人按摩和小儿按摩仍为一体，手法与穴位无明显区分。

这一时期，随着我国政治、经济、文化、交通的发展，出现了对外文化的交流，我国按摩著作开始传入朝鲜、日本、印度等国。

宋金元时期，对按摩的理论进行全面总结，按摩手法在治疗骨伤科疾病方面又有新的发展。中医儿科学也有了显著的发展。宋代医学著作中，出现了具有小儿生理、病理、诊法、治法等方面特点的记载，创立了以五脏为纲的辨证方法，提出了小儿特有的指纹望诊法，治疗方法和方药极其丰富。随着以北宋钱乙为代表的儿科医家辈出，及其以《小儿药证直诀》为代表的儿科专著不断问世，中医儿科学的理论体系开始形成并不断完善，为小儿推拿学的形成奠定了坚实的基础。

 课堂互动

被誉为中医儿科鼻祖的医家是哪一位？

综上所述，正是按摩学和中医儿科学的不断成熟，促进了新的学科——小儿推拿学的形成。

明清时期，推拿突出的成就表现在小儿推拿独具风格，自成体系，成人推拿形成一些流派。小儿推拿专著相继问世，明代杨继洲《针灸大成》中收载的《小儿按摩经》是我国现存最早的小儿推拿专著。该书1601年被杨继洲收集，为四明陈氏所著。陈氏根据中医理论，对小儿推拿从诊法、辨证、穴位、手法、治疗等方面作了全面系统的论述。他认为小儿疾病无七情干扰，病位主要在肝、脾两经；在诊法上突出望诊，其次是切脉，还强调了验指纹的方法；对小儿推拿穴位，除常用经穴外，还记载了数十个小儿推拿特定穴；书中还载有小儿推拿手法：掐、揉、按、推、运、摇、搓、摩、分、合、点、刮、捻、扯等十余种，小儿推拿复式操作法20种，该书对后世小儿推拿的发展起了更加重要的作用。

思政元素

慧眼识珠

韩愈有一句名言为："世有伯乐，然后有千里马。千里马常有，而伯乐不常有。"其核心内容是人们要善于发现，而不至于让优秀的人才和作品埋没。《小儿按摩经》，正是由于后世医家的慧眼识珠，才能流传至今。《小儿按摩经》又名《保婴神术•按摩经》，成书于公元1405—1601年之间，作者为四明陈氏（具体姓名、生卒不详）。《保婴神术》本为书名，共设小儿针灸、小儿按摩和小儿内科三部分内容。这本书连同作者一直籍籍无名，直到1601年，明代著名针灸学家杨继洲选其中的小儿按摩部分（兼收内科方法）载入《针灸大成》第十卷。至此，《小儿按摩经》打破了按摩界自《黄帝岐伯按摩十卷》（已佚）以来近两千年的沉寂，作为我国现存最早的按摩专著横空出世。该书主要学术思想源于《袖珍小儿方论》，它奠定了穴位、手法等治疗基础，创造性地将方脉与按摩相结合，形成小儿按摩学。《小儿按摩经》是最早的小儿按摩专著。它的出现，标志着小儿推拿体系的基本确立，对于后世小儿推拿的发展产生了巨大影响。也正是由于杨继洲发现了这本书的价值，并把它收录在《针灸大成》里，最终成就了今天中国小儿推拿的辉煌。

1604年，龚廷贤所著的《小儿推拿方脉活婴秘旨全书》，继承了钱乙的学术思想，对小儿变蒸、病因病机、推拿穴位、手法、治疗都有论述。该书新增笃、打拍、开弹、拿、搽五种推拿手法，尤其是对小儿推拿12种复式操作法论之甚详。此书是现存最早的推拿专著单行本，曾被曹炳章先生誉为小儿推拿最善之本。

1605年由周岳甫编著的《小儿推拿秘诀》，介绍了诊法和手法总论，尤其对拿法、推法、运法等有较详细介绍，还介绍了9种复式操作法。书中阐明了诸病症状和推拿治法，并附有推拿穴位图和手法图等。该书曾先后四次刻印，对后世影响很大。

推拿的名称始见于小儿推拿著作中，从此"按摩"改称为"推拿"已成为公认。小儿推拿强调辨证施治，手法和穴位以及治疗病种与成人推拿有很大区别，对小儿保育和疾病防治起着重要作用。此时，小儿推拿已和成人推拿分开，形成独立体系。

清代，小儿推拿仍在民间继续发展，并有较多专著，影响较大的有熊应雄著的《小儿推拿广意》。该书共3卷，上卷重点介绍了小儿推拿穴位和9种手法，14种复式操作法；中卷分述了各种小儿常见病的证治；下卷收录了小儿医方196首，是一本通俗的小儿推拿专著。清代骆如龙著的《幼科推拿秘书》5卷，书中介绍了11种小儿推拿手法，将复式操作法称为"十三大手法"，新增"揉脐及龟尾并擦七节骨"和"总收法"2种手法，针对小儿推拿操作次数，提出要根据不同年龄，选择主穴下功夫推拿。此书文理通顺，插图清晰，是小儿推拿著作中较为重要的一本专著。清代夏鼎著《幼科铁镜》6卷，是中医儿科中一本有代表性的著作，重视望诊，强调"有诸内必形诸外"

的观点,从望面色、苗窍来辨脏腑的寒热虚实,创造了小儿灯火疗法治疗小儿脐风,对惊风的治疗提出"疗惊必先豁痰,祛风必先解热,解热必先祛邪"的理论,至今仍具有临床指导意义。书中将推拿法的作用与中药相对比,编成"推拿代药赋",具有独特论述。清代夏云集著的《保赤推拿法》专论操作,介绍了 43 种手法的操作方法,简释了推、拿、挤、搓、捻、扯、运等 11 种手法操作要领。清代徐谦光著的《推拿三字经》,以三字为句,通俗易懂,便于记忆。其治疗方法具有取穴少,推拿操作次数多的特点。清代张振鋆著的《厘正按摩要术》,首次将小儿推拿常用手法归纳为"按、摩、掐、揉、推、运、搓、摇"八法。该书是在《小儿推拿秘诀》一书的基础上,进一步校订补辑而成。由于作者广泛征引有关文献,故不仅在内容上有较大的增补,编次上也更为条理系统。清代唐元瑞著的《推拿指南》共 7 卷,第 7 卷中记载了各种眼疾的推拿治疗方法 61 种,为推拿治疗眼病提供了临床资料。

根据以上小儿推拿专著印行情况,可以窥知小儿推拿疗法盛行于明清,小儿推拿专著不仅在整个推拿疗法文献中居重要地位,而且在当时的儿科著作中也占相当大的比重,并被儿科医家所推崇。明代万全著有《育婴家秘》《幼科发挥》,他也常采用手法治疗儿科疾病。近代医家张山雷在《钱氏小儿药证直诀笺正》中曾说:"若至儿医,则不晓推拿手法,岂敢靦颜以编撰幼科专书,贻讥大雅。"由此可见,当时小儿推拿与中医儿科的关系十分密切。

清代以后,小儿推拿则陈陈相因,较少发明。

民国时期,成人推拿手法的发展在总体上处于低潮,小儿推拿因疗效独特,仍在民间广为流传,小儿推拿著作仍在不断出版。《推拿易知》《推拿抉微》《窍穴图说推拿指南》《增图考释推拿法》《推拿捷径》等十余种小儿推拿著作都在此期出版。

中华人民共和国成立后,不仅重印再版了很多小儿推拿古籍,而且出版了许多小儿推拿著作,有的还译成英文出版,供外国友人学习。成立了手法研究会,已取得了一定的研究成果。随着我国国际地位的不断提高,中医推拿也引起国际医学界的重视,不少欧美国家已经开展推拿疗法的临床和实验研究,越来越多的外国留学生纷至沓来。中国教育电视台播出了《小儿常见病的家庭推拿》等科普系列教学片,使小儿推拿疗法得到广泛宣传和普及。全国各地中医院校也将小儿推拿系统地编入教科书,培养了大批小儿推拿专科医生。在我国许多大、中城市,如北京、上海、青岛、济南、南京、合肥、芜湖等地中医院,都设有小儿推拿专科,小儿推拿不仅在临床治疗范围方面更加扩大,而且在小儿保健方面也越来越受到人们的欢迎。随着社会的发展和医学科学的进步,以及人们对自然医疗方法的重新认识,我国特有的小儿推拿这一古老而又年轻的临床学科,必将继续为儿童的健康和保健事业发挥重要的作用。

附: 古代儿科、小儿推拿著作简表

书名	年代（公元）		作者
诸病源候论·小儿杂病诸候	隋	610	巢元方等
备急千金要方·少小婴孺方	唐	7 世纪中期	孙思邈
千金翼方·小儿	唐	682（待考）	孙思邈
外台秘要·小儿诸病	唐	752	王焘
颅囟经	唐末宋初（待考）		不著撰人名氏
太平圣惠方·小儿病	宋	992	王怀隐等
圣济总录·小儿门	宋	1111—1117	赵佶
小儿药证直诀	宋	1119	钱乙著、阎季忠整理编撰

续表

书名	年代（公元）		作者
小儿斑疹备急方论	宋	1093	董汲
幼幼新书	宋	1132	刘昉
小儿卫生总微论方	南宋	13世纪初	未详
活幼心书	元	1294	曾世荣
保婴撮要	明	1555	薛铠撰、薛己增补
补要袖珍小儿方论	明	1574	徐用宣辑、庄应琪补要
片玉心书	明	16世纪中期	万全
幼科发挥	明	16世纪中期	万全
小儿按摩经（见针灸大成）	明	1601	陈氏（佚名）
证治准绳·幼科	明	1602	王肯堂
小儿推拿方脉活婴秘旨全书	明	1604	龚廷贤
小儿推拿秘诀	明	1605	周于蕃
景岳全书·小儿则	明	1624	张介宾
小儿推拿广意	清	1676	熊应雄
幼科推拿秘书	清	1691	骆如龙
幼科铁镜	清	1695	夏鼎
医宗金鉴·幼科心法要诀	清	1742	吴谦等
幼幼集成	清	1750	陈飞霞
温病条辨·解儿难	清	1798	吴瑭
理瀹骈文	清	1870	吴尚先
保赤推拿法	清	1885	夏云集
推拿三字经			徐谦光
厘正按摩要术			张振鋆
推拿指南			唐元瑞

第二节 小儿生理病理特点

　　小儿时期处于不断生长发育过程中，在形体结构、脏腑功能、生理病理、发病和恢复等方面都有其明显的年龄特点，与成人有所不同。其生理特点主要表现为脏腑娇嫩，形气未充；生机蓬勃，发育迅速。病理特点表现为发病容易，传变迅速；脏气清灵，易趋康复。掌握这些特点，对学习小儿推拿、更好地诊断和防治疾病，具有十分重要的意义。

一、生 理 特 点

（一）脏腑娇嫩，形气未充

　　脏腑指五脏六腑；娇嫩指稚嫩、柔弱，不成熟；形指形体、脏腑结构、四肢百骸、筋肉骨骼、精血津液等有形物质；气是指机体功能活动；充即充实或充盛。小儿时期，无论是机体各器官的形态、位置，还是脏腑的生理功能，都随着年龄的增长，处在不断成熟和完善的过程中。年龄越小，机体越稚嫩柔弱，功能活动越不完善，五脏六腑的形和气都相对不足，尤以肺、脾、肾三脏更为突出。如隋代《诸病源候论•小儿杂病诸候•小儿候》提出"小儿脏腑之气软弱"；宋代《小儿药证直诀•变蒸》提出"五脏六腑，成而未全，全而未壮"；明代《育婴家秘》也提出"血气未充，肠胃脆薄，神气怯弱"等，清代《温病条辨•解儿难》中，将小儿这一生理特点归纳为"稚阳未充，稚阴未长"。历代医学家把小儿这种现象称为脏腑娇嫩，形气未充。按照中医学理论阴阳的含义，阴是指身体的精、血、津、液等具体物质性的东西；阳是指身体内各种生理功能的活动。"稚阴稚阳"，是指小儿无论在物质基础和生理功能方面，均稚嫩和不完善。这是小儿的基本生理特点。

（二）生机蓬勃，发育迅速

小儿初生如同嫩芽，从出生到成年一直处于不断生长发育过程中，体格、智力和脏腑功能，均不断向完善和成熟迅速发展。年龄愈小，生长的速度也愈快。古代医家将小儿生机蓬勃、发育迅速的特点，称为"纯阳"。如《颅囟经》提出："凡孩子三岁以下，呼为纯阳，元气未散。"《冯氏锦囊秘录•小儿急慢惊风》又提出："天癸者，阴气也，阴气未至，故曰纯阳。"生机属阳，阳生则阴长。所谓纯阳之义，一方面指小儿生机旺盛，发育迅速；另一方面指小儿时期的阴阳在生理状态下，阳相对旺盛，阴相对不足。对水谷精微、营养物质的需要相对感到更加迫切，需不断加以补充，以适应其各个阶段生长发育的要求。"纯阳"，并非有阳无阴的"盛阳"。

总之，小儿时期既是稚阳又是纯阳，机体稚嫩柔弱，生理功能尚不完善，在不断生长发育的过程中迫切需要营养物质。"稚阴稚阳"和"纯阳之体"的理论观点，说明了小儿机体生理功能的两个特点：前者是指小儿机体柔弱，阴阳二气均幼稚不足；后者是指在生长发育过程中，既表现出生机蓬勃、发育迅速，又相对显得阴的不足。

二、病 理 特 点

（一）发病容易，传变迅速

小儿脏腑娇嫩，形气未充，机体和功能均较脆弱，抵抗疾病的能力弱，加上寒暖不能自调，饮食不知自节，一旦护理失宜，在同等致病条件下，较成人更易发病。临床以外感六淫、时行疾病和肺、脾二脏的病证较为多见。

肺为娇脏，外合皮毛，小儿肺卫尤弱，小儿"肺常不足"，不仅表现在解剖结构、生理功能上不完善，还表现在免疫功能也不健全。如 IgA 不能通过胎盘传给胎儿，故胎儿和新生儿血清中没有 IgA，3 个月后才逐渐形成，1～3 岁时为成人的 22%，10 岁时达成人水平，而分泌型 IgA 正是呼吸道黏膜重要的抗感染因素。因此，外邪袭表，易犯肺系，肺失清肃，则容易出现感冒、咳嗽等病证。

脾胃为后天之本，主运化水谷和输布精微，为气血生化之源。由于小儿运化功能尚未健全，而所需水谷精气却较成人更为迫切，故常易为饮食所伤，出现积滞、呕吐、腹泻等证，表现出小儿"脾常不足"的病理特点。

课堂互动

为什么在同等致病条件下，小儿较成人更易出现肺、脾二脏的病证？

小儿纯阳之体，神气怯弱，邪毒为害，易从热化火。热陷厥阴，痰火扰心，侵犯心、肝两经，常易发生高热、惊风、神昏、抽搐，表现出小儿"肝常有余""心常有余"，热证最多，热盛引动肝风的病理特点。

小儿患病后，还有病情变化迅速的特点，表现在疾病的寒热虚实互相转化上。钱乙在《小儿药证直诀·序》中指出"脏腑柔弱，易虚易实，易寒易热"。"易虚易实"是指小儿一旦患病，邪气易实，正气易虚，实证可以迅速转化为虚证，或出现虚实并见的证候。如偶患感冒，可瞬即转为肺炎，出现咳嗽、气急、鼻翼煽动、涕泪俱无等肺气闭塞之象。又如婴儿腹泻，原为外感时邪或内伤乳食的实证，剧烈吐泻后，常易出现液脱伤阴或阴竭阳脱的危候。

课堂互动

"肝常有余""心常有余"是指小儿发生的哪些证候？

"易寒易热"是指小儿在发病的过程中，由于"稚阴未长"和"纯阳之体"，易呈阴伤阳亢，表现热的证候。由于"稚阳未充"，机体脆弱，容易兴奋，也容易衰竭，在病理中出现阳虚衰脱，阴寒之证。如婴儿外感咳嗽，极易发展为肺炎喘嗽，出现高热、咳喘、鼻翼煽动、气急的实热证；在高热痰火相煽、实热内闭的同时，转瞬可以出现面色苍白，口唇青灰紫，心慌气促、汗出肢冷，脉微细等心阳虚衰，甚至心阳虚脱的危候。

小儿病情变化，比成人更为迅速而错综复杂。故对小儿疾病的诊治，必须根据小儿病理特点，准确辨证，精确取穴，及时治疗。

（二）脏气清灵，易趋康复

小儿生机蓬勃，发育迅速，充满活力，患病后机体恢复快，修复能力强；并且小儿病因相对单纯，多为外感六淫、时行疾病和乳食内伤；又少七情干扰，神气安静，少痼疾久病；小儿脏腑清灵，对手法和药物反应比较灵敏。在病情发展转归的过程中，虽有传变迅速，病情易恶化的一面，但经过及时恰当的治疗与护理，比成人好转快。正如张景岳在《景岳全书·小儿则》中指出的"其脏气清灵，随拨随应，但能确得其本而撮取之，则一药可愈，非若男妇损伤，积痼痴顽者比"。这是对小儿生理、病理及治疗特点的概括。

掌握小儿的生理病理特点，不仅能指导临床诊治，对小儿保育也有重要意义。

第三节　小儿生长发育与保育

生长发育是小儿不同于成人的显著特点。生长是指形体量的增长，发育是指功能的成熟过程，是机体的质和量两方面的动态变化。掌握小儿生长发育的基本规律，熟悉小儿健康的正常标准，对小儿的保健和疾病防治具有重要意义。

一、年　龄　分　期

根据小儿时期生长发育的变化规律作阶段划分，叫年龄分期。掌握各年龄分期小儿生长发育特点、发病特征和养护要点，对指导小儿保健和防治疾病，具有重要的临床意义。

（一）胎儿期

从受孕到分娩共40周，称为胎儿期。其周龄称胎龄。

胎儿期，胎儿完全依靠母体生存，孕母的营养、环境、情绪、疾病等因素均影响胎儿的生长发育。由于胎盘和脐带的异常，或其他原因引起的胎儿缺氧、各种感染、理化因素刺激，或孕妇营养不良、吸烟、酗酒、心理创伤等不利因素，均可引起胎儿生长发育障碍，并可导致死胎、流产、早产或先天畸形等。因此，加强孕期保健和胎儿保健十分重要。

（二）新生儿期

从出生后脐带结扎到满28天，为新生儿期。

新生儿期，小儿刚脱离母体，内外环境发生了剧烈变化。由于其生理调节和适应能力还不够成熟，具有容易患病，且死亡率高的特点。病证多为产伤、窒息、先天畸形、各种感染等。因此，对新生儿的喂养、保暖、隔离、消毒、护理和防止皮肤黏膜损伤等，都显得尤为重要。

知识链接

新生儿体重

新生儿出生后，因为吃奶少，通过皮肤表面和肺呼吸散失掉身体的部分水分，加上胎粪和小便的排出，3～4天体重可下降6%～9%，7～10天恢复到出生体重。这种情况称为生理性体重下降。一旦体重下降超过出生时体重的10%，或2周后仍未恢复至出生时体重，应考虑为病理性或喂养不当所致。

（三）婴儿期

从出生28天到满1周岁，为婴儿期，又称乳儿期。

婴儿期，为出生后生长发育最迅速的时期。周岁时，体重为出生时的2～3倍，身长为出生时的1.5倍，因此，对营养的需求量高。但因小儿脾常不足，消化吸收功能尚不完善，若喂养不当，易发生呕吐、腹泻、营养不良等脾胃系病证。故应提倡母乳喂养，并给予合理的喂养指导。此期，小儿由于自身的免疫功能尚未发育成熟，抗病能力低，易感外邪，而致肺系病证和急性热病等。应按时进行各种预防接种。

（四）幼儿期

从1周岁到3周岁，为幼儿期。

幼儿期，体格增长较前期缓慢，随着活动范围增大，接触成人和事物增多，在语言、动作和表达能力等方面发展迅速，但对各种危险的识别能力不足。发病以外感热病和肺系病证居首，如咳嗽、肺炎喘嗽等；其次是脾胃病证，如腹泻、厌食等。因此，要注意按时断乳和断乳后的合理喂养，加强锻炼，开发智能，防止意外，按时预防接种，积极防治传染病。

（五）学龄前期

从3周岁至7周岁为学龄前期，又称幼童期。

学龄前期，体格发育的体重增长减慢，而身高增长加快；语言行为发育飞跃。好奇多问，模仿性强，具有高度可塑性。应加强德育教育，培养良好的生活习惯。此期儿童防病能力有所增强，但因接触面广，仍可发生传染病和各种意外，并易患免疫性疾病，如急性肾炎、风湿热等，因此应做好疾病的防治工作。

（六）学龄期

从6～7周岁到12～13周岁为学龄期，又称儿童期。

学龄期，小儿各系统器官除生殖系统外的发育，逐渐接近成人。控制、理解、分析和综合等能力增强，对各种传染病的抵抗能力也增强，发生疾病的种类和其表现基本接近成人。因此，家庭和学校应重视小儿的德、智、体等多方面的教育。并注意保证营养，清除病灶，使小儿的身心得到健康成长。

（七）青春期

女孩从11～12周岁到17～18周岁，男孩从13～14周岁到18～20周岁为青春期。

青春期，生殖系统迅速发育，第二性征逐渐明显。各种疾病的患病率和死亡率相对较低，但心理行为和精神方面的不稳定则容易出现。因此，在进行学业教育的同时，应加强生理、心理和性知识的教育,树立正确的人生观、道德观、价值观,保证青少年的身心健康。

二、生理常数

生理常数是根据健康小儿生长发育的规律,总结出的衡量小儿健康状况的标准。凡符合标准的小儿,都可能是健康的小儿;反之,则可能有某种不利因素影响小儿的正常发育。但必须根据小儿的个体和家族特点,全面仔细观察,才能作出正确的判断。

(一)体重

体重是反映体格生长的主要指标。根据体重,可以推测小儿的营养状态,通常也是用药剂量的依据。测量体重最好在清晨空腹排尿之后进行。

为便于临床观察和判断,小儿体重可用下列公式推算:

1~6 个月:体重(kg)=出生体重(kg)+0.7(kg)×月龄

7~12 个月:体重(kg)=6(kg)+0.5(kg)×(月龄-6)

1~12 周岁:体重(kg)=7 或 8(kg)+2(kg)×年龄

注:在正常情况下,允许个体差异为 ±10%。

(二)身高(长)

身高(长)是指从头顶到足底的垂直长度,是反映骨骼发育的标志。身长的显著异常,都是疾病的表现。如身长低于正常的 30% 以上,要考虑侏儒症、克汀病和营养不良等。测量身高时,一般是 3 岁以下取卧位,3 岁以上取站位。正常新生儿出生时,平均身高约 50cm。第一年平均增长约 25cm,第二年平均增长约 10cm。到 2 岁时,身高约 85cm。2 岁以后,身高可用下列公式粗略估算:

$$身高(cm)=70(cm)+7(cm)×年龄$$

(三)头围

经眉弓上沿、枕部隆起绕头一周的长度为头围。新生儿的头围平均约 34cm,6 个月时约 42cm,1 岁时约 46cm,2 岁时约 48cm,5 岁时约 50cm,15 岁时,接近成人的头围,为 54~58cm。头围测量在 2 岁前最有价值,头围过大或过小,均为生长发育异常。如头围过小,常为脑发育不全所致的小头畸形。

(四)胸围

沿乳头下缘水平绕胸一周的长度为胸围。出生时,胸围平均约 32cm,比头围小 1~2cm。周岁时,头围和胸围几乎相等。以后则胸围超过头围,超过头围的厘米数约等于小儿的岁数减 1。胸围过大或过小,常为生长发育异常,甚至是疾病的表现。如患佝偻病和营养不良,则胸围过小。

(五)囟门

分前囟和后囟。前囟为顶骨和额骨边线形成的菱形间隙,出生时为 1.5~2cm,在 12~18 个月时闭合;后囟为顶骨与枕骨边缘形成的三角形间隙,在出生时已闭合或很小,最迟在出生后 6~8 周完全闭合。囟门早闭或头过小,见于小头畸形;迟闭或头过大,见于佝偻病、先天性甲状腺功能减退症等;饱满甚至隆起,常示颅内压增高,见于脑积水、脑炎、脑肿瘤等;而凹陷则见于极度消瘦或脱水。

(六)牙齿

人有 20 颗乳牙和 32 颗恒牙。小儿出生后 4~10 个月,乳牙开始萌出。出牙过晚,多见于佝偻病;先天不足或后天护养失宜,可致牙齿的发育迟缓或障碍。一般 1 岁时,出 6~8 颗乳牙,20 颗乳牙出齐,最迟不超过 2 岁半。6 岁左右,乳牙开始脱落,换为恒牙;直至 20~30 岁,恒牙出齐,共 28~32 颗。6~24 个月,正常小儿的牙齿数可用下列公式计算:

$$牙齿数=月龄-4(或 6)$$

（七）呼吸、脉搏、血压

1．呼吸 年龄愈小，呼吸愈快。1～3 个月，每分钟为 45～40 次；4～6 个月，每分钟为 40～35 次；6～12 个月，每分钟为 35～30 次；1～3 岁，每分钟为 30～25 次。

2．脉搏 年龄愈小，脉搏愈快。新生儿～1 岁，每分钟为 140～120 次；1～3 岁，每分钟为 120～100 次；3～5 岁，每分钟为 110～90 次；5～7 岁，每分钟为 100～80 次；7～12 岁，每分钟为 90～70 次。

3．血压 年龄愈小，血压愈低。一般收缩压不低于 75～80mmHg（9.9～10.7kPa），不能超过 120mmHg（16.0kPa），舒张压不得超过 80mmHg（10.7kPa）。1 岁以上小儿的正常血压，可用下列公式计算：

$$收缩压（mmHg）＝80＋2×年龄$$
$$舒张压（mmHg）＝收缩压×（1/2～2/3）$$

（八）动作发育

小儿动作发育的规律一般是由上而下，由开始时的不协调到协调，由粗动作到精细动作等。1～36 个月，粗动作大致表现为：1 月伸，2 月抬，4 月翻，6 月坐，7 月爬，10 月立，1 岁走，2 岁爬楼，3 岁跳。

小儿精细动作的发育主要表现在手指上。5 个月时，眼手动作协调，并可用手握物；9～10 个月时，可用拇指和示指拈取细小物件；约 15 个月时，会堆叠积木；18 个月，会叠积木 5～6 块；24 个月，会叠积木 6～10 块；36 个月，会叠积木 12 块。

（九）语言发育

语言发育的顺序是：发音阶段、咿呀作语阶段、单词单句阶段、成语阶段。小儿语言发育大致概括为：初生小儿哇哇哭，2～3 月开口笑，4 月开心笑出声，5～6 月出单音，7～8 月发复音（妈妈），9、10（月）学语开心窍，1 岁能说简单字，岁半能讲几字词，2 岁左右简单谈，3、4（岁）能说又能唱，5、6（岁）能表完整意，7 岁以上语言握。语言发育与教养有很大关系，若小儿的运动和控制大小便的能力均正常，仅说话较迟，不能认为是智力落后。

（十）心理行为发育

心理行为的发育应从注意力、记忆力、逻辑思维能力和意志力等方面培养小儿良好的情绪、情感和性格。逐渐培养其良好的性格品德，使之在社会中与人融洽相处，有效率地学习和工作。

小儿心理行为发育，除遵循本身的发育规律外，更应重视家庭、学校和健康的社会环境影响，从小儿早期教育入手，及早发现偏异并加以矫治，明代医家万全在《育婴家秘•十三科》中指出："小儿能言，必教之以正言，如鄙俚之言勿语也；能动则教以恭敬，如亵慢之习勿作也。"

第四节   小儿喂养与保健

一、乳婴儿的喂养

（一）喂养方式

婴儿的喂养可分为母乳喂养、人工喂养和混合喂养三种方式。

1．母乳喂养 出生后 5～6 个月内的乳婴儿，以母乳为主要食物的喂养，叫做母乳喂养。

（1）母乳喂养的优点：母乳是婴儿最理想的天然食品，其营养丰富，比例适当，母乳中蛋白质、脂肪、糖的比例为 1∶3∶6，钙、磷比例为 2∶1，易被婴儿吸收和利用。故母乳喂养的小儿较少发生营养不良和低钙血症。母乳中白蛋白较多，在胃内形成的乳块较小，脂肪颗粒小，易于婴儿消化和吸收，而且含有多种免疫因子，可增强小儿的免疫力。母乳喂哺经济、方便，温度适宜，不易过敏和污染。哺乳能增进母子感情,使婴儿获得安全感,有利于婴儿心理发育;哺乳时,母、婴直接接触,婴儿的疾病易被及时发现。产后哺乳,可反射性地刺激子宫收缩,促进母体早日恢复。

(2)母乳喂养的方法:在哺乳前,应当先揉乳,清洗乳头,挤出宿乳。哺乳时,注意乳儿姿势,应将乳儿斜抱于怀中。小儿出生后,应尽早开乳,哺乳的时间和哺乳量,可根据婴儿的需要灵活掌握。哺乳后,可将乳儿抱直,倚于肩头,轻轻拍背,防止溢乳。哺乳期间,乳母应加强营养,合理膳食,起居适宜,精神愉快,保证乳汁的营养和畅通。

2.人工喂养 因无母乳或其他原因不能喂乳,完全用动物乳(如牛乳和羊乳),或配方乳代替母乳的喂养,叫做人工喂养。人工喂养应根据家庭条件和各地区的生活习惯,因地制宜,选择既适合乳婴儿营养的需要,又质优价廉的食品。

(1)鲜牛乳:在母乳缺少的情况下,是最好的代乳品,可首先选用。其蛋白质含量较人乳高,含钙亦丰富,但以酪蛋白为主,在胃中形成的凝块较大;牛乳的脂肪滴大,以饱和脂肪酸为多,缺乏脂肪酶,难于消化;牛乳的乳糖含量也少,以甲型乳糖为主,易受细菌污染。因此,在食用前需通过稀释(加水或稀米汤)、加糖(5%~8%)和煮沸,尽可能调配到与人乳相仿,矫正其缺点,以利于小儿的消化和吸收。

牛乳配制方法:每日牛乳的需求量个体差异较大,应灵活掌握。可按每日每 kg 所需能量和液体总量来计算牛乳量。婴儿每日所需热量为 110kcal/kg,液体总量为 150ml/kg,每 100ml 鲜牛乳加糖 8g,含热量约 100kcal。一日需水量的计算,用液体总量减去牛乳量即可。例:某婴,3 个月,体重 5kg。每日液体总量:150ml/(kg·d)×5kg=750ml/d;每日需要总热量:110kcal/(kg·d)×5kg=550kcal/d;每日需喂含糖 8% 的牛乳:550kcal/d÷(100kcal/100ml)=550ml/d;每日糖量:550ml×8%=44g/d;每日除牛乳外还应喂水:750ml−550ml=200ml。分 5~6 次喂哺,在两次喂奶间喂水。

(2)全脂奶粉:为鲜牛奶经过高温灭菌、真空浓缩、喷雾干燥等法制成。其酪蛋白颗粒变细软,加热可使蛋白质变性而易于消化。使用时,有两种稀释计算方法:一是按容量比例 1∶4 制成,即 1 容量奶粉加 4 容量水,通常为 1 汤匙奶粉加 4 汤匙水(1 汤匙水一般相当 15ml 水);二是按重量比例 1∶8 制成,即 1 份奶粉加 8 份水,调制成全奶。

3.混合营养 因母乳不足或其他原因不能全部用母乳喂养,部分用牛乳或配方乳代替母乳的喂养,叫做混合喂养。混合喂养可在每次母乳后,补充牛乳或配方乳,也可在一天中喂几次,以代替母乳。但全日母乳次数一般不少于 3 次,否则母乳就可能减少,以致消失。

(二)添加辅食

乳婴儿的生长发育迅速,有必要及时添加一些辅助食品。添加辅食时,不要盲目,要从少到多,从一种到多种,逐步添加,为断奶做好准备(表 1-1)。

(三)断乳时间

断乳一般以 8~12 个月为宜。断乳应避开盛夏、寒冬和患病时。断乳前,应逐渐增加辅食,减少喂乳次数。断乳后,以粥和软饭为主食,并逐渐过渡到成人饮食。进食要定时、定量,富含营养,容易消化。

表 1-1 乳婴儿的主食与辅食

年龄	主食	辅食
1 个月以内	乳类	豆浆、奶糕
2~3 个月	乳类	菜汤、奶糕、鱼泥、鲜果汁
4~6 个月	乳类	鱼泥、蛋黄、奶糕、肉末
7~9 个月	乳类和糊类	碎菜、碎肉、鱼、豆腐、粥、烂面
10~12 个月	糊类	蛋、碎肉、鱼、豆制品

二、初生婴儿的护养

小儿初生时，口中常留有羊水等秽液，医生必须及时用消毒棉花裹指，将口内秽液拭净，继而用金银花、野菊花、生甘草各 3g，煎汁拭口，并另以少量给婴儿吮啜；亦可用黄连或生大黄等中药微量煎水内服。以起到清解胎毒的作用，防止胃肠道和口腔的感染。

新生儿断脐时，要无菌操作。断脐后，保持清洁，外敷消毒纱布，脐带经 4～10 天自然脱落后，局部若潮湿，可撒清洁炉甘石粉使其保持干燥。脐带尚未脱落时洗浴，勿使脐部沾水。要勤换尿布，防止尿液浸渍脐部。

小儿出生后，要保持眼部清洁。有分泌物时，滴黄芩制成的眼药水，或以消毒生理盐水冲洗眼睛。

婴儿出生后，要细心照料，精心护理，保持皮肤清洁、干燥，洗浴适度，水温适宜，防止烫伤，防止脐部感染，为婴儿创造一个良好的生活环境。

三、小儿保健的具体措施

（一）居住

室内要空气流通，阳光充足，冷暖湿燥适宜。冬季室内温度尽可能达到 18～20℃，湿度为55%～60%。避免外邪入侵，减少疾病发生。同时应注意安全，防止触电、跌伤、烫伤等意外事故发生。

（二）衣着

小儿衣着以质地松软的棉布为宜，尺寸宽松，以保证肢体活动自如。襁褓不应包裹过紧，双下肢屈曲的姿势有利于髋关节的发育；婴儿最好穿连衣裤或背带裤，不用松紧腰裤，以利胸廓发育；衣裤鞋帽不宜太小或太紧，应宽松舒适；幼儿会表达大、小便时，最好不穿开裆裤；小儿的穿着，应随气候的变化随时增减。

（三）睡眠

应自幼培养儿童有规律的睡眠习惯，不拍、不摇、不用哺乳催眠，可用温柔缓和的声音讲故事助其入睡。乳婴儿要有充足的睡眠，每日达 15～20 小时，白天安排 2～3 次小睡。小儿年龄越小，所需睡眠的时间越长。小儿每日所需睡眠的时间如表 1-2。

表 1-2　小儿每日所需睡眠的时间

年龄	3 个月前	3～6 个月	6～12 个月	1～2 岁	2～3 岁	3～5 岁
睡眠时间	20 小时	16 小时	14 小时	11～14 小时	12 小时	11～13 小时

（四）清洁卫生

培养小儿爱清洁、讲卫生的良好习惯，定期沐浴，勤换衣裤，勤修指（趾）甲，饭前便后洗手等。乳儿在哺乳或进食后，可喂少量温开水清洁口腔，不可用纱布等擦拭。2～3 岁后，逐渐培养小儿早晚刷牙、饭后漱口的习惯。同时，还要注意室内和户外的清洁卫生。

（五）饮食习惯

从小培养小儿自觉进食、定时进食、合理膳食，不偏食、不挑食、不吃零食的良好饮食习惯。

（六）预防接种与定期体检

预防接种可提高小儿机体的特异性免疫力，是预防某些传染病，保障小儿健康的必要措施。应注意按期完成各项预防接种，建立预防接种档案。0～6 岁的儿童应进行定期的健康检查，系统观察小儿的生长发育和营养状况，及早发现异常，并进行指导和采取相应措施。

（七）体格锻炼

应进行户外运动，以增加婴幼儿对环境的适应能力；采用小儿按摩，有助于呼吸、消化和肢体肌肉的放松与活动；采用婴儿被动操和主动操，有助于肌肉骨骼的发育，增进动作协调性。

第五节　小儿推拿治疗概要

一、小儿推拿治疗特点

小儿推拿的对象以 5 岁以下的小儿为佳，婴幼儿尤为适宜。但实际临床治疗的年龄在 14 岁以下的占相当一部分。

小儿推拿操作应按一定顺序进行。临床上有三种方法：第一种是先头面、上肢，再胸腹、腰背，最后是下肢；第二种是先推主穴，后推配穴；第三种是先推配穴，后推主穴。上肢部穴位，不分男女，习惯于推拿左手，亦可推拿右手。根据病情的轻重缓急或患儿体位而定顺序先后。如脾虚泻，可先推上肢主穴，补大肠，后推腰背部配穴，推上七节骨；胃热呕吐，可先推上肢配穴，清板门、清大肠，后推颈项部主穴天柱骨。又如治疗时，哭闹的小儿已熟睡，则可先摩腹，以免醒时哭闹，导致腹肌紧张，影响治疗效果。故治疗时，可根据具体情况灵活掌握。

小儿推拿手法操作的时间，应根据患儿年龄的大小、体质的强弱、疾病的缓急、病情的轻重，以及手法的特性等因素确定。治疗次数通常为每日 1 次，高热等急性热病可每日 2 次，慢性病可隔日 1 次；治疗的时间每次 10～15 分钟，一般不超过 20 分钟，亦可根据具体情况灵活掌握。临床一般以推法、揉法操作次数为多，而摩法时间较长；掐法则重、快、少，在掐后常继以揉法，通常放在治疗最后操作。而按法和拿法单独运用次数极少，常和揉法、捏法配合应用。

小儿推拿穴位除常用的十四经穴、经外奇穴与成人相似外，大多数为小儿特定穴位。这些穴位呈"点""线""面"状，多分布在两肘以下和头面部，以两手居多。

根据小儿的生理和病理特点，其治疗与成人推拿有所不同，手法特别强调要轻快、柔和、均匀和平稳着实。手法操作时，均需借助一定介质，以滑润皮肤，增强疗效。

由于小儿的发病特点以外感和饮食内伤居多，因此在推拿治疗上，常以解表、清热、消导等法为多。另外，小儿病情变化迅速，一日之内即可由实热证转为虚寒证。因此，临诊时必须审慎果断，治疗恰当而及时。必要时，可进行综合治疗。

二、小儿推拿处方

小儿推拿在运用手法治疗前，必须通过四诊进行综合分析，根据患儿的病情、年龄、体质等情况，先拟定出小儿推拿处方。这是小儿推拿独有的特色。

小儿推拿处方和药物处方一样，是理、法、方、穴中的一个组成部分。小儿推拿处方的拟定，应在辨证施治原则的指导下进行。在临床辨证施治过程中，方从属于法，法是方的根据，方是法的体现。君、臣、佐、使，是小儿推拿完整病历的重要组成部分，是第一手临床资料。掌握其组方原则，对提高临床疗效，总结临床经验，都具有十分重要的意义。

（一）处方表示法

在临床病历书写时，小儿推拿处方用名要用推拿法表示，就是将手法名称和穴位名称合二为一。如取百会穴用按法，称"按百会"；四缝穴用掐法，称"掐四缝"；中脘用揉法，称"揉中脘"。推拿法还包括手法的补泻，手法操作的形式。如用补法推脾经，称补脾经，清法则清脾经。如用推脾经表示,实则包含补、清、平补平泻脾经三个方面,处方上就不甚明确。还有一些穴位,如六腑,处方用名为"退六腑",表示手法操作的形式。"推下七节骨""推上三关"等体现手法在穴位上的操作方向。复式操作,要按照复式操作法规定的名称书写。

在推拿处方上,要注明每个穴位的操作次数和时间,如推三关 150 次、摩腹 3 分钟、捏脊 5 遍、掐五指节 3 次等。

（二）处方的组成

用推即用药,小儿推拿处方,不是将作用类似的手法和穴位进行简单的堆砌,而是根据病情的需要,在辨证立法的基础上,按照一定的组方原则,选择恰当的穴位和手法组合而成。所以,小儿推拿处方中也有主穴和配穴。

1. 主穴　主穴是针对病因或主症而起主要治疗作用的穴位,一般有 1～3 个。

2. 配穴　配穴具有三方面的作用,一是加强主穴的治疗作用;二是对主穴有制约作用;三是协助主穴治疗一些兼症。

骆如龙在《幼科推拿秘书》中指出:"盖穴有君臣,推有缓急,用数穴中有一穴为主者,而一穴君也,众穴臣也。相为表里而相济者也。"

课堂互动

小儿推拿处方是如何组成的?推拿处方中用配穴有何意义?

三、小儿推拿禁忌证

小儿推拿属于外治疗法,经济安全,治疗范围较广,疗效显著,易为患儿和家长所接受。尽管如此,为防止发生意外事故,必须严格掌握其禁忌证。

1. 某些急性传染病,如猩红热、水痘、肝炎、肺结核等。

2. 各种恶性肿瘤的局部。

3. 出血性疾病及正在出血和内出血的部位。

4. 骨与关节结核和化脓性关节炎。

5. 烧伤、烫伤和皮肤破损的局部。

6. 各种皮肤病患处。

7. 骨折早期和截瘫初期。

8. 极度虚弱的危重病患儿和严重的心脏、肝、肾疾病。

9. 诊断不明,不知其治疗原则的疾病。

四、小儿推拿的注意事项

1. 治疗过程中要认真操作,态度和蔼,耐心细致,仔细观察。

2. 操作前,应准备各种推拿介质和消毒用品。

3. 操作者应保持两手清洁,指甲修剪圆润,防止操作时伤及小儿(拇指指甲可稍长些)。

4. 天气寒冷时,要保持两手温暖,可搓热后再操作,以免凉手刺激患儿,产生惊惧,影响治疗。

5. 治疗室内要空气流通,温度适宜,清静整洁,尽量减少不必要人员。

6. 操作时,应先用柔和的手法,争取患儿配合,再按要求治疗。

7. 惊厥的患儿,施术后,如症状仍不减轻,应使其侧卧,以压舌板置其口中,使呼吸通畅,防止发生窒息;还应及时请有关科室会诊处理,以免贻误病情。

8. 每推拿完一个患儿,应清洗双手,保持清洁,避免交叉感染。

五、小儿推拿介质

推拿时,在医者手上蘸些油、粉末或水,作用于患儿体表穴位,以滑润皮肤、增强手法的疗效。这种液体或粉末称为推拿介质。

(一)推拿介质的种类与作用

推拿介质一般有水剂、酊剂、油剂和粉剂四种,临床常用的推拿介质有以下几种:

1. 滑石粉　即医用滑石粉。有润滑作用,减少摩擦,保护小儿皮肤。一年四季,各种病症均可使用,是临床上最常用的一种介质。

2. 爽身粉　即市售爽身粉。有润滑皮肤和吸水的作用,质量较好的爽身粉可替代滑石粉应用。

3. 薄荷水　取 5% 薄荷脑 5g,加至 100ml 5% 酒精内配制而成。或取少量薄荷叶,用水浸泡后去渣取汁应用。有润滑皮肤、辛凉解表、清暑退热作用。多用于夏季,风热外感、小儿夏季热或暑热所致的发热、咳嗽等症。

4. 葱、姜水　把生姜或葱捣烂如泥状,放于器皿中,蘸其汁使用;亦可将葱或生姜切片倒入95% 酒精中,浸出葱、姜汁即可使用。葱、姜汁不仅润滑皮肤,还有辛温发散的作用,有助于驱散外邪,多用于冬、春季节的风寒表证。

5. 冬青膏　由冬青油、薄荷脑、凡士林和少许麝香配制而成,该剂具有温经散寒和润滑的作用,常用于小儿虚寒性腹泻。

6. 凉水　即食用清洁凉水。有清凉退热、润滑皮肤的作用。一般用于小儿外感发热。

7. 麻油　即食用麻油。有润滑的作用。在用刮法时,用器具的光滑边缘(汤匙等)蘸油,刮至皮下瘀滞,常用于治疗痧气。

8. 鸡蛋清　将鸡蛋凿一小洞,取其蛋清使用,另外也可把鸡蛋清与白面和成面团,术者手捏面团在小儿的胸、腹、背部做搓摩滚动。有润滑皮肤、清热润肺、祛积消食作用。这是我国民间治疗小儿感冒、食积等疾患时常用的一种介质。

9. 外用药酒　用各种中药浸泡于上等的白酒中,数日后取其浸出液使用。例如:

(1)乳香 3g、没药 3g、血竭 10g、樟脑 6g、三七 3g、广木香 1g、梅冰片 0.6g、红花 3g、生地黄10g,用上等白酒 1kg 浸泡 2 周。适用于急慢性损伤。

(2)生麻黄 20g、桑枝 9g、防风 6g、乌梢蛇 12g、全虫 3g、红花 15g、生川乌 9g、白芷 6g、羌活3g、独活 3g、白鲜皮 6g、豨莶草 9g,用上等白酒 1.5kg 浸泡 2 周。适用于脊髓灰质炎后遗症、小儿肺炎。

(二)推拿介质的选择

1. 辨证选择　根据证型选择相应的介质。寒证,选用具有温热散寒作用的介质,如葱姜水、冬青膏等;热证,选用具有清凉退热作用的介质,如清洁凉水、薄荷水等;虚证,选用具有滋补作用的介质,如药酒、冬青膏等;实证,选用具有清、泻作用的介质,如蛋清、红花油、传导油等。一些中性介质,如滑石粉、优质小儿爽身粉等,各种病症均可使用,取其润滑皮肤的作用。

2. 辨病选择　根据病情选择不同的介质。关节扭伤和腱鞘炎等软组织损伤,选用活血化瘀、消肿止痛和透热性强的介质,如红花油、冬青膏等;小儿肌性斜颈,选用润滑性能较强的滑石粉、小儿优质爽身粉等;小儿发热,选用清热性能较强的凉水、酒精、薄荷汁等。

小儿肌肤柔弱,手法操作治疗时,根据病情的不同、季节的变化,选择恰当的推拿介质,对提高疗效是十分重要的。

ER 1-3

课堂互动答案

（刘世红　潘道友　曾　妙）

? 复习思考题

1. 何谓"稚阴稚阳""纯阳之体"？

2. 举例说明"易虚易实""易寒易热"。

3. 小儿推拿操作的顺序临床上有哪几种？

4. 小儿推拿穴位有何特点？

5. 简述小儿推拿处方的组成。

第二章　诊法概要

学习目标

掌握四诊的内容；熟悉小儿诊法的特点；了解诊法的概念。

"用推即是用药，不明何可乱推。"小儿推拿与其他各科一样，要在诊断明确的前提下，才能运用手法治疗。诊法是收集临床症状和体征，做出疾病诊断的主要手段。中医的诊法包括望、闻、问、切四个方面。其各具独特作用，临证时不可孤立地看待某一方面，应四诊合参，相互配合，才能全面、系统地了解病情，做出正确的诊断和辨证。由于小儿在生理、病理和病情反应等方面，均与成人有别，加之乳婴儿不会言语，年龄稍大的小儿往往表述不清，就诊时大多不能配合，脉息难凭，唯有望诊不受条件限制，且反映的情况也比较可靠，所以历代儿科医家都非常重视望诊，在儿科疾病的诊断中，把望诊列为四诊之首。

知识链接

中医诊法

中医诊法之说，出自《素问•脉要精微论》，明代张介宾为之注释为："诊，视也，察也，候脉也。凡切脉望色，审问病因，皆可言诊。"《素问•脉要精微论》提出诊法谓："切脉动静而视精明，察五色，观五脏有余不足，六腑强弱，形之盛衰，以此参伍，决死生之分。"这里的诊法内容仅有切脉和望诊，而《素问•疏五过论》又云："凡欲诊病者，必问饮食居处。"问诊也。《灵枢•小针解》云："一其形，听其动静。"闻诊也。必望、闻、问、切四诊具，诊法斯全。正如《素问•阴阳应象大论》所云："善诊者，察色按脉，先别阴阳，审清浊，而知部分；视喘息，听音声，而知所苦；观权衡规矩，而知病所主；按尺寸，观浮沉滑涩，而知病所生以治；无过以诊，则不失矣。"

第一节　望　　诊

望诊是通过观察患儿的全身和局部情况，从而获得与疾病有关的辨证资料的一种诊断方法。其内容包括：望神色、望形态、审苗窍、辨斑疹、察二便、看指纹等六个方面。其中，望神色、望形态，属于整体望诊；其他属于局部望诊。

思政元素

工匠精神

钱乙字仲阳……乙始以《颅囟方》著名……授翰林医学。皇子病瘛疭，乙进黄土汤而愈。神宗召问黄土所以愈疾状，对曰："以土胜水，水得其平，则风自止。"帝悦，擢太医丞……广亲宗子病,诊之曰:"此可毋药而愈。"其幼在傍,指之曰:"是且暴疾惊人,后三日过午,可无恙。"其家恚,不答。明日,幼果发痈甚急,召乙治之,三日愈。

（节选自《宋史·列传·方技》,有删改)

钱乙（约 1032—1113 年),字仲阳,东平郓州（今山东省菏泽市郓城县)人,宋代著名儿科医学家,著《小儿药证直诀》。古代医家称小儿科做哑科,认为小儿病最难治。钱乙通过四十余年的医疗实践,总结出了小儿的生理特点,并逐步摸索出一整套诊治方法。在诊断上,他主张从面部和眼部诊察小儿的五脏疾病,增加了"面上证"与"目内证"两种特殊的观察方法。钱乙精湛的诊法,依赖于其日积月累的钻研、坚持不懈的努力和细致入微的观察。钱乙因在儿科领域贡献卓著,被后人称为"儿科之圣"。

一、望　神　色

指观察小儿的精神状态和面部气色。从神、色的变化,可以帮助了解小儿疾病的虚实和气血的盛衰,从而测知脏腑的功能状态、病情的轻重及预后。凡精神振作、双目有神、面色红润、反应敏捷,均为气血调和、神气充沛,是健康的表现;虽有病,多轻而易愈。凡精神萎靡、表情呆滞、双目无神、面色晦暗、疲乏嗜睡,均为有病的表现,且病情较重。

（一）望神

主要从目光的变化、意识是否清楚、反应是否敏捷、肢体动作是否灵活协调等方面去判断患儿有神、失神等不同情况。

（二）望色

主要是望面部的颜色。其内容主要包括正常面色、五色主病和五部配五脏。

1. 正常面色　我国属黄色人种,小儿正常面色应是微黄、红润而有光泽。受遗传及环境等因素影响,可有差异,稍白、稍黄、稍黑等,但总以黄而润泽为正常色。

2. 五色主病　五色是指面部的颜色,呈红、青、黄、白、黑等色。五色主病的特点依次是:

面色黄,属脾,主伤食、湿滞或体虚。黄色鲜明为湿热,黄色晦暗为寒湿,身目俱黄为胎黄或黄疸,黄伴白斑为虫病,面黄兼黑脾肾衰,黄而萎白是疳疾。

面色青,属肝,主寒、主痛、主瘀、主惊。"色青者,肝风张",小儿肝常有余。面色青暗,神昏抽搐,为惊风和癫痫发作;面色青白,多里寒腹痛;面青唇紫,呼吸急促,为肺气闭塞、气血瘀阻。

面色红,属心,主热、主惊。新生儿面色嫩红为常色。面红耳赤,咽痛,为外感风热;午后颧红,为阴虚内热;颧赤如妆,多见于危重证候。

面色白,属肺,主虚、主寒。面色㿠白,多肺气虚;面色黄白,多见于吐泻后;面色苍白,四肢厥冷,多为阳气暴脱之象。

面色黑,属肾,主寒、主痛、主水湿停饮、主恶候。面色青黑,多为阴寒证候;面黑如炭,多为药物或食物中毒;面色青黑晦暗,则为肾气衰竭,不论新病久病,均属危候。

3. 五部配五脏　最早见于钱乙《小儿药证直诀·面上证》。小儿五脏反映在面部的部位是:额属心,下颏属肾,鼻属脾,左颊属肝,右颊属肺。五色在面部的不同部位出现,结合五部配五脏,故具有不同的临床意义。此外,古代医家还对人中、印堂、承浆、山根等处的色泽变化,也做了比较详细的观察。如人中色黄,常属伤食吐泻,色黑为病重;承浆色青为惊,色黄为吐等。

二、望　形　态

望形态是指观察患儿的形体和动态,包括望全身和局部两个方面。望全身形态,主要了解患儿全身的一般状态,包括发育和营养等。望局部形态,包括望囟门、头、项、躯体、四肢、肌肤、毛发、指(趾)甲等。形态正常是人体气血、筋骨、脏腑、经络等生理功能正常协调的基本反映。若形态改变,往往反映了不同的疾病。如佝偻病,可见方颅、发稀、囟门迟闭、鸡胸、下肢弯曲。解颅,可见头大脸小、前囟宽大、眼珠下垂。小儿肌性斜颈,可见头多向患侧歪斜。脊髓灰质炎后遗症,常引起患肢肌肉萎缩、膝关节过伸、足内翻或外翻、仰趾足等畸形。小儿脑性瘫痪,常表现姿势异常,中枢性运动障碍;轻者,肢体运动不协调,运动不能自控或某一肢体痿软;重者则出现痉挛性瘫痪。又如小儿喜伏卧者,多为乳食内积;喜蜷卧者,多为腹痛;颈项强直,手指开合,四肢拘急,角弓反张,常属惊风;端坐喘促,痰鸣哮吼,多为哮喘等。这些形态改变,为小儿临床诊断提供了重要依据。

三、审 苗 窍

苗窍即眼、耳、口、鼻、舌和前后二阴,称为九窍,与脏腑有着密切联系。舌为心之苗,肝开窍于目,肺开窍于鼻,脾开窍于口,肾开窍于耳及前后二阴。苗窍为五脏的外候,如脏腑有病,往往反映于苗窍,故审察苗窍,可测知脏腑病变。

(一)望舌

主要观察舌体、舌质和舌苔的变化。正常小儿舌体柔软、淡红润泽、活动自如、舌面有干湿适中的薄苔。一旦患病,舌质和舌苔就会发生相应的变化。如舌体肿大、色泽青紫,可见于中毒;舌质淡白为气血亏虚;舌苔黄腻,为湿热内蕴或乳食内停等。新生儿舌红无苔、乳婴儿的乳白苔均属正常现象。另外,在观察小儿舌象时,应注意小儿伸舌的姿势,还要注意与染苔加以区别。

(二)望目

主要察眼神以及目窠、白睛、瞳仁等情况。目光有神、黑睛圆大、光亮灵活,为肝肾精血充足健康的表现。白睛红赤,为感受风热;发热咳嗽、眼泪汪汪,多为麻疹将出,或重感冒之象;目窠微肿,多为水肿初起;白睛发黄,见于黄疸;小儿昏睡露睛,多为脾虚,亦可见于小儿慢惊风;眼睛凹陷、啼哭无泪,多见于吐泻后脱水。

(三)察鼻

主要察鼻的外形、颜色及有无分泌物和分泌物的性状(色、质、气味)等。如鼻塞、流清涕,为风寒感冒;鼻流黄浊涕,为风热感冒;鼻衄多为肺经有热;鼻翼煽动,多为肺气闭塞所致。

(四)察口

主要察口唇、牙齿、齿龈、咽喉、扁桃体、口腔黏膜的情况。如唇色淡白,为气血亏虚;牙齿逾期不出,多为肾气不足;齿龈红肿,多属胃火上冲。如咽喉肿痛、发热,为外感风热;扁桃体红肿,为外感风热或肺胃之火上炎;咽痛微红,有灰白色假膜而不易拭去,常为白喉之证。又如两颊黏膜有白色小点,周围红晕,为麻疹黏膜斑;满口白屑,状如雪花,为鹅口疮。

(五)察耳

主要察耳之外形、颜色、有无分泌物等。以耳垂为中心的弥漫肿胀,多为痄腮;耳内疼痛流脓,多为中耳炎。

(六)察二阴

主要看前后二阴的外观和颜色。前阴指生殖器和尿道口,后阴指肛门。男孩阴囊不紧不松,稍有色素沉着,为正常状态。若阴囊松弛,多为体虚或发热;阴囊肿胀,透光试验阳性者,为鞘膜积液;阴囊及阴茎均肿,多见于肾炎水肿。女孩前阴作痒,多为湿热下注或直肠阴道瘘及蛲虫病。

四、辨 斑 疹

斑和疹，是儿科某些疾病中常见的一种体征。斑指皮肤出现点大或成片的斑块，不高出皮肤，压之不退色；疹指皮肤出现点小如粟的疹点，高出皮肤，触之碍手，压之退色。斑和疹常见于某些温热病，如麻疹、风痧、丹痧、奶麻等病。辨证时还要注意观察其色泽、分布部位、出没时间、顺序和规律，结合全身其他症状和体征加以鉴别。

五、察 二 便

主要察二便的次数、量、颜色、气味、形态等。正常小儿的大便色黄，干湿适中。婴幼儿时期，因喂养方式不同，正常大便的特点不一。如母乳喂养，大便的次数相对多一些，便色黄，气味略酸臭，便质稍稀；牛乳或羊乳喂养儿，便质偏干，便色多淡黄，呈腐臭味。凡大便色泽和形态有明显改变，均为有病的表现。如乳幼儿大便呈果酱色，伴阵发性哭吵、剧烈腹痛，常为肠套叠所致；大便稀薄，夹有白色凝块，多为内伤乳食；大便呈蛋花汤样，青稀多沫，多为寒湿泻。

正常小儿尿色多清白或微黄。若尿呈红色或茶褐色，多为血尿；尿浑浊如米泔水，多为脾胃虚弱，饮食失调所致。

六、看 指 纹

看指纹是古代医家对 2～3 岁以内小儿，用以代替脉诊的一种诊察疾病的方法。指纹的部位是从虎口沿示指内侧（桡侧）所显现的脉络（浅表静脉），可分为风、气、命三关，示指根（连掌）的第一指节为风关，第二指节为气关，第三指节为命关，见图 2-1。

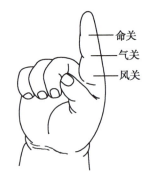

观察指纹时，请家长将患儿抱在光线充足处，然后医生一手捏住小儿示指，用另一手拇指桡侧，从小儿命关到风关，用力适中地反复推按，使指纹显露。正常小儿的指纹多数是浅紫隐隐，而不显于风关以上。若发生疾病，则指纹的浮沉、色泽、部位等都会随之发生相应的变化。

图 2-1　小儿指纹三关示意图

知识链接

小儿指纹法

小儿指纹法，始见于唐代王超《水镜图诀》，是由《灵枢·经脉》"诊鱼际络脉法"发展而来。后世医家宋代钱乙的《小儿药证直诀》、清代陈复正的《幼幼集成》、林之翰的《四诊抉微》、汪宏的《望诊遵经》等，对此法都有详细的论述和发挥，使之广泛应用于儿科临床，对诊断小儿疾病具有重要的意义。

（一）指纹的浮沉
浮，为指纹显露；沉，为指纹深隐。浮主表，沉主里。
（二）指纹的色泽
指纹显红色，主寒证；紫色，主热证；色青，多见于惊风或痛证；紫黑，多属血络郁闭；淡黄，多为脾虚;色淡不泽,多属虚证;色深暗滞,多属实证。

(三)指纹的长短

三关可以测知疾病的轻重。指纹现于风关,病多轻浅;现于气关,病情稍重;现于命关,病情危重。若"透关射甲",即指纹穿过风、气、命三关,直透指甲,则病情危笃。

望指纹在临床上有一定的诊断意义。一般而言,浮沉分表里,红紫辨寒热,淡滞定虚实,三关测轻重。当指纹与证不符时,应"舍纹从证"。

现代研究表明,指纹充盈度的变化,主要与静脉压有关,心衰、肺炎等患儿,由于静脉压升高,大多数指纹可向命关延伸。指纹色泽可反映缺氧程度,缺氧愈重,血中还原血红蛋白量就越高,指纹的青紫就越明显。故肺炎和心衰患儿多现青紫或紫色指纹。贫血患儿,由于红细胞或血红蛋白减少,故指纹颜色较淡。

第二节　闻　诊

闻诊是运用听声音和嗅气味来辅助诊断疾病的方法。听声音包括听小儿的啼哭、咳嗽、呼吸、语言等,以及利用听诊器听小儿的呼吸音、心音和肠鸣音;嗅气味则包括口气和二便气味等。

一、闻啼哭声

啼哭是小儿的一种语言,也是身体不适或疾病时的一种表现。健康小儿哭声洪亮、有声有泪。当婴儿饥饿、口渴、虫咬、尿布浸湿、包扎过紧等护理不当时,亦可啼哭不安。当需要得到满足或痛苦解除后,哭声即止,不属病态。若啼哭声尖锐、忽然惊啼、哭声嘶哑、哭叫不止,或啼声无力,哭声慢而微弱者,当仔细诊察。

二、闻咳嗽声

咳嗽是肺失清肃,肺气上逆的表现。咳声畅利,痰易咳出为轻。干咳无痰,咳声响亮,多属肺燥;咳声轻扬而流清涕,为外感风寒;咳声重浊而痰黄,为外感风热;咳声阵作、连声不断,伴喉间鸡鸣样回声,为百日咳;咳声如犬吠,每见于白喉。

三、闻呼吸音

闻呼吸,应注意呼吸的快慢、深浅、有无节律异常等。除耳闻外,可借助听诊器听诊。一般要求在患儿深呼吸后听诊,但婴幼儿很难配合,医者可趁小儿啼哭后出现深吸气时进行。如肺炎喘嗽,可闻及细湿啰音;啰音常在体位改变或咳嗽后减少,甚至消失,为急性支气管炎;肺部听诊以哮鸣音为主,呼气延长、呼吸音减弱、伴呼吸加快,为哮喘性支气管炎。

四、嗅气味

嗅气味,是临床诊察疾病的一个不可忽视的环节。借助小儿口气和二便气味,以及全身包括分泌物和排泄物的异常气味变化,可以对某些疾病加以诊断。如小儿嗳气酸腐,多为伤食;口气臭秽,多为胃热;脓涕腥臭,多为鼻渊;下利清谷、不臭而腥,多为脾胃虚寒;大便臭秽不堪,多为大肠积热。

第三节　问　诊

儿科问诊，主要是向家长或保育员询问患儿的病情和有关病史。年长儿亦可由本人陈述。要注意四诊合参，综合分析。

一、问　年　龄

问年龄，必须详细询问患儿确切的年龄，包括月龄、日龄。因为许多儿科疾病与年龄关系密切。如产伤、胎黄、先天畸形、脐部病证等，发生在新生儿期；夜啼，以乳婴儿为多；遗尿，多见于3岁以上的小儿。某些时行疾病，如百日咳、水痘等，在幼童期比较多见。12岁以后所患疾病，基本上已接近成人。故问清确切的年龄，有助于对疾病的诊断。

二、问　病　情

问病情，首先要围绕患儿的主症进行询问，包括症状与持续时间、发病的原因和疾病过程中的病情变化等。着重询问以下内容：

1．问寒热　主要询问寒热的微甚进退、持续时间和发作时间。常需结合观察、触摸和询问等来辨别寒热的性质。如通过触摸患儿头额、胸腹、四肢和手足心等部位，来测知小儿是否发热；或哺乳时，通过患儿呼吸时的鼻气温度来测知；通过观察其姿势，来测知有无畏寒存在，如偎依母怀，蜷缩而卧，喜暖、避冷和畏寒。具体温度的高低，最好用体温计测量。

小儿恶寒发热无汗，多为外感风寒；发热有汗，多为外感风热；但热不寒为里热，但寒不热为里寒；寒热往来，多为邪郁少阳；大热、大汗、口渴不已为阳明热盛；发热持续、热势鸱张、面黄苔厚，为湿热蕴滞；午后或傍晚低热，伴盗汗者，为阴虚燥热；夜间发热，腹壁、手足心热，胸满不食者，多为内伤乳食；夏季高热、持续不退，伴有无汗、口渴、多尿，秋凉后自平，常为夏季热。

2．问出汗　小儿肌肤嫩薄，腠理疏松，清阳发越，易于出汗。入睡之时，若头额汗出不多，无其他症状者，不属于病态。若天气炎热、穿衣盖被过多、剧烈运动后、快速进热食后等汗出过多，也属正常生理现象。

问出汗主要询问出汗的部位、时间和多少等。若白天出汗过多，稍动尤甚，不发热者，为气虚卫外不固的自汗；若入睡则出汗，醒后汗止，为阴虚或气阴两虚的盗汗。头部出汗者，多表虚、里热，或阳热上蒸；上半身出汗者，较全身出汗病证为轻。前半夜出汗者，多为营不内守；后半夜出汗者，多为阴虚阳浮。热病中，出汗热不解者，为表邪入里；若口渴、烦躁、脉大、大汗者，为里热实证；若大汗淋漓，伴呼吸喘促、肢冷脉伏者，为阳气将绝、元气欲脱之危象。

3．问头身　年龄较大的小儿可自诉头痛、头晕、身痛等不适。头痛而兼见发热恶寒，为外感风寒；头痛呕吐、高热抽搐，为邪热入营，属急惊风；肢体酸痛而兼发热，多为外感，或邪阻经络；头晕而兼发热，多因外感；头晕而兼面白乏力，多为气血不足。

4．问饮食　询问患儿饮食变化。不思饮食或纳食不多，兼见神疲乏力、面色㿠白，为脾胃虚弱；若纳食不下，腹部胀满或兼见呕恶，为乳食积滞；嗜食生米、泥土、纸张等异物者，多为疳证、虫证。热病时，渴而欲饮，为津伤；渴而不欲饮或饮而不多，多为湿热内蕴。

5．问二便　询问患儿大小便的情况，主要包括大小便的数量、形状、颜色和排便时的感觉，结合望诊。若便时哭闹不安，多为腹痛；若大便溏薄不化或先干后溏，次数较多或食后欲便者，多为脾虚运化失职；若便泻日久、形瘦脱肛者，多为中气下陷；若小便刺痛，点滴不尽，或见尿血鲜红，或排出砂石者，为湿热熬结成砂，灼伤血络；若小便清长，夜间遗尿量多、色清者，为肾气不足，下元虚冷。

6. 问睡眠　询问患儿睡眠情况。年龄越小，睡觉时间越长，小儿睡眠总以安静为佳。睡中惊惕、梦中呓语，多为肝旺扰神，或胃不和而寐不安；入夜心怀恐惧而难寐，多为心神失养；睡眠不宁、辗转反侧，喜俯卧者，多为气血失和、胃弱疳积；睡中磨牙，或因虫积，或因胃气失和，肝火内盛；夜间肛门瘙痒，多为蛲虫；寐而不安宁，多汗惊惕，常见于佝偻病脾虚肝旺证。

三、问 个 人 史

个人史包括生产史、喂养史、生长发育史、预防接种史等。生产史主要询问胎次、产次，是否足月、顺产或难产，分娩方式和过程等；喂养史包括喂养方式和辅食添加情况，年长儿还应询问饮食习惯、食物种类、食欲和是否偏食等；生长发育史包括体格和智力发育，如会笑、会坐、会爬、会站、会走及出牙和囟门闭合的时间等，对年长儿还应了解一些学习、心理、行为等情况；预防接种史应询问曾接种过的疫苗种类、接种的时间和是否有不良反应等。

第四节　切　　诊

切诊包括脉诊和按诊两部分。

一、脉　　诊

小儿脉诊较成人简单，一般3岁以下以看指纹代替切脉；3岁以上用"一指定三关"的方法。即医者以示指或拇指同时按压寸、关、尺三部，并用轻、中、重三种不同指力来体会脉象的变化。切脉的时间一般不少于1分钟。正常小儿的脉象平和，较成人软而稍数。年龄愈小，脉搏愈快（表2-1）。小儿病脉主要以浮、沉、迟、数、无力、有力等六种基本脉象为纲，以辨别疾病的表里、寒热、虚实。当"脉证不符"时，应"舍脉从证"。

表2-1　不同年龄小儿脉搏与呼吸次数对照表

年龄	呼吸（次/min）	脉搏（次/min）	呼吸∶脉搏
新生儿	40～45	120～140	1∶3
<1岁	30～40	110～130	1∶(3～4)
2～3岁	25～30	100～120	1∶(3～4)
4～7岁	20～25	80～100	1∶4
8～14岁	18～20	70～90	1∶4

二、按　　诊

按诊包括按压和触摸颅囟、颈项、腋下、四肢、皮肤、胸胁和腹等部位，亦称触诊。根据小儿特点，儿科按诊主要检查以下几个方面：

（一）头颈部

要注意囟门的闭合、大小，是否有凹陷或隆起。小儿前囟在12～18个月时闭合。若逾期未闭者，多为肾气不足，或为佝偻病、脑积水等；若前囟闭合过早者，多见于小头畸形；前囟凹陷，伴吐泻者，多为脱水；前囟隆凸者，多为颅内高压症；前囟饱满，伴发热、呕吐、颈项强硬者，常见于热病、肝风内动之脑部疾患。颈部不对称，一侧胸锁乳突肌痉挛或有包块，患儿头歪向一侧，多为小儿肌性斜颈；颈部运动受限并伴有疼痛，可见于落枕或软组织炎症。

（二）四肢部

若四肢厥冷，多属阳虚；四肢痉挛拘急，为惊风之征；一侧或两侧肢体细弱、活动不灵，可见于脊髓灰质炎后遗症。

（三）胸胁部

注意是否有"鸡胸""龟背"及"虚里"搏动的强弱、快慢，同时要注意肝、脾的大小。婴幼儿有时肝边缘在肋下 1～2cm 处扪及，多属正常，婴儿有时可触及脾脏，但肝脾均质软无压痛。6～7岁后，若左胁肋下按之有痞块，属脾肿大；右胁肋下按之有痞块，属肝大。若胸胁触及串珠，二肋外翻，可见于佝偻病。

（四）腹部

按诊时，应尽量在小儿安静状态或婴儿哺乳时进行。腹部有压痛时，检查应先从无痛处开始，最后才触及痛处。若腹痛喜按，按之痛减，为虚痛、寒痛；腹痛拒按，按之胀痛加剧，为里实腹痛；绕脐作痛，痛起结块，时聚时散，按之可移，多属虫积；腹胀形瘦，腹部青筋显露，多为疳证；腹部胀满，叩之如鼓，多属气滞腹满；按之如囊裹水有波动感，多为腹内积水；右下腹痛而拒按，按后抬手而痛甚，多为肠痈。

按诊时，小儿常啼哭叫扰，往往检查不准确，因此须与其他诊法合参。

 案例分析

陈某，男，5 岁，2020 年 6 月 18 日就诊。患儿就诊时，神志不清，两目上视，颈项强直，四肢抽搐，角弓反张。该患儿多属何种疾病？

案例分析答案

（刘世红　曾　妙）

扫一扫，测一测

？ **复习思考题**

1．为什么历代儿科医家非常重视"望诊"？
2．举例说明形态望诊在儿科疾病中的指导意义。
3．对小儿如何运用指纹辨证？
4．何谓"透关射甲"？
5．简述小儿腹部按诊的病理特点。

第三章 推拿手法

PPT课件

掌握小儿推拿常用的推、揉、按、摩、掐、捏、运、拿、搓、擦、捻、摇、捣、捏挤、刮等15种手法和常用复式操作法的操作方法及其临床应用；熟悉小儿推拿手法的基本要求及特点，以及影响手法补泻的因素；了解小儿推拿的注意事项。

知识导览

第一节　概　　要

一、小儿推拿手法的特点

小儿推拿手法，与成人推拿一样具有简、便、效、廉等特点，而且更易掌握，基本有"按、摩、掐、揉、推、运、搓、摇"八法。随着小儿推拿的发展，许多成人手法也演变运用到小儿推拿中来，成为小儿推拿的常用手法，如擦法、扳法，还有捏法、挤捏法、捣法、振法等。有些手法虽然在名称、操作方法、注意事项等方面和成人相似，但在运用时，其手法刺激强度、节律、频率、操作步骤和要求却完全不同，如推法；有些手法只用于小儿，不用于成人，如运法、捣法、复式操作法等。小儿推拿手法和成人推拿手法的最大区别在于复式操作法。

在临床应用中，小儿推拿手法常与具体穴位结合在一起，如推上七节骨、摩腹、揉脐、捣小天心等。同时，在治疗中，手法刺激的强弱、操作方向及频率和次数，均能影响补泻作用，直接影响甚至是决定疗效，如同用推法作用于七节骨穴位，向上推能温阳止泻，多用于虚寒性腹泻；向下推则泻热通便，多用于肠热便秘，或热性痢疾等症。

二、小儿推拿手法的基本要求

🌐 知识链接

推拿手法要求

"一旦临证，机触于外，巧生于内，手随心转，法从手出……使患者不知其苦，方称为手法也。"这是《医宗金鉴·正骨心法要旨》总论中对手法的要求，道出了大医手法操作的一种境界。传统上，将软组织刺激性手法的要求概括为"持久、有力、均匀、柔和、深透"，而对于运动关节类手法的要求概括为"稳、准、巧、快"。

对小儿推拿而言，由于小儿生理病理特点，因而推拿手法又有其自身独到的要求。好的按摩手法应当是效果好，操作简便，施术合理，在治愈疾病的同时不给患者附加的痛苦。要做到这些，需具备仁爱之心，潜心钻研手法，刻苦训练，掌握娴熟的操作技能是关键。

小儿推拿手法的基本要求是均匀、柔和、平稳，从而达到深透的作用。均匀，是指手法操作要有节律性,快慢始终如一,切忌忽快忽慢,用力要轻重得当,每个方位的力量要均匀一致;柔和,是指手法用力要和缓,灵巧,中病即止;平稳,是要求手法着实,轻而不浮,重而不滞。

由于小儿脏腑娇嫩,形气未充,肌肤柔弱,故又特别强调手法要轻快柔和,平稳着实,适达病所而止,不可竭力攻伐,尤其对新生儿,手法更要轻柔。对不同年龄的小儿,手法用力应有所区别,正如骆如龙在《幼科推拿秘书》中所说:"初生轻指点穴,二三用力方凭,五七十岁推渐深,医家次第神明。"再者,对于各种不同的手法又有它自己的要求,如推法要轻快,频率每分钟约200次,但要轻而不浮,快而着实;摩法则要均匀柔和,做到轻柔不浮,重而不滞;掐法要既快又重;拿法要刚中有柔,刚柔相济;拿法和掐法刺激较强,次数不可太多,通常放在治疗最后操作;各个部位的摇法应争取患儿的配合,在放松体位下进行。另外,手法在操作时,要注意合理选用介质,如姜汁、薄荷水、滑石粉、按摩膏等,以保护润滑皮肤,增强手法作用,提高治疗效果。

推拿是通过手法操作来防治疾病的,手法的好坏直接影响疗效,它是小儿推拿的基本功之一。只有遵循小儿推拿手法操作的要求,才能达到预期治疗效果。

三、小儿推拿手法的练习方法

学习小儿推拿,除了要掌握相关医学理论知识外,还要重视实践经验的积累与应用,包括手法的基本训练和临床实践及交流。初学者可以反复在人体穴位上操作练习,仔细地体会,逐步掌握手法的刺激量、频率和节律,最终熟练掌握各种手法的操作运用,达到"熟能生巧,巧能生变"的程度,使手法灵巧协调,柔中有刚,运用自如,如此在临床应用时,方能得心应手,恰到好处。小儿推拿手法相对容易掌握,手法的技巧性和用力强度与成人推拿有不同之处,容易被初学者忽视。一旦临床,要想做到手随心转,却非一日之功,还需要认真学习和刻苦训练,用心体会。

第二节　小儿推拿补泻方法

小儿推拿是以手法代替针药,通过在患儿体表穴位操作来防治疾病的一种外治法。推拿掐揉,性与药同,寒热温凉,取效指掌。小儿推拿的补泻,是由手法刺激的强弱,手法在穴位上操作的方向,手法操作的时间和频率,所选穴位的功效等因素决定的。

知识链接

推拿手法的量效关系

手法量效关系的阐述和研究,是手法临床应用研究的重要课题,临床医生不能回避手法物理量与治疗效果之间关系的规律,以考虑手法的选择和应用。对推拿手法量效关系分析和研究的不足,导致了手法应用上的误区,许多临床医师常以药物治疗的规律来看待手法疗效。当推拿治疗效果欠佳时,常以加大手法刺激强度、延长治疗时间、增加关节被动运动幅度来寻求提高效果,这是一种简单机械的思维模式。在推拿滚法的动力学参数优化研究中,对滚法的力量、频率与操作时间三个动力学参数进行三因素三水平的正交试验设计,发现滚法操作中力量、频率、时间之间存在显著的交互作用;力量4kg、频率120次/min、时间10min的组合模式对提高腘动脉平均血流量增益率的效果最显著。研究结果提示,并非"推拿手法作用力量越大、操作时间越长,疗效越好"。因而开展推拿手法量效关系相关研究,已经成为当前推拿基础研究的迫切任务。

一、手法的强弱

根据手法作用于体表穴位上力的大小，或刺激的强弱分手法补泻。凡力量小，刺激弱，轻快柔和的手法谓之补法；凡力量大，刺激强的谓之泻法。如掐法、拿法、按法，《厘正按摩要术》指出："掐由甲入，用以代针。"掐之则生痛，这些手法在穴位上操作多有醒神开窍、通经、止痛的作用。而揉、运、摩、推法等则较之柔和，手法轻重适宜，缓急恰当，以中和之意施之，可以调阴阳，和气血，活经络，调理脏腑功能，具有补益身体、扶助正气的作用。当然，这是在同一穴位上操作相比较而言。而同一种手法对不同年龄和体质的小儿，对不同穴位也可产生补泻不同效应，如新生儿用5～6岁儿童推法的力量，可谓泻法。用同一种力量的推法，作用于同一人两个不同穴位，也有补泻之别，如从指尖向指根推脾经，可补脾经，健脾助运，若从小指尺侧边缘，由指根推向指尖，可清小肠，清热利尿。这说明手法的补泻不仅与手法刺激的强弱、力量大小有关，还与穴位本身的功效有一定的关系。

二、手法操作的方向

小儿推拿特定穴是小儿推拿的特点之一。这些穴位以特定的操作方向决定补泻性质。根据穴位点、线、面状分布的规律，手法操作分为直线和旋转方向两种。直线方向的操作主要用推法。如分布在手掌的脾经、肝经、心经、肺经，其补泻方向均相同，即向指尖推为泻，向指根推为补，唯肾经与之相反。《小儿推拿学概要》指出："推法中分补（由指尖向指根推）、泻（由指根向指尖推），及平补平泻（来回推，又称清）三种。因其方向不同，故作用亦异。"另外，以五脏命名的穴位，旋推为补。

有些非特定穴在经络线上，如中脘、三阴交等，它们共同的补泻规律是顺经络走行方向推为补，逆经络走行方向推为泻，来回顺逆方向推属平补平泻。旋转方向的操作，多用于揉、运、摩等手法，关于推拿的左右旋转补泻诸书记载不一。有些穴位旋转补泻的效果不甚明显，但是在腹部，如摩腹、揉中脘、揉神阙等法，旋转补泻的效果就很明显。在临床操作中，一般认为顺时针方向（右）旋转为泻法，逆时针方向（左）旋转为补法，左右顺逆为平补平泻。

三、手法操作的频率和次数

推拿手法在穴位上操作数量的多少，或频率的快慢，是衡量运用手法补或泻有效治疗量的标准之一。适当的推拿次数和频率，能使疾病很快痊愈；次数少，时间短，治疗量不足，达不到治疗作用；而次数过多，频率过快则无益身体，反而有害。对年龄大、体质强、病属实证的患儿，手法操作次数多，频率较高；年龄小、体质弱、病属虚证的患儿则相对次数少，频率较低。徐谦光在《推拿三字经》中提出"大三万，小三千，婴三百，加减良，分岁数，轻重当"。骆如龙在《幼科推拿秘书》中提出"一岁定须三百，二周六百何疑，月家赤子轻为之，寒火多寡再议。年逾二八长大，推拿费力支持"。目前，临床上一般认为一岁左右的患儿，使用推、揉、摩、运等较柔和的手法操作，一个穴位推三百次左右。小儿年龄大，体质强，疾病重，主穴要多推些；年龄小，身体弱，配穴要少推些。而掐、按、拿、搓、摇等手法，只需3～5次即可。总之，通过辨证，灵活掌握推拿次数和频率，才能提高临床疗效。

推拿手法的强度、速度、方向和次数，以及穴位本身的功效，是推拿手法作用于穴位，产生补、泻或平补平泻效应的重要因素，必须严格遵守，但又要灵活应用，《幼科推拿秘书》指出："法虽一定不易，变通总在人心，本缓标急重与轻，虚实参乎病证。"恰到好处地施用补泻方法，能获得满意的临床疗效。

第三节　常用手法

一、推　法

用拇指或示指、中指指面,在穴位上做单方向的直线或环行推动,称为推法。推法分直推、旋推、分推、合推法四种,其中以直推法临床应用最多。

【操作】

1.直推法　术者用拇指桡侧或指面,或示指、中指指面,在穴位上做单方向的直线推动。每分钟推150～250次(图3-1)。

（1）　　　　　　　　　　　　（2）

图3-1　直推法

2.旋推法　术者用拇指指面在穴位上做旋转方向推动,速度较运法快,用力较指揉法轻。每分钟推150～200次(图3-2)。

3.分推法　术者用两手拇指桡侧,或示指、中指指面自穴位向两旁做"←•→"一字形或"↙•↘"八字形方向推动。分推一般操作20～50次(图3-3)。

4.合推法　又称合法,是分推法的反向操作。术者用拇指螺纹面自两旁向中心推动合拢。合推一般操作20～50次(图3-4)。

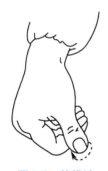

图3-2　旋推法　　　　　图3-3　分推法　　　　　图3-4　合推法

【动作要领】

1.直推法　用拇指指面直推时,手握空拳,靠腕部带动拇指做主动内收活动发力,外展时放松。用示指、中指指面直推时,示指、中指并拢伸直,其余三指屈曲合拢,靠腕部摆动带动肘部做适当屈伸活动使示指、中指发力。操作时,肩、肘、腕关节放松,动作轻快,着实平稳,节律均匀,直线推动,不可歪斜。

2.旋推法　手握空拳,伸直拇指,靠拇指螺纹面做小幅度的旋转推动,如同拇指做摩法。仅在皮肤表面推动,不带动皮下组织。操作时,肩、肘、腕、掌指关节放松,动作协调连贯,均匀柔和,速度较直推法略慢。

3. 分推法 一字分推法，靠肘关节的屈伸活动，带动拇指和掌着力部分做横向直线分推；八字分推法，靠手腕和拇指掌指关节的内收、外展活动，带动拇指指面着力部分做弧线分推。双手用力要均匀一致，动作柔和协调，节奏轻快平稳。

4. 合推法 合推法是一字分推法的反向操作，动作要领与其相同。常在手腕横纹处做直线合推，动作幅度较小。

【注意事项】

1. 选择适应病情需要的介质，避免推破皮肤。

2. 根据病情、穴位和部位的需要，注意手法在穴位上的操作方向、用力大小和频率高低。

3. 推法从摩法演变而来，但力度比摩法、运法为重，较指揉法为轻，旋推犹如单指摩法，操作时，注意揣摩，加以区别。

课堂互动

小儿推法与成人推法在手法操作和临床应用上有哪些区别？

【临床应用】

推法是小儿推拿常用手法之一。直推法常用于头面、上肢、胸腹、腰背和下肢部的线状穴位。如推攒竹、推天柱骨、推三关、推膻中、推脊、推箕门等。有向上（向心）为补、向下（离心）为清之说。临床应用，因穴位不同，清补说法不完全一致。旋推法，主要用于手指指面的五经穴，如旋推脾经、肺经、肾经等，旋推为补。分推法，适用头面、胸腹、腕掌和肩胛部，如分推坎宫、分手阴阳、分推膻中、分推肩胛骨、分腹阴阳等，能分利气血。合推法，仅用于手腕大横纹，合手阴阳能行痰散结。

【文献选录】

《小儿推拿广意》："凡推法必似线行，毋得斜曲，恐动别经而招患也。""春夏用热水，秋冬用葱姜水，以手指蘸水推之，过于干则有伤皮肤，过于湿则难于着实，以干湿得宜为妙也。"

《幼科推拿秘书》："一指推去而不返，返则向外为泄。"

《厘正按摩要术》："推法……其手法，手内四指握定，以大指侧着力直推之……夏禹铸曰：往上推为清，往下推为补。周于蕃曰：……推有曲其指者，则主补，取进食之义。"

《小儿推拿学概要》："推法中分补（由指尖向指根推）、泻（由指根向指尖）及平补平泻（来回推，又称清法）三种，因其方向不同，故作用亦异。"

《保赤推拿法》："分者，医以两手指，由儿经穴划向两边也。"

《幼科铁镜》："大指面属脾……曲者，旋也。于指正面旋推为补，直推至指甲为泻。"

二、揉　法

用手掌大鱼际或掌根、掌心、手指螺纹面着力，吸定于一定部位或穴位上，做顺时针或逆时针方向、轻柔和缓的回旋揉动，称为揉法。根据着力部位，分指揉法和掌揉法。指揉法中仅用拇指或中指揉的称单指揉；用示指、中指二指分揉两穴或同揉一处，称二指揉；用示指、中指、环指三指分揉三穴或同揉一处，称三指揉。用大鱼际揉的称鱼际揉，用掌根、掌心揉的，称掌揉法。

【操作】

1. 指揉法 术者以拇指或中指的螺纹面或指端，或示指、中指、环指指面吸定于穴位或治疗部位上，做轻柔和缓、小幅度、顺时针或逆时针方向的旋转运动，发力带动该处的皮下组织一起揉动（图3-5）。

2．鱼际揉法　术者以大鱼际着力于施术部位,稍用力下压,腕部放松,前臂主动运动,通过腕关节带动着力部分在治疗部位上做和缓、小幅度、顺时针或逆时针方向的环旋运动,使该处的皮下组织一起揉动(图3-6)。

3．掌揉法　术者以掌心或掌根着力,吸定在治疗部位上,稍用力下压,腕部放松,以肘关节为支点,前臂做主动运动,带动腕部及着力部分连同前臂做轻柔和缓、小幅度、顺时针或逆时针方向的旋转运动揉动,使该处皮下组织一起揉动(图3-7)。

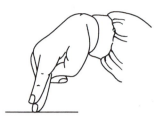

图 3-5　中指揉法

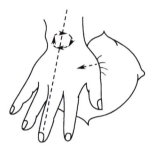

图 3-6　大鱼际揉法

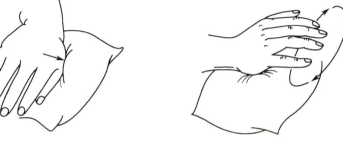

图 3-7　掌根揉法

【动作要领】

1．手腕放松,以腕关节连同前臂一起做回旋活动。指揉法时腕关节要保持一定的紧张度;掌根揉时腕关节略有背伸,松紧适度。

2．操作时压力要均匀着实,动作宜轻柔有节律。

3．操作频率每分钟160～200次。

【注意事项】

1．操作时,手吸定皮肤不离开,不要在皮肤上摩擦。

2．揉动力量和幅度要适中,不宜过大。

【临床应用】

揉法刺激量小,作用温和,适用于全身各部位。拇指与中指单指揉,可用于全身点状穴位或各部位;示指、中指二指揉,多用于双侧背俞穴和天枢穴;三指揉用于膻中加两乳旁穴或脐和两侧天枢穴。鱼际揉用于面部;掌揉常用于脘腹、腰臀部以及四肢肌肉丰厚处。揉法具有调和脏腑,宽胸理气,消积导滞,活血通络,消肿止痛作用。揉法常与按法、掐法等配合使用,组成按揉法、掐揉法等复合手法,如按揉百会、按揉中脘;掐揉二扇门、掐揉小天心。揉法还常在掐法后使用,即掐后继揉,具有缓解强刺激手法的不适作用,如掐揉四横纹、掐揉五指节等。

【文献选录】

《保赤推拿法》:"揉者,医以指按儿经穴,不离其处而旋转之也。"

《厘正按摩要术》:"揉以和之。揉法以手宛转回环,宜轻宜缓,绕于其上也。是从摩法生出者,可以和气血,可以活筋络,而脏腑无闭塞之虞矣。"

《幼科推拿秘书》:"……揉天枢,用大将二指,双指齐揉,中脘,全掌揉。曲池、阳池,将指揉。脐与龟尾,皆搓掌心。用三指揉之,或用二指,视小儿大小。"

三、按　　法

用手指或手掌按压在体表,逐渐向下用力,按而留之,称为按法。根据着力部位,分为指按法和掌按法。

【操作】

1. 指按法 分为拇指按法和中指按法。

（1）拇指按法：拇指伸直，手握空拳，示指中节桡侧轻贴拇指指间关节掌侧，起支持作用，以协同助力。用拇指螺纹面或指端着力，吸定在患儿治疗穴位上，垂直用力，向下按压，持续一定时间，按而留之，然后放松，再逐渐用力向下按压，如此一按一压反复操作（图3-8）。

（2）中指按法：中指伸直，掌指关节略屈，稍悬腕，用中指指端或螺纹面着力，吸定在穴位上，垂直用力，向下按压。其余同拇指按法。

2. 掌按法 腕关节背伸，五指放松伸直，用掌心或掌根着力，按压在治疗部位上，垂直用力，逐渐向下按压，并持续一定时间，按而留之。其余同拇指按法。

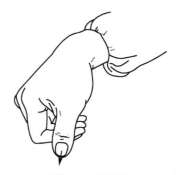

图3-8　指按法

【动作要领】

1. 拇指按时，拇指伸直，手握空拳，示指中节桡侧轻贴拇指；中指按时，伸直中指，其余四指屈曲放松，垂直用力，向下按压。

2. 掌按时，腕关节背伸，五指放松伸直，用掌心或掌根着力按压。

【注意事项】

1. 按法属于强刺激手法，小儿形气未充，脏腑娇嫩，使用时切忌暴力。

2. 临床上较少单独应用，多与揉法结合使用。

【临床应用】

按法刺激性强，指按法多用于点状具有止痛、开窍、止抽搐等作用的穴位。如按环跳、按牙关、按百虫。掌按法多用于面状穴位。按法常与揉法配合使用，形成复合手法，缓解刺激，提高疗效，适用范围较单纯按法广泛。使用按揉法时，可辅以介质。

【文献选录】

《厘正按摩要术》："按而留之者，以按之不动也。按字，从手从安，以手探穴而安于其上也……以言手法，则以右手大指面直按之，或用大指背屈而按之，或两指对合按之，其于胸腹，则又以掌心按之。宜轻宜重，以当时相机行之。"

《素问·举痛论》："按之则热气至，热气至则痛止矣。"

四、摩　　法

用手指或手掌在体表做顺时针或逆时针方向环形抚摩，称摩法。根据操作部位不同，分指摩法和掌摩法两种。

【操作】

1. 指摩法 术者指掌自然伸直，示指、中指、环指和小指并拢，用示指、中指、环指和小指指面，附着于一定部位或穴位上，前臂主动运动，带动腕关节做顺时针或逆时针方向环形摩动（图3-9）。

2. 掌摩法 术者手掌自然伸直，用掌面着力，附着于一定部位或穴位上，前臂主动运动，带动腕关节做顺时针或逆时针方向环形摩动（图3-10）。

【动作要领】

1. 肩、肘、腕放松，肘关节微屈，掌指自然伸直。

2. 掌指着力部分要随腕关节连同前臂一起做环行移动。

图 3-9　指摩法

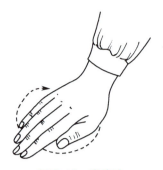

图 3-10　掌摩法

3．摩法要轻柔和缓，速度均匀协调，有节律，不带动深层组织。

4．操作频率每分钟 120 次左右。具体根据病情而定，急摩为泻，缓摩为补。

【注意事项】

1．摩法作用温和，用力不宜过重，也不要过轻。

2．根据病情选择手法摩动的方向和使用的介质。

【临床应用】

摩法是小儿常用手法之一。主要用于胸、腹、胁肋部的面状穴，以腹部应用为多。具有和中理气，消食导滞，调理脾胃，调节肠道功能的作用。常用于治疗消化不良、便秘、腹泻、疳积等疾病。

【文献选录】

《石室秘录·摩治法》："脏腑癥结之法：以一人按其小腹，揉之，不可缓，不可急，不可重，不可轻，最难之事，总以中和为主。"

《厘正按摩要术》："急摩为泻，缓摩为补。摩法较推则从轻，较运则从重。"

《医宗金鉴》："摩者，谓徐徐揉摩之也……摩其壅聚，以散瘀结之肿。"

五、掐　法

用拇指指甲重刺穴位称掐法。

【操作】

术者拇指伸直，手握空拳，用拇指指甲着力，吸定在治疗部位，逐渐用力掐之（图 3-11）。

【动作要领】

1．拇指与操作穴位垂直。

2．掐时缓缓用力，切忌突施暴力。

【注意事项】

1．掐时要逐渐用力，达深透为止，不要掐破皮肤。

2．掐 3～5 次，或醒后即止。

3．掐后继揉，以缓解不适。

图 3-11　掐法

【临床应用】

掐法是强刺激手法之一，适用于头面、手足部穴位。具有定惊醒神，通关开窍作用。常用于急症，以指代针，如急惊风，掐人中、十宣、老龙以醒神开窍；小儿惊惕不安，掐五指节、小天心以镇惊安神等。

【文献选录】

《幼科推拿秘书》："掐者，用大指甲，将病处掐之。"

《厘正按摩要术》："掐由甲入,用以代针。掐之则生痛,而气血一止,随以揉继之,气血行而经络舒也。"

六、捏　法

用拇指桡侧缘顶住皮肤,示指、中指前按,拇指、示指、中指三指指端捏住皮肤并同时用力提拿,自下而上,双手交替捻动向前;或示指屈曲,用示指中节桡侧顶住皮肤,拇指前按,两指同时用力提拿皮肤,自下而上,双手交替捻动向前,为捏法。捏法分拇指后位捏法和拇指前位捏法两种。

【操作】

1. 拇指后位捏法　患儿俯卧,露出被捏部位,术者双手呈半握拳状,拳心向下,拳眼相对,用拇指桡侧缘吸定并顶住小儿龟尾穴两旁皮肤,示指、中指前按,拇指、示指、中指三指同时用力提拿,自下而上,双手交替捻动至大椎穴处(图3-12)。

2. 拇指前位捏法　患儿俯卧,露出被捏部位,术者双手握空拳状,拳心相对,拳眼向前,两手拇指伸直前按,示指屈曲,用示指中节桡侧顶住小儿龟尾穴两旁皮肤,拇指、示指同时用力提捻皮肤,自下而上,双手交替捻动至大椎穴处(图3-13)。

图3-12　拇指后位捏法

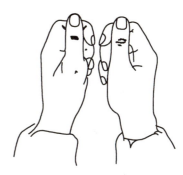

图3-13　拇指前位捏法

【动作要领】

1. 肩、肘、腕放松,手指捻动要灵活,协调。

2. 操作时用力要均匀一致。

3. 每次操作3～5遍,一般先做3遍捏法,再做2遍提捏法。提捏法就是捻动经过相应的穴位时用力提拿。

【注意事项】

1. 操作时捏起皮肤多少和提拿用力大小要适当,用力过大不容易向前捻动推进,用力过小皮肤容易滑脱,亦不可拧转皮肤,以免产生不必要的疼痛。

2. 操作时应直线前进,不可歪斜。

3. 常用滑石粉为介质。

4. 要修剪好指甲,防止划伤皮肤。

【临床应用】

捏法是小儿常用手法之一。多用于脊背部,称为捏脊。该法具有调和阴阳,健脾和胃,增强各脏腑功能,提高人体免疫力的作用。捏脊不仅是治疗疳积、消化不良、腹泻、佝偻病等病症的有效手法,也是小儿保健推拿手法之一。常给小儿捏脊能增进食欲,改善睡眠,强壮身体。

【文献选录】

《小儿捏脊》:"将皮肤捏起来叫捏……双手拇、食两指将皮肤捏起,随捏,随提,随放,随着向前推进。这时皮肤一起一伏好像后浪推前浪似的。捏起皮肤的多少要适中……"

《肘后备急方》：" ……拈取其脊骨皮，深取痛引之，从龟尾至顶乃止，未愈更为之。"

七、运　　法

用拇指或示指、中指螺纹面在相应穴位上由此往彼，做弧形或环形推动，称运法。

【操作】

术者一手握住小儿手指，使被操作手掌平坦，掌心向上，用另一手的拇指或示指、中指螺纹面在相应穴位上由此往彼，做弧形或环形推动（图3-14，图3-15）。

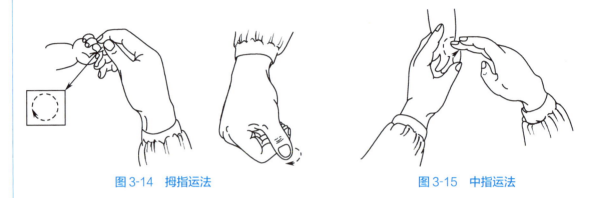

图 3-14　拇指运法　　　　　　　　　　　　　　　　图 3-15　中指运法

【动作要领】

1. 操作时指面要紧贴于穴位。

2. 用力宜轻不宜重，力量仅达表皮，不带动皮下组织；频率宜缓不宜急，每分钟80～120次。

3. 运法的操作方向与补泻有关，应根据病情需要进行选择。

【注意事项】

操作时要根据病情选用介质。

【临床应用】

运法是小儿推拿手法中力量最轻的一种。常用于小儿头面和手部面状、线状穴位，也可用于点状穴位。具有理气和血，舒筋活络的作用。运法多用于手掌特定穴，如运水入土、运土入水、运内八卦、运板门等。

【文献选录】

《秘传推拿妙诀》："一运者，亦医人以右手大指推也……周环旋转故谓之运。"

《厘正按摩要术》："运则行之，谓四面旋绕而运动之也。宜轻不宜重，宜缓不宜急。俾血脉流动，筋络宣通，则气机有冲和之致，而病自告痊矣。"

八、拿　　法

用拇指和示指、中指，或用拇指与其余四指相对用力，提拿一定的穴位和部位，一紧一松地拿捏，称为拿法。

【操作】

术者用单手或双手的拇指和其余手指的指面相对用力，捏住施术部位，逐步收紧提起，一紧一松、连续不断地提捏并施以揉动拿捏（图3-16）。

【动作要领】

1. 肩、肘、腕放松，虎口紧贴操作的肌肤，腕掌自然蓄力，拇指与其余手指面相对用力提拿，重点用拇指面着力。

2. 捏提中含有揉动之力。拿法,其实是复合手法,由捏、提、揉三种方法组合而成。

3. 拿法操作用力,要由轻到重,动作要柔和而连贯,刚中有柔。

4. 拿1～3次。

【注意事项】

1. 动作要协调,切忌死板僵硬,操作时不要突然用力,或力量过大,更不能拿捏太久。

2. 要修剪好指甲,防止指端内扣伤及皮肤。

3. 拿法刺激性较强,常配合捏法同时使用,组成拿捏法。

4. 单纯拿法通常放在治疗最后操作。拿法后继以揉法,缓解不适。

图3-16　拿法

【临床应用】

拿法是刺激性较强的手法,常用于颈项、肩部和四肢穴位。具有疏通经络,解表发汗,止惊定搐,止痛的作用。如拿肩井能发汗解表;拿捏小儿患侧胸锁乳突肌以解除肌痉挛,治疗小儿先天性肌性斜颈;拿委中、百虫能治疗四肢抽搐。

【文献选录】

《秘传推拿妙诀》:"拿者,医人以两手大指或各指于病者应拿穴处,或掐或捏或揉,皆谓之拿也。"

《推拿指南》:"按者,此法亦名拿法……用右手大、中二指,相对着力合按之。"

九、搓　　法

用双手的掌面夹住一定部位,相对用力做快速揉搓,或同时上下往返移动,称搓法。

【操作】

小儿取坐位,术者用双手掌面着力,附着在肢体两侧,相对用力夹住施术部位,做快速揉搓,同时做上下往返移动(图3-17)。

【动作要领】

1. 肩、肘、腕放松,两手自然伸直。

2. 操作时,双手用力要对称、柔和,动作要协调连贯,速度要均匀一致。

3. 上下往返移动时,搓动要快,移动要慢,做到紧搓慢移。

【注意事项】

1. 操作时,被搓肢体要处于完全放松体位。

2. 操作时,忌用粗暴蛮力,避免皮肤肌腱搓伤。

图3-17　搓法

【临床应用】

搓法是轻快柔和的手法,多用于四肢、胁肋部位。具有调和气血,疏通经络,放松肌肉的作用。如臂丛神经麻痹(产伤后遗症)、婴儿瘫,一侧或两侧上、下肢肌肉萎缩,均可用搓法以调和气血,通经活络。

【文献选录】

《厘正按摩要术》:"周于蕃曰:搓以转之。谓两手相合,而交转以相搓也。或两指合搓,或两手合搓,各极运动之妙,是从摩法中生出者。"

十、擦　　法

用手掌面或大、小鱼际着力于体表部位，做较快速的直线来回摩擦，称为擦法。根据操作部位不同，分为掌擦法、大鱼际擦法、小鱼际擦法。

【操作】

术者用手掌面或大、小鱼际置于体表施术部位，腕关节伸直，使前臂与手掌相平，以肘或肩关节为支点，前臂或上臂做主动运动，使手的着力部分在体表做较快速往返直线摩擦移动，使之生热。用全掌着力为掌擦法（图 3-18）；用大鱼际着力为大鱼际擦法（图 3-19）；用小鱼际着力为小鱼际擦法（图 3-20）。

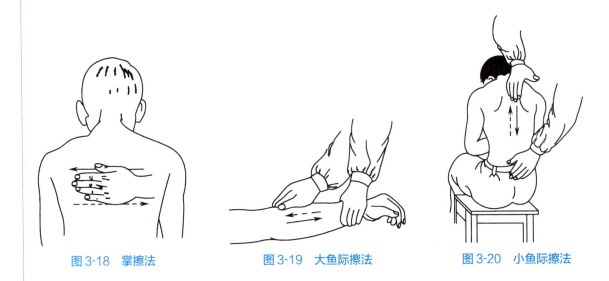

图 3-18　掌擦法　　　　　　图 3-19　大鱼际擦法　　　　　　图 3-20　小鱼际擦法

【动作要领】

1. 操作时，要直线往返，不可歪斜。
2. 着力部分要紧贴皮肤，但不要僵硬地用力，以免擦破皮肤。
3. 动作连贯，速度均匀，以透热为度。

【注意事项】

1. 术者操作时应自然呼吸，不要憋气。
2. 根据病情选用适宜油膏为介质，保护皮肤，增强疗效。
3. 擦过的部位不要再用其他手法，以免损伤皮肤。

【临床应用】

擦法，是柔和温热的手法，多用于胸腹、腰背及四肢部位。具有温经通络，消肿止痛，健脾和胃，提高局部温度，扩张血管，加速血液和淋巴液循环的作用。其中掌擦法温度相对较低，常用于胸胁和腹部，脾胃虚寒引起的腹痛及消化不良等多用此法。小鱼际擦法的温度较高，多用于肩背、腰骶和四肢，对小儿脑性瘫痪、伤筋、风湿痛等都有较好疗效。大鱼际擦法的温度中等，以上部位都可应用，适用于治疗外伤、瘀血、肿痛等。

十一、捻　　法

用拇指、示指捏住治疗部位，做相对用力往返捻动，称为捻法。

【操作】

术者用拇指螺纹面与示指桡侧缘或螺纹面,捏住治疗部位,拇指、示指主动运动,稍用力做快速捻动,如捻线状(图3-21)。

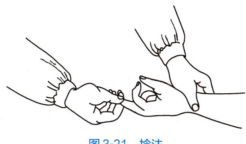

图 3-21　捻法

【动作要领】

1. 拇指、示指面相对用力捻动时,揉劲宜多,搓劲宜少。

2. 动作要灵活轻巧,快速连贯。

3. 捻动力量要均匀柔和,移动要慢,做到紧捻慢移。

【注意事项】

1. 捻动幅度不要过大,用力不可呆滞。

2. 操作时要辅以介质。

【临床应用】

捻法适用于手指、足趾小关节。具有滑利关节,消肿止痛的作用。治疗手、足小关节扭伤引起的肿胀、疼痛。亦可配合其他手法治疗小儿手、足先天性畸形,如拇指内收、马蹄内翻足等。

【文献选录】

《医宗金鉴》:"再捻筋结,令其舒平。"

十二、摇　法

使关节做被动的环转运动,称摇法。包括颈项部、四肢关节摇法。

【操作】

术者用一手握住或扶住关节近端的肢体,另一手握住关节远端的肢体,做缓和环形旋转运动。做颈项部被动的环转运动称颈项部摇法,依此有肩关节、腕关节、髋关节、踝关节等部位摇法(图3-22,图3-23)。

图 3-22　颈部摇法

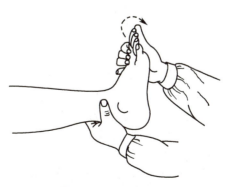

图 3-23　踝关节摇法

【动作要领】

1. 摇法动作要和缓,用力要平稳,两手配合要协调。

2. 摇动的方向和幅度要在生理范围内进行。

【注意事项】

1. 用力由轻到重,由小到大,不得强行使用暴力。

2. 关节摇转时宜缓宜慢。

【临床应用】

摇法是被动活动人体各关节的一种手法,具有疏通经络,恢复关节功能的作用。落枕、小儿先天性肌性斜颈、颈项部软组织损伤,用颈项部摇法;髋部伤筋、小儿脑性瘫痪等用髋关节摇法;先天性手、足畸形,踝关节扭挫伤,腕、踝骨折后遗症等,可用腕关节和踝关节摇法。

【文献选录】

《保赤推拿法》:"摇者或于儿头,或于儿手,使之动也。"

《厘正按摩要术》:"……摇则动之……寒证往里摇,热证往外摇。是法也,摇动宜轻,可以活经络,可以和气血。"

《推拿捷径》:"摇者,活动之谓也,手法宜轻不宜重。"

十三、捣　　法

用中指端或示指、中指屈曲的指间击打体表一定部位,称为捣法。

【操作】

术者以一手握住小儿手掌,使其掌心向上,另一手的手腕自然下垂,前臂主动运动,通过腕关节的屈伸运动,带动中指端或示指、中指屈曲的指间关节突,有节奏地叩击穴位(图3-24)。

图 3-24　捣法

【动作要领】

1. 操作时,指间关节放松,腕关节主动屈伸,形同指击状。

2. 对准穴位捣击,用力要稳,动作要有节奏和弹性。

3. 每个穴位捣5～20次。

【注意事项】

1. 捣击时不要用暴力。

2. 修剪好指甲,避免捣击时损伤皮肤。

【临床应用】

捣法相当于指击法,但力量较之为轻,适用于手掌小天心穴和面部承浆穴,如捣小天心,具有安神定志作用,治疗小儿惊啼。

【文献选录】

《推拿三字经》:"捣天心,翻上者,捣下良,翻下者,捣上强,左捣右,右捣左。"

十四、捏　挤　法

用两手拇指、示指捏住选定部位的皮肤,两手相对用力挤捏,称为捏挤法。

【操作】

小儿平卧或坐位,术者用两手拇指、示指捏住选定部位的皮肤,相对用力向中央捏挤,使局部皮肤变成紫红色或紫黑色。

【动作要领】

1. 两手腕放松、端平,两手指尖相对,相距约 1cm。

2. 捏起皮肤时动作要轻,相对用力挤捏时速度要快。

3. 每个穴位或部位捏挤 1～3 次。

【注意事项】

1. 操作时动作要熟练灵活。

2. 捏挤范围仅黄豆大小,不宜过大。

3. 捏挤不要超过规定次数。

【临床应用】

捏挤法是重刺激手法,多用于颈项部和胸骨切迹上缘等部位,具有散发郁热,治疗中暑、痧证、痰食郁结等。治疗小儿扁桃体炎,可用捏挤天突、揉扁桃体外方、掐揉少商穴。本法使用时有一定痛苦,一般放在最后操作。

十五、刮　　法

用边缘光滑的器具,或手指蘸润滑液体,在患儿一定部位或穴位的皮肤上,做单方向的直线刮动,称为刮法。

【操作】

小儿卧位或坐位,术者用拇指桡侧或示指、中指螺纹面,或手握汤匙、铜钱、玉环等器具,用其光滑的边缘着力,蘸润滑液,在患儿治疗部位的皮肤上,做由上向下或由内向外的直线刮动(图 3-25)。

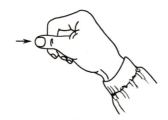

图 3-25　刮法

【动作要领】

1. 刮动时紧贴皮肤,用力均匀适当。

2. 选用器具必须光滑清洁。

3. 常选用麻油、清洁凉水、薄荷水等为介质。

4. 刮时紧刮慢移,以皮肤紫红色为度。

【注意事项】

1. 不要刮破皮肤。

2．操作用力以患儿能接受为度。

3．切忌不使用介质直接操作。

【临床应用】

刮法刺激性较强，多用于眉心、颈项、背部等部位，具有散发郁热的作用。常用于治疗中暑。

第四节　复式操作法

复式操作法是小儿推拿疗法中特有的操作方法，是小儿推拿的特点之一，也是区别于成人推拿的一个方面。它是用一种或几种手法，在一个或几个穴位上按一定程序进行的特殊推拿操作，现在统称为复式操作法。这些方法既有一定姿势，又有特定名称。在小儿推拿著作中，历代医家记载不一，常提到的"十三大手法"或"大手法""大手术""复合手法"等，都是指此法。

复式操作法的名称，一是根据手法操作时的形象而定，如"苍龙摆尾""猿猴摘果"等；二是依其手法名称和操作的穴位而定，如"揉脐及龟尾并擦七节骨""运土入水""运水入土"；三是根据其手法的作用而定，如"飞经走气"。

复式操作法在小儿推拿著作中，有些同名异法，有些同法异名，有些虽操作基本相似而名称各异。然而，这些操作方法作为小儿推拿治疗的特色，仍然被沿用至今。本教材在复式操作法中，主要介绍十八种常用的操作法，并对历代医家记载的复式操作法在文献选录中加以介绍。

一、黄 蜂 入 洞

【操作】

术者一手扶着患儿头部，使其相对固定，另一手示指、中指的指端在患儿两鼻孔下缘处，以腕关节带动着力部分做反复揉动20～50次（图3-26）。

【作用】

发汗解表，宣肺通窍。

【临床应用】

主要用于治疗外感风寒，发热无汗，急慢性鼻炎，鼻塞流涕，呼吸不畅等病症。

按：本法计有七种操作，它们的经穴位置与操作方法不同，但作用相同，参见文献选录。本书所选用的经穴位置与操作方法源自《幼科推拿秘书》。操作用力要轻柔和缓，均匀持久。

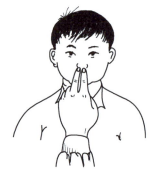

图3-26　黄蜂入洞

【文献选录】

《按摩经》："黄蜂入洞：屈儿小指，揉儿劳宫，去风寒也。"

《小儿推拿广意》："黄蜂入洞：以儿左手掌向上，医者用二手中名小三指托住，将二大指在三关六腑之中，左食指靠腑，右食指靠关，中掐傍揉，自总经起循环转动至曲池边，横空三指，自下而复上，三四转为妙。"

《幼科铁镜》："婴儿脏腑有寒风，试问医人何处攻，揉动外劳将指屈，此曰黄蜂入洞中。"

《幼科推拿秘书》："黄蜂入洞，此寒重取汗之奇法也。洞在小儿两鼻孔；我食将二指头一对黄蜂也。其法屈我大指，伸我食将二指，入小儿两鼻孔揉之，如黄蜂入洞之状。"

《厘正按摩要术》："按风门：风门即耳门，在耳前起，内当耳缺陷中。将两大指跪按两耳门，所谓黄蜂入洞法也。此温法亦汗法也，最能通气。"

《秘传推拿妙诀》:"风门穴拿之即黄蜂入洞是也。"

《万育仙书》:"黄蜂入洞治阴症,冷气冷痰俱灵应。黄蜂穴在中指根两边,将大指根掐而揉之。"

二、揉耳摇头

【操作】

术者用两手拇指、示指螺纹面着力,捻揉患儿两耳垂后,再用双手捧患儿头部,做颈部轻摇法。揉揉耳垂 20~30 次,摇头 10~20 次(图 3-27)。

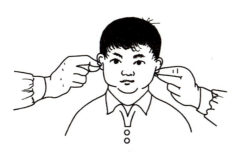

图 3-27 揉耳摇头

【作用】

开关镇惊,调和气血。

【临床应用】

用于治疗惊风。

按:本法又称捧耳摇头。操作时,术者两手用力要对称协调,均匀,捻、揉、摇三法要有机结合运用。

三、猿猴摘果

【操作】

术者用两手示指、中指侧面分别夹住患儿耳尖向上提,再夹捏两耳垂向下扯,向上提 10~20 次,向下扯 10~20 次(图 3-28)。

【作用】

定惊悸,除寒积。

【临床应用】

用于治疗寒痰、食积、惊惕不安等。

按:本法计有六种,见引文。名称相同,但部位、操作方法不一,此法源于《幼科推拿秘书》。

【文献选录】

《按摩经》:"猿猴摘果:以两手摄儿螺蛳骨上皮,摘之,消食可用。"

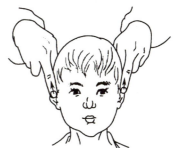

图 3-28 猿猴摘果

《小儿推拿方脉活婴秘旨全书》:"猿猴摘果法:左手大指、食指交动,慢动,右手大指、食指,快上至关中,转至总筋左边,右上至关上。"

《秘传推拿妙诀》:"猿猴摘果:医人将手牵病者两手,时伸时缩,如猿猴摘果样。"

《小儿推拿广意》:"猿猴摘果:此法性温,能治痰气,除寒退热。医用左食中指捏儿阳穴,大指捏阴穴,寒症医将右大指从阳穴往上揉至曲池,转下揉至阴穴,名转阳过阴;热症从阴穴揉上至曲池,转下揉至阳穴,名转阴过阳,俱揉九次。阳穴即三关,阴穴即六腑也。揉毕再将右大指掐儿心肝脾三指,各掐一下,各摇二十四下,寒症往里摇,热症往外摇。"

《幼科推拿秘书》:"猿猴摘果:此剿疟疾,并除犬吠人喝之症良法也,亦能治寒气除痰退热。其法以我两手大食二指提孩儿两耳尖,上往若干数,又扯两耳坠,下垂若干数,如猿猴摘果之状。"

《万育仙书》:"猿猴摘果:消食化痰。医以两指摄儿螺蛳骨上皮摘之;又用两手拿儿两手虎口,朝两面揉之。"

四、双 凤 展 翅

【操作】

术者用两手示指、中指,夹患儿两耳,向上提数次后,再用一手或两手拇指端,按、掐眉心、太阳、听会、人中、承浆、颊车诸穴,每穴按、掐各3～5次,提3～5次(图3-29)。

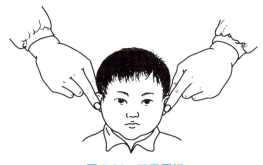

图3-29　双凤展翅

【作用】

祛风散寒,化痰止咳。

【临床应用】

用于治疗外感风寒,咳嗽多痰等,肺系疾患。

按:本法操作有七个部位,提捏、按、掐诸法,要按程序进行操作。

五、摇 肘 肘

【操作】

术者先以左手拇指、示指、中指,托住患儿肘尖,再以右手拇指、示指插入其虎口,同时用中指按乾宫,然后屈伸患儿手上下摇之,摇20～30次(图3-30)。

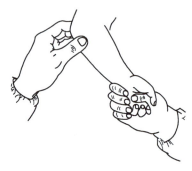

图3-30　摇肘肘

【作用】

顺气和血,通经活络。

【临床应用】

用于治疗气血不和,上肢麻木,活动不利等病症。

六、苍龙摆尾

【操作】

术者用右手握患儿示指、中指、环指,左手自总筋至肘部来回搓揉,然后用拇指、示指、中指托住肘尖,右手持小儿三指左右摇动如摆尾状,摇25～30次(图3-31)。

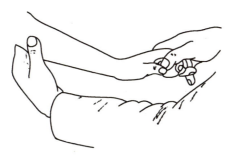

图3-31　苍龙摆尾

【作用】

开胸顺气,退热通便。

【临床应用】

用于治疗胸闷发热,烦躁不安,大便秘结等病症。

按:本法计有两种操作,参见文献选录。

【文献选录】

《小儿推拿广意》:"苍龙摆尾:医右手一把拿小儿左食中无名三指,掌向上,医左手侧尝从总经起,搓摩天河及至肬肘,略重此,自肬肘又搓摩至总经,如此一上一下,三四次,医又将左大食中三指搓肬肘,医右手前拿摇动九次。此法能退热开胸。"

《按摩经》:"……用手捻小儿小指,名曰:苍龙摆尾。"

七、飞经走气

【操作】

术者先用右手,握住患儿左手四指,再用左手四指,从曲池起,按之,跳之,至总筋反复数次。再以左手拇指、中指拿住患儿之阴池、阳池二穴不动,然后右手将患儿左手四指向上往外,一伸一屈,连续搓20～50次(图3-32)。

图3-32　飞经走气

【作用】

行一身之气,清肺化痰。

【临床应用】

用于治疗外感,咳嗽痰鸣等症。

八、二 龙 戏 珠

【操作】

术者用左手持患儿右手,使其掌心向上,前臂伸直,用右手示指、中指自患儿总筋处起,以两指头交互向前按之,直至曲池为一遍。按20~30遍(图3-33)。

【作用】

镇惊定搐,调和气血。

【临床应用】

用于治疗小儿惊惕不安、惊风等病症。按:本法计有五种操作,参见文献选录。临床常用《幼科推拿秘书》和《小儿推拿广意》记载的操作法。

图3-33　二龙戏珠

【文献选录】

《按摩经》:"二龙戏珠:以两手摄儿两耳轮戏之,治惊。眼向左吊则右重,右吊则左重;如初受惊,眼不吊,两边轻重如一;如眼上则下重,下则上重。"

《小儿推拿方脉活婴秘旨全书》:"二龙戏珠法:用二大指、二盐指并向前,小指在两旁,徐徐向前,一进一退,小指两旁掐穴,半表里也。"

《小儿推拿广意》:"二龙戏珠:此法性温。医将右大、食、中三指,捏儿肝肺二指,左大、食、中三指捏儿阴阳二穴,往上一捏一提,捏至曲池五次。热症阴捏重而阳捏轻;寒症阳重而阴轻。再捏阴阳,将肝、肺二指摇摆二九、三九是也。"

《万育仙书》:"二龙戏珠,温和法。医用两手摄儿两耳轮戏之,又用两手指在儿两鼻孔揉之。"

《幼科推拿秘书》:"二龙戏珠:此止小儿四肢掣跳之良法也。其法性温。以我食将二指,自儿总经上,参差以指头按之,上行直至曲池陷中,重揉。其头如圆珠乱落,故名戏珠,半表半里。"

九、凤 凰 展 翅

【操作】

术者用两手示指、中指固定患儿的腕部,同时以拇指掐患儿精宁、威灵二穴,并上下摇动如凤凰展翅之状,摇20~50次。

【作用】

救暴亡,舒喘胀,除噎,定惊。

【临床应用】

用于治疗痰食积聚、气吼痰喘、惊风等病症。

按:本法为原山东中医学院孙重三老大夫所传"十三大手法"之一。

【文献选录】

《按摩经》:"凤凰鼓翅:掐精宁、威灵二穴,前后摇摆之,治黄肿也。"

十、赤 凤 点 头

【操作】

术者用左手托患儿肘尖,右手捏患儿中指上下摇之,如赤凤点头状。摇20～30次。

【作用】

消膨胀,定喘息,通关顺气,补血宁心。

【临床应用】

用于治疗上肢麻木、心悸、胸满胀痛、气喘等病症。

按:本法又名"赤凤摇头",计有五种操作方法,临床以《小儿推拿方脉活婴秘旨全书》和《小儿推拿广意》中的操作法为常用。

【文献选录】

《按摩经》:"赤凤摇头:以两手捏儿头而摇之,其处在耳前少上,治惊也。"

《小儿推拿方脉活婴秘旨全书》:"赤凤摇头:此法,将一手拿小儿中指;一手五指,攒住小儿斗肘,将中指摆摇,补脾,和血也(中指属心、色赤,故也)。"

《秘传推拿妙诀》:"赤凤摇头:医用右大、食二指,拿病者大指头摇摆之,向胸内摆为补,向外摆为泻。又医将一手拿病者曲池,将一手拿病者总心经,揉摆之为摇斗肘,亦向胸内为补,外泻。"

《小儿推拿广意》:"赤凤摇头:法曰将儿左手掌向上,医左手用食中指轻轻捏儿斗肘;医大、中食指先捏儿心指(即中指),朝上向外摇二十四下。次捏肠指(即食指),仍摇二十四下,再捏脾指(即大指)二十四,又捏肺指(即无名指)二十四,末后捏肾指(即小指)二十四,男左女右,手向右外,即男顺女逆也。再此即是运斗肘,先做各法完,后做此法,能通关顺气,不拘寒热,必用之法也。"

《幼科推拿秘书》:"赤凤摇头:此消膨胀、舒喘之良法也。通关顺气,不拘寒热,必用之功。其法以我左手食将二指,掐按小儿曲池内,作凤二眼,以我右手仰拿儿小、食、无名四指摇之,似凤凰摇头之状。"

《厘正按摩要术》:"赤凤摇头法,法治寒热均宜,能通关顺气"。(按:法同《小儿推拿广意》。)

十一、运 土 入 水

【操作】

术者用左手握住小儿示指、中指、环指、小指,使其掌心向上,用右手拇指外侧缘自小儿脾土穴,沿手掌缘,经小天心、掌小横纹,推运至小指端肾水穴止,运100～300次(图3-34)。

【作用】

滋补肾水,利尿通便。

【临床应用】

用于肾阴不足,摄纳失调引起的小便赤涩、频数、少腹胀满、大便秘结等病症。

按:本法源于《保赤推拿法》中记载的操作法。

图3-34 运土入水

【文献选录】

《按摩经》:"运土入水……肾水频数无统用之,又治小便赤涩。"

《小儿推拿广意》:"运土入水,丹田作胀、眼睁,为土盛水枯,推以滋之。"

《万育仙书》:"运土入水……凡推俱要自指尖推至指根方向。"

《幼科推拿秘书》："运土入水，补。土者脾也，在大指；水者，坎水也，在小天心穴上。运者从大指上，推至坎宫。盖因丹田作胀，眼睁，为土盛水枯，运以滋之，大便结甚效。"

《保赤推拿法》："运土入水，从大指梢脾经推去……至小指梢肾经按之，治小便赤涩。"

十二、运 水 入 土

【操作】

术者用左手握住小儿示指、中指、环指、小指，使其掌心向上，用右手拇指外侧缘自小儿肾水穴，沿手掌边缘，经掌小横纹、小天心，推运至大指端脾土穴止，运100～300次（图3-35）。

【作用】

健脾和胃，润燥通便。

【临床应用】

用于治疗脾胃虚弱引起的消化不良、腹胀、便秘、泄泻、疳积等病症。

图 3-35　运水入土

【文献选录】

《按摩经》："运水入土：以一手从肾经推去，经兑、乾、坎、艮至脾土按之，脾土太旺，水火不能既济，用之，盖治脾土虚弱。"

《保赤推拿法》："运水入土：从小指梢肾经推去……至大指梢脾经按之，补脾土虚弱。"

《厘正按摩要术》："……将儿掌向上，医用右大指面，蘸葱姜汤，由肾水起，经乾、坎、艮三宫边过，至脾土止，为运水入土，治痢疾。"

十三、水底捞明月

【操作】

术者先以左手将患儿四指握住，使其掌心向上，再以右手示指、中指固定患儿拇指，然后用拇指自患儿小指尖，推至小天心处，再转入内劳宫为一遍，推30～50遍（图3-36）。

【作用】

清热凉血，宁心除烦。

【临床应用】

用于治疗高热神昏，热入营血，烦躁不安，便秘等实热病症。

此法计有六种操作，参见文献选录。本法源自《幼科推拿秘书》中记载的方法。又称"水底捞月""水里捞明月""水中捞月。"

图 3-36　水底捞明月

【文献选录】

《按摩经》："水底捞月最为良，止热清心此是强。"

《按摩经》："水底捞明月：大寒。做法：先清天河水，后五指皆跪，中指向前跪，四指随后，右运劳宫，以凉气呵之，退热可用。若先取天河水至劳宫，左运呵暖气，主发汗，亦属热。"

《小儿推拿方脉活婴秘旨全书》："水底捞明月法：大凉。做此法，先掐总筋，清天河水，后以五指皆跪，中指向前，众指随后，如捞物之状，以口吹之。"

据《幼科铁镜》手掌正面图中注：用冷水旋推旋吹为水底捞明月。

《幼科推拿秘书》："水底捞明月：此退热必用之法也。水底者，小指边也；明月者，手心内劳宫也。其法以我手拿住小儿手指，将我大指自小儿小指尖旁推至坎宫，入内劳宫轻拂起，如捞明月之状。再一法，或用凉水点入内劳，其热即止。盖凉入心肌，行背上，往脏腑。大凉之法，不可乱用。"

《小儿推拿广意》："水里捞明月：法曰以小儿掌向上，医左手拿住右手，滴水一点于儿内劳宫，医即用右手四指扇七下，再滴水于总经中即是心经，又滴水天河即关腑居中，医口吹上四五口，将儿中指屈之，医左大指掐住，医右手捏卷，将中指节自总上按摩到曲池，横空二指，如此四五次，在关踢凉行背上，在腑踢凉入心肌。此大凉之法，不可乱用。"

《厘正按摩要术》："一法将儿手掌心，用冷水旋推旋吹，如运八卦法。四面环绕，为水底捞月。夏禹铸主之。"

十四、打马过天河

【操作】

术者以左手捏住患儿四指，将掌心向上，用另一手拇指螺纹面运内劳宫穴，然后屈患儿四指向上，以左手握住，再以示指、中指的指端自内关、间使、循天河向上一起一落打至洪池为一次。打10～20次（图3-37）。

又法：以拇指、中指由内关起，循天河弹到洪池。

【作用】

清热通络，行气活血。

【临床应用】

用于治疗高热烦躁，神昏抽搐，上肢麻木等实热病症。

按：本法据文献记载有六种操作方法，部位和作用大致相同。临床常用《万育仙书》中记载的操作方法。

【文献选录】

《按摩经》："打马过天河，温凉。右运劳宫毕，屈指向上，弹内关、阳池、间使、天河边，生凉退热用之。"

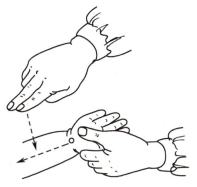

图3-37　打马过天河

《厘正按摩要术》："打马过天河：法主凉，能去热病。"

《万育仙书》："打马过天河，温和法，通经行气。先右运劳宫，后以左手拿儿大小二指，向后用食、中、无名三指天河打至手弯止。"

《幼科推拿秘书》："打马过天河，此能活麻木，通关节脉窍之法也……其法以我食将二指，自小儿上马处打起，摆至天河，去四回三，至曲池内一弹……此法退凉去热。"

《小儿推拿广意》："打马过天河：此法性凉去热，医用左大指掐儿总筋，右大中指如弹琴，当河弹过曲池，弹九次，再将右大指掐儿肩井、琵琶、走马三穴，掐下五次是也。"

《幼科铁镜》："用冷水从此（指腕横纹中点）随吹随拍至洪池为引水上天河……心经热盛作痴迷，天河引水上洪池。"

《小儿推拿方脉活婴秘旨全书》："打马过天河：温凉。以三指在上马穴边，从手背推到天河头上。与捞明月相似。"

十五、开　璇　玑

【操作】

术者先用两手拇指自患儿璇玑穴处，沿胸肋自上而下，分推至季肋部，再从胸骨下端鸠尾穴，向下直推至脐，然后由脐向左、右推摩患儿腹部，最后从脐直推至小腹部。上述各法均操作50～100次。

【作用】

宣通气机,消食化痰。

【临床应用】

用于治疗风寒束肺,食积不化引起的咳嗽气促、胸腹胀、腹痛、呕吐、泄泻,外感发热,神昏惊搐等病症。

按:本法操作自上而下,包括分推璇玑、膻中,直推中脘,推摩脐、腹,直推小腹等4种有序的操作法。

【文献选录】

《幼科集要》:"开璇玑:璇玑者,胸中、腹中、气海穴是也。凡小儿气促,胸高,风寒痰闭,夹食腹痛,呕吐泄泻,发热搐搦,昏迷不醒,一切危险急症,置儿于密室中,解开衣带,不可当风。医用两手大指蘸姜葱热汁,在病儿胸前,左右横推,至两乳上近胁处,三百六十一次。口中记数,手中推周天之数,乃为奇。璇玑推毕,再从心坎用两大指左右分推至胁肋六十四次。再从心坎推下脐腹六十四次。次用热汁入右手掌心,合儿脐上,左挪六十四次,右挪六十四次。挪毕,用两手自脐中推下少腹六十四次。再用两大指蘸汁推尾尻穴六十四次,其法乃备。虚人泄泻者,逆推尾尻穴,至命门两肾间,切不可顺推,此法屡试屡验。"

十六、按弦走搓摩

【操作】

令人抱患儿于怀中,较大的小儿,让其两手交叉搭在两肩上,术者用两手掌从患儿两腋下沿胁肋,搓摩到肚角处,搓摩50～100次(图3-38)。

【作用】

理气化痰,除胸闷,开积聚。

【临床应用】

用于积痰积滞引起的咳嗽气急,胸闷痰喘,积聚等病症。

按:此法计有三种操作,又称"按弦搓摩"。本法源自《幼科推拿秘书》中记载的操作方法。

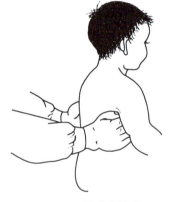

图3-38　按弦走搓摩

【文献选录】

《按摩经》:"按弦搓摩:先运八卦,后用指搓病人手,关上一搓,关中一搓,关下一搓,拿病人手,轻轻慢慢而摇,化痰可用。"

《小儿推拿广意》:"按弦搓摩:医用左手拿儿手掌向上,右手大、食二指,自阳穴上轻轻按摩至曲池,又轻轻按摩至阴穴止,如此一上一下,九次为止。阳证关轻腑重,阴证关重腑轻,再用两手从曲池搓摩至关腑三四次。医又将右大、食、中掐儿脾指,左大、食、中掐儿肘肘,往外摇二十四下,化痰是也。"

《幼科推拿秘书》:"按弦走搓摩,此法治积聚,屡试屡验,此法开积痰、积气、痞疾之要法也。弦者,胁肘骨也,在两肋上。其法着一人抱小儿坐在怀中,将小儿两手抄搭小儿两肩上,以我两手对小儿两肋上搓摩至肚角下,积痰积气自然运化。若久痞则非一日之功,须久搓摩方效。"

十七、揉脐及龟尾并擦七节骨

【操作】

先令患儿仰卧,术者一手揉脐,另一手揉龟尾。揉毕,再令患儿俯卧,自龟尾向上推七节骨为补；反之为泻。操作 100～300 次（图 3-39）。

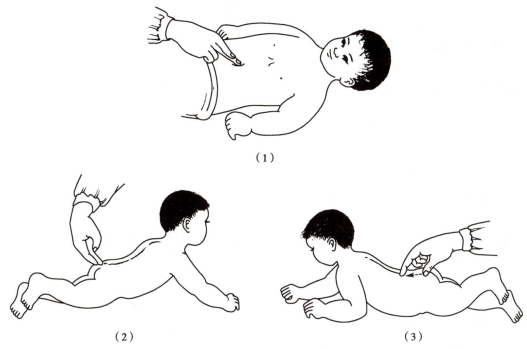

（1）

（2）   （3）

图 3-39 揉脐及龟尾并擦七节骨

【作用】

调理肠腑，止泻导滞。

【临床应用】

用于治疗泄泻、痢疾、便秘等病症。

按：治疗痢疾必先泻后补，首先去大肠热毒，然后方可用补。

十八、总 收 法

【操作】

术者用一手中指，掐按患儿肩井穴，再用另一手拇指、示指、中指，拿住患儿示指和环指使患儿上肢伸直，并摇之，摇 20～30 次（图 3-40）。

【作用】

能通行一身之气血，诸症推毕，均宜此法收之。

【临床应用】

用于小儿推拿结束手法。

按：此法又称按肩井。

【文献选录】

《幼科推拿秘书》："总收法：诸症推毕，以此法收之，久病更宜用此，永不犯。其法以我左手示指，掐按儿肩井陷中，乃肩髆眼也。又以我右手紧拿小儿示指、环指，伸摇如数，病不复发矣。"

《幼科铁镜》："肩井穴是大关津，掐此开通血气行，各处推完将此掐，不愁气血不周身。"

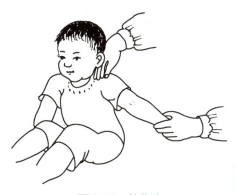

图 3-40 总收法

附：小儿推拿常用组合手法

1. 治外感四大手法（简称四大手法）

【处方】

开天门30～50次、推坎宫30～50次、运太阳30～50次、揉耳后高骨30～50次。

【作用】

疏风解表，止头痛。

【临床应用】

用于风寒、风热感冒。

2. 治腹泻四大手法

【处方】

揉脐100～300次、摩腹3～5分钟、推上七节骨300次、揉龟尾100～300次。

【作用】

调中止泻。

【临床应用】

治小儿腹泻，止泻疗效显著。各类泄泻均可在此基础上加减变通。

3. 发汗四大手法

【处方】

掐心经3～5次、重揉太阳50～100次、掐揉二扇门200～400次、拿风池5～10次。

【作用】

发汗止头痛。

【临床应用】

用于外感无汗，发热头疼。常配治外感四大手法应用。

4. 固表止汗四大手法

【处方】

补脾经300次、补肺经300次、补肾经300次、揉肾顶100～500次。

【作用】

益气固表止汗。

【临床应用】

用于自汗、盗汗、大汗。

5. 镇惊安神四大手法

【处方】

清肝经100～150次、掐揉小天心3～5次（掐后继揉）、掐揉五指节3次（掐后继揉）、按揉百会30～50次。

【作用】

平肝镇惊安神。

【临床应用】

用于惊惕不安，惊吓夜啼。

6. 通便四大手法

【处方】

揉天枢50～100次、摩腹5分钟、推下七节骨100～300次、揉龟尾100～300次。

【作用】

通调大肠。

【临床应用】

用于小儿便秘。

7. 治内伤咳嗽法

【处方】

"三补两揉一捏按"即：补脾经300次、补肺经300次、补肾经300次、揉膻中、揉肺俞各100次、按揉足三里50～100次，捏脊3遍；捏三提一2遍。

【作用】

补肾益肺，健脾化痰。

【临床应用】

用于慢性咳嗽，或感冒后期久咳不愈。

8. 平衡阴阳法

【处方】

推三关300次、退六腑100次；推三关100次、退六腑300次；推三关100次、退六腑100次。

【作用】

调和阴阳。

【临床应用】

阴证虚寒证者，推三关与退六腑比例为3∶1；阳证实热证为1∶3；寒热不分则二者相等。

9. 保健四大手法

【处方】

补脾经300～500次、摩腹3～5分钟、按揉足三里50～100次，捏脊3遍、捏三提一2遍。

【作用】

调阴阳、理气血、和脏腑、强体魄、促发育。

【临床应用】

用于小儿素体脾胃虚弱或病后脾失健运的保健推拿。

（刘世红　闫方杰　尹建康　谢　寒）

课堂互动答案

？　复习思考题

1. 小儿推拿手法与成人相比有哪些异同点？
2. 影响小儿推拿手法的补泻因素有哪些？
3. 举例说明推法的分类和临床运用。
4. 捏脊有几种操作方法？其操作步骤有哪些？

扫一扫，测一测

第四章 推 拿 穴 位

掌握小儿推拿常用穴位与特定穴位的位置、操作、作用及临床应用；熟悉小儿推拿穴位配伍运用；了解小儿推拿穴位命名及分类。

第一节 小儿推拿穴位概说

运用推拿疗法防治小儿常见疾病，不仅要熟练掌握小儿推拿手法的操作和临床应用，还应熟记小儿推拿穴位的位置（图4-1～图4-3）、主治功效和穴位的操作方法。

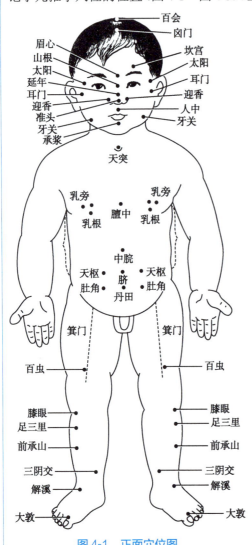

图4-1 正面穴位图

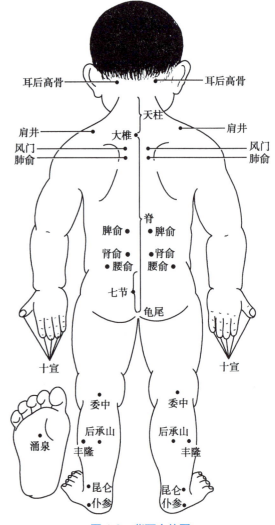

图4-2 背面穴位图

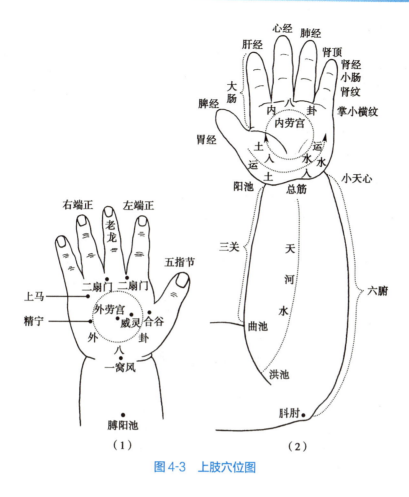

图 4-3　上肢穴位图

　　小儿推拿穴位由十四经穴、经外奇穴、经验穴、阿是穴以及小儿推拿本身所特有的特定穴位组成。

　　小儿推拿特定穴具有下述特点：其一，穴位形状呈点、线、面状。如小天心、一窝风、二扇门、精宁穴等，如同经穴都是孔穴点状；三关、天河水、六腑、坎宫、攒竹穴等，是从某点到另一点成为线状；腹部、胁肋、五经等，是人体某一部位成面状。其二，穴位大多数分布在人体头面和四肢，特别是双手居多。其三，穴位散在分布，不像十四经穴那样有经络线相连。

知识链接

小儿推拿流派

　　学术流派的内涵，一是师承，二是学说；师承教育是学术流派形成的关键。《小儿按摩经》的问世，创立了小儿推拿的理论体系，后世医家在此基础上不断加以补充、完善。由于不同时期、地域、文化背景的医家，对小儿生理病理认识的不同，对小儿推拿包括穴位、手法、操作方法等产生不同的理解，师承相传，逐渐发展，形成不同流派。影响较大的有山东地区的推拿三字经流派、孙重三推拿流派、张汉臣推拿流派、北京地区的冯泉福小儿捏脊流派、上海地区的海派儿科推拿、湖南地区的刘开运儿科推拿流派等。各流派均具有自身特色和风格，从而推动了小儿推拿整个学术体系的发展。

　　小儿推拿特定穴的命名有一定依据，有些是根据人体部位，如五指节、脐、腹、脊等；有些是根据脏腑命名，如心经、小肠经、脾经、胃经等；有些是根据手法操作形象，如二人上马、水底捞

明月、打马过天河等；一些是根据穴位作用功能，如端正、精宁等；一些是根据五行学说，如运水入土、脾土、肝木、肾水等；有些是根据自然界山谷河流，如山根、洪池等；有些是根据建筑物体，如天庭、三关等；有些是根据动物名称，如凤凰展翅、老龙、龟尾等；还有些是根据哲学名词，如手阴阳、内八卦等。了解这些穴位命名的依据，对于掌握这些特定穴位有一定帮助。

小儿推拿特定穴位与经络学中的特定穴是两个不同概念。前者为小儿推拿所特有，有特定的部位、名称、操作方法和临床作用，不属于十四经穴；后者是十四经穴的一部分，与经络关系密切，因为有特殊的临床功效而加以命名。

小儿推拿穴位中的部分经穴，虽属十四经脉，但由于小儿经脉未盛，受其生理病理特点影响，穴位作用与成人有所不同，其作用原理又受经络学说指导。

小儿推拿穴位的取穴方法与经络学中取穴方法相同，分为体表标志、骨度分寸、指量法取穴三种。

小儿推拿穴位有其特殊的位置和作用，在临床应用时有特殊的操作手法。许多穴位都有固定的操作模式和程序。一般线状穴位多用推法、捏法；点状穴位多用揉法、掐法、捣法；面状穴位多用摩法等。

第二节　头面颈项部穴位

一、天门（攒竹）

【位置】

两眉中间至前发际成一直线。

【操作】

术者两拇指自眉心交替直推至前发际，称推攒竹，又称开天门，推30～50次（图4-4）。若自眉心推至囟门，则称为大开天门。

【作用】

开天门具有疏风解表，开窍醒脑，镇静安神的作用。

【临床应用】

常用于外感发热、头痛等症，多与推坎宫、推太阳等合用。若惊惕不安，烦躁不宁，多与清肝经、按揉百会、掐揉小天心等合用。对体质虚弱、出汗较多、佝偻病患儿慎用。

图4-4　开天门

【文献选录】

《小儿推拿广意》：“推攒竹，医用两大指自儿眉心交互往上直推是也。”

《保赤推拿法》：“开天门法：凡推，皆用葱姜水，浸医人大指。若儿病重者，须以麝香末粘医人指上用之。先从眉心向额上，推二十四数，谓之开天门。”

《厘正按摩要术》：“推攒竹法：法治外感内伤均宜。医用两大指，春夏蘸水，秋冬蘸葱姜和真麻油，由儿眉心，交互往上直推。”

二、坎宫（眉弓、鱼腰）

【位置】

自眉头起沿眉向眉梢成一横线。

【操作】

术者用两拇指自眉心沿两侧眉梢做分推，其余四指轻放在头部两侧固定之。推 30～50 次，称推坎宫，亦称分头阴阳（图4-5）。

【作用】

推坎宫能疏风解表，醒脑明目，止头痛。

【临床应用】

常用于外感发热、头痛，多与开天门、揉太阳、揉耳后高骨组成"治外感四大手法"配合应用；若用于治疗目赤痛，多和清肝经、掐揉小天心、清天河水、推涌泉等合用。

【文献选录】

《小儿推拿广意》："推坎宫，医用两大指自小儿眉心分过两旁是也。"

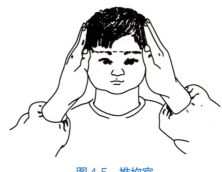

图4-5　推坎宫

《厘正按摩要术》："推坎宫法：法治外感内伤均宜。医用两大指，春夏蘸水，秋冬蘸葱姜，和真麻油，由小儿眉心上，分推两旁。"

三、太　　阳

【位置】

眉梢与目外眦之间，向后约 1 寸凹陷处。

【操作】

术者两拇指桡侧自前向后直推，称推太阳；用中指端揉该穴，称揉太阳或运太阳（图4-6）。向眼方向揉为补，向耳方向揉为泻。操作均 30～50 次。

【作用】

揉推太阳具有疏风解表、清热、明目、止头痛的作用。

【临床应用】

主要用于外感发热。外感表实头痛用泻法；外感表虚、内伤头痛用补法。

【文献选录】

《幼科推拿秘书》："额角：左为太阳，右为太阴。"

《保赤推拿法》："分推太阳穴太阴穴法：于开天门后，从眉心分推至两眉外梢。"

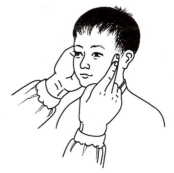

图4-6　揉太阳

《厘正按摩要术》："太阳青，主惊风。"

四、印堂（眉心）

【位置】

两眉内侧端连线中点处。

【操作】

术者用拇指甲在眉心处掐，掐 3～5 次，称掐印堂。用拇指端揉，揉 20～30 次，称揉眉心。

【作用】

掐印堂能醒脑安神，揉眉心能祛风通窍。

【临床应用】

掐印堂治疗惊风,常与掐十宣、掐人中、掐承浆等合用;揉眉心能治疗感冒,头痛,常与治外感"四大手法"等配合应用。

【文献选录】

《小儿推拿广意》:"印堂青色皆人惊,红白皆由水火侵,若要安然无疾病,镇惊清热即安宁。"

《小儿推拿方脉活婴秘旨全书》:"慢惊风……掐住眉心良久……香油调粉推之。"

《厘正按摩要术》:"……印堂青,主惊泻。"

五、山根(山风、二门)

【位置】

在印堂之下,两目内眦中间。

【操作】

术者用拇指甲掐,掐3～5次,称掐山根。此穴不推专用掐法(图4-7)。

【作用】

掐山根具有开关窍,醒目定神的作用。

【临床应用】

治疗惊风、昏迷、抽搐等症,多与掐人中、掐老龙等合用。山根常作为小儿望诊部位之一。山根色青为惊为痛;蓝色为喘为咳。

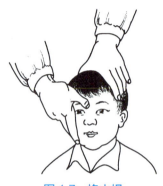

图4-7　掐山根

【文献选录】

《幼科推拿秘书》:"山根:在两眼中间、鼻梁骨,名二门。"

《保赤推拿法》:"掐天廷穴至承浆穴法:于分太阴太阳二穴后,再于天廷、眉心、山风、延年、准头、人中、承浆各穴,皆用大指甲一掐。天廷在额上,眉心在两眉夹界,山风在鼻洼,延年在鼻高骨,准头在鼻尖,人中在鼻下口上,承浆在口下低处。"

《幼幼集成》:"山根青黑,每多灾异,山根,足阳明胃脉所起,大凡小儿脾胃无伤,则山根之脉不现。倘乳食过度,胃气抑郁,则青黑之纹,横截于山根之位,必有延绵啾唧,故曰灾异。"

六、人中(水沟)

【位置】

人中沟正中上1/3与下2/3交界处,属督脉。

【操作】

术者用拇指甲掐,掐3～5次,或醒后即止,称掐人中(图4-8)。

【作用】

掐人中能醒神开窍。

【临床应用】

主要用于急救。对于中暑、窒息、惊厥或抽搐,掐之有效,多与掐十宣、掐老龙等合用。

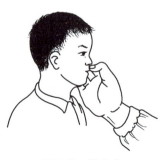

图4-8　掐人中

【文献选录】

《肘后备急方》:"令爪其病人人中,取醒……"

《幼科推拿秘书》："水沟：在准头下、人中是也。"

七、迎香（井灶、洗皂、宝瓶）

【位置】

鼻翼外缘旁开 0.5 寸、鼻唇沟陷中。

【操作】

术者用示指、中指或两拇指桡侧按揉，揉 20～50 次，称揉迎香（图 4-9）。

【作用】

揉迎香具有宣肺气、通鼻窍的作用。

【临床应用】

治疗感冒或慢性鼻炎等引起的鼻塞流涕、呼吸不畅，多与清肺经、拿风池等合用，配合治外感"四大手法"效果则更好。

图 4-9　揉迎香

【文献选录】

《按摩经》："口眼俱闭，迎香泻。"

《幼科推拿秘书》："黄蜂入洞：此寒重取汗之奇法也。洞在小儿两鼻孔，我食将二指头，一对黄蜂也。其法屈我大指，伸我食将二指，入小儿两鼻孔揉之，如黄蜂入洞之状。"

《推拿三字经》："……流清涕，风寒伤，蜂入洞，鼻孔强，若洗皂（用食中二指如洗皂），鼻两旁（洗皂在鼻两旁）……"

八、牙关（颊车）

【位置】

下颌角前上方一横指，用力咬牙时，咬肌隆起处。

【操作】

术者用拇指按或中指揉，按 3～5 次，揉 30～50 次，称按牙关或揉牙关（图 4-10）。

【作用】

按牙关具有开窍作用；揉牙关具有疏风通络止痛作用。

【临床应用】

按牙关主要用于牙关紧闭，多与掐人中、掐十宣等穴合用；揉牙关治口眼歪斜，多配合揉迎香、揉地仓、揉四白等穴合用。

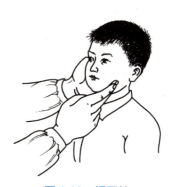

图 4-10　揉牙关

【文献选录】

《按摩经》："牙关紧，颊车泻。"

《厘正按摩要术》："按牙关：牙关在两牙腮尽近耳处。用大中二指，对过着力合按之，治牙关闭者即开。"

九、囟门（泥丸）

【位置】

前发际正中直上 2 寸，百会前骨陷中。

【操作】

术者两手扶小儿头，两拇指自前发际交替推至囟门，或自囟门向两旁分推，若小儿囟门未闭，应推至边缘；或用掌心轻揉囟门，推或揉30～50次。

【作用】

推、揉囟门能镇惊安神、通窍。

【临床应用】

多用于头痛、惊风、鼻塞等症。正常前囟在出生后12～18个月闭合，操作时手法要轻柔，不可用力按压。

【文献选录】

《幼科推拿秘书》："囟门穴：在百会前，即泥丸也。"

十、百　会

【位置】

头顶正中线与两耳尖连线的交会处。后发际正中直上7寸。

【操作】

术者用拇指螺纹面或掌心，按、揉或按揉，按3～5次，揉或按揉30～50次，称按百会、揉百会或按揉百会（图4-11）。

【作用】

百会为诸阳之会，按揉百会能安神镇惊，升阳举陷。

【临床应用】

治疗惊风、惊痫、烦躁等症，多与清肝经、清心经、掐揉小天心等合用；用于遗尿、脱肛等症，常与补脾经、补肾经、推三关、揉丹田等合用。灸百会，用于虚寒证。新生儿和小婴儿很少单独用按百会，多用揉百会或按揉百会。

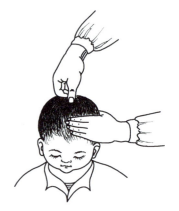

图4-11　按揉百会

【文献选录】

《幼科铁镜》："百会由来在顶心，此中一穴管通身，扑前仰后歪斜痫……腹痛难禁还泻血，亦将灸法此中寻。"

十一、耳后高骨（高骨）

【位置】

耳后入发际，乳突后缘高骨下陷中。

【操作】

术者用两拇指或中指端揉，揉30～50次，称揉耳后高骨（图4-12）。或用两拇指推运，运30～50次，称运耳后高骨。或用两拇指甲掐，掐3～5次，称掐耳后高骨。

【作用】

揉耳后高骨能疏风解表。

【临床应用】

治疗感冒头痛，多与开天门、推坎宫、揉太阳合用；亦能安神除烦，治疗神昏烦躁等症。

图4-12　揉耳后高骨

十二、风　池

【位置】

颈后，后发际，胸锁乳突肌与斜方肌之间凹陷中，平风府穴。

【操作】

术者用拇指、示指或拇指、中指相对用力，拿揉或拿5～10次，称拿揉风池或拿风池。

【作用】

拿风池具有发汗解表，祛风散寒作用。

【临床应用】

本法发汗效果显著，往往立见汗出；若再配合开天门、掐揉二扇门等，发汗解表之力更强。多用于感冒头痛，发热无汗等表实证。表虚者不宜用本法。拿揉风池亦可治疗落枕、项背强痛等症，还可配合局部揉法，祛风散寒，解痉止痛。

十三、天柱骨（天柱）

【位置】

颈后发际正中至大椎穴成一直线。

【操作】

术者用拇指或示指、中指指面自上而下直推，推100～300次，称推天柱骨（图4-13）。或用汤匙边蘸水自上而下刮，刮至皮下轻度瘀血，称刮天柱骨。

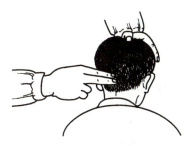

图4-13　推天柱骨

【作用】

推、刮天柱骨具有降逆止呕，祛风散寒的作用。

【临床应用】

治疗恶心、呕吐，多与横纹推向板门、揉中脘等合用。单用本法独穴治疗亦有效，但推拿次数较多。治疗外感发热、颈项强痛等症，多与拿风池、掐揉二扇门等同用；用刮法多以汤匙边蘸薄荷汁、凉水或麻油自上向下，刮至局部皮下有轻度瘀血，治暑热发痧等症。治疗风热外感发热、咽痛等症，多与掐揉少商、重推脊、揉扁桃体外方、清天河水等同用。

【文献选录】

《幼科推拿秘书》："天柱，即颈骨也。"

十四、桥　弓

【位置】

在颈部两侧，沿胸锁乳突肌成一线。

【操作】

术者用拇指和示指，或拇指和中指的螺纹面，相对用力，在患侧胸锁乳突肌处揉、揉捏、提拿，或用拇指抹。揉3～5分钟，揉捏10次，提拿3～5次（图4-14）。

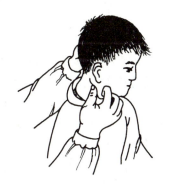

图4-14　揉捏拿桥弓

【作用】

揉、抹、拿桥弓具有活血化瘀，消肿的作用。

【临床应用】

用于治疗1周岁以内小儿肌性斜颈，常与颈项部摇法、扳法，颈项、肩背部揉法等同用。

按：此穴名原系从成人推拿中"抹桥弓"而来，抹桥弓可降低颅内压及降低血压。小儿推拿临床中常揉捏提拿此处以治疗斜颈，桥弓为经验穴。

小　结

1. 开天门、推坎宫、揉太阳、揉耳后高骨、揉迎香、拿风池，六法均为治疗外感表证所常用。前四种推拿法，组成治外感四大手法，多用于疏风解表，相互配伍应用；拿风池主发汗，祛风散寒，又治落枕；揉迎香宣肺气、通鼻窍。

2. 按揉百会、推囟门、掐人中、掐山根，均能安神镇惊、通窍；按揉百会兼有升阳举陷的作用，常用于脱肛、遗尿等症；掐人中为急救首选，能醒神开窍；山根还作为望诊部位。

第三节　胸腹部穴位

一、天　突

【位置】

在胸骨切迹上缘正中凹陷中。

【操作】

术者用中指端按揉10～30次，称按揉天突（图4-15）；用双手拇指相对挤捏，至皮下瘀血呈紫红色，称挤捏天突。

【作用】

按揉天突，具有理气化痰，降逆止呕，止咳平喘的作用。

【临床应用】

对于气机不利，痰涎壅盛，或胃气上逆所导致的痰喘、呕吐，多与推揉膻中、揉中脘、运内八卦等合用；外感发热挤捏天突至局部轻度瘀血，在本穴两侧相隔一寸处再挤捏一次，配合清天河水、推脊、拿风池，可发汗退热。急性扁桃体炎除挤捏天突穴外，配揉扁桃体外方、掐少商、清板门等，疗效较好。

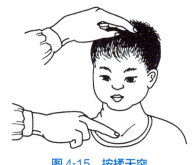

图 4-15　按揉天突

二、膻　中

【位置】

胸骨正中，两乳头连线中点。

【操作】

术者用中指端揉50～100次，称揉膻中（图4-16）；用两拇指自膻中向两旁分推至乳头50～100次，称为分推膻中（图4-17）；用示、中指自胸骨切迹向下推至剑突50～100次，称为推膻中。

【作用】

膻中为气之会穴，推、揉膻中能宽胸理气，止咳化痰。

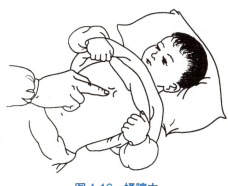

图 4-16 揉膻中

图 4-17 分推膻中

【临床应用】

常用于治疗各种原因引起的胸闷、咳嗽、吐逆、痰喘等症。治疗呕吐、嗳气常与运内八卦、横纹推向板门、分腹阴阳等合用；治疗喘咳常与推肺经、揉肺俞、分推肩胛骨等合用；治疗痰吐不利常与揉天突、按揉丰隆等合用。

【文献选录】

《幼科推拿秘书》："膻中穴，在人迎下正中，与背后风门相对，皆肺家华盖之系。"

《幼科推拿秘书》："揉膻中风门……揉者，以我两手按小儿前后两穴，并揉之，以除肺家风寒邪热，气喘咳嗽之症。"

三、乳　　根

【位置】

第五肋间隙，乳头直下 0.2 寸。

【操作】

术者用示指或中指指端揉 30～50 次，称揉乳根。

【作用】

揉乳根化痰止咳，消食化滞。

【临床应用】

用于胸闷、胸痛、咳喘等症，多与揉乳旁、推揉膻中合用。

【文献选录】

《幼科推拿秘书》："乳穴，在两乳下。"

四、乳　　旁

【位置】

乳头外侧旁开 0.2 寸。

【操作】

术者以两手拇指或中指指端揉 30～50 次，称揉乳旁；或用两手拇指、中指拿 3～5 次，称拿乳旁。

【作用】

揉乳旁，具有宽胸理气，止咳化痰作用。拿乳旁，有降逆止呕作用。

【临床应用】

常与揉乳根同时操作，能加强理气化痰止嗽的作用，用中指和示指同时按于乳旁、乳根两穴位上揉之。本穴配合推揉膻中，揉肺俞、揉中府、揉云门对由痰涎壅塞而致的肺不张有效。

【文献选录】

《小儿推拿广意》正形图注："奶旁止吐"，"……及至奶旁尤属胃，去风止吐力非轻……"

《厘正按摩要术》："奶旁，奶旁即乳旁，用右手大指按之。治咳嗽，止呕吐，左右同。"

《秘传推拿妙诀》："拿奶旁穴，属胃经能止吐。"

五、胁　　肋

【位置】

从腋下两胁至天枢处。

【操作】

术者用两手掌从小儿两侧腋下搓摩至天枢处 50～100 次，称搓摩胁肋（图 4-18），又称按弦走搓摩。

【作用】

顺气化痰，除胸闷，开积聚。

【临床应用】

搓摩胁肋性开而降，对小儿由于食积、痰涎壅盛、气逆所导致的胸闷、腹胀、气喘等有效。

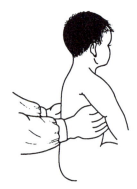

图 4-18　搓摩胁肋

【文献选录】

《幼科推拿秘书》："按弦走搓摩，此法治积聚屡试屡验，此运开积痰积气痞积之要法也。弦者，胁肘骨也，在两胁上。其法着一人抱小儿坐在怀中，将小儿两手抄搭小儿两肩上，以我两手对小儿两胁上搓摩至肚角下，积痰积气自然运化。若久痞则非一日之功，须久搓摩方效。"

《厘正按摩要术》："摩左右胁：左右胁在胸腹两旁肋膊处，以掌心横摩两边，得八十一次，治食积痰滞。"

六、中脘（胃脘、太仓）

【位置】

肚脐正中直上 4 寸，即胸骨下端剑突与脐连线的中点。

【操作】

术者用指端或掌根按揉 100～300 次，称揉中脘（图 4-19）；术者用掌心或四指摩中脘 5 分钟，称摩中脘；术者用示指、中指指面自中脘向上直推至喉下或自喉往下推至中脘 100～300 次，称推中脘（图 4-20）。

图 4-19　揉中脘

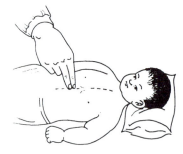

图 4-20　推中脘

【作用】

揉、摩中脘能健脾和胃，消食和中。

【临床应用】

中脘为胃之募穴，专治消化系统疾病。临床常用于泄泻、呕吐、腹胀、腹痛、食欲不振等病症，多与按揉足三里、推脾经等合用。

推中脘自上而下主治胃气上逆、嗳气呕恶；自下而上直推临床少用，有使小儿吐的记载。

【文献选录】

《幼科推拿秘书》："中脘：在心窝下，胃腑也，积食滞在此。揉者，放小儿卧倒仰睡，以我手掌按而揉之，左右揉，则积滞食闷，即消化矣。"

《厘正按摩要术》："推胃脘：由喉往下推，止吐。由中脘往上推，则吐。均需蘸汤。"

七、腹

【位置】

腹部。

【操作】

术者用两手拇指自剑突下沿肋弓边缘或自中脘至脐，向两旁分推100～200次，称分推腹阴阳（图4-21）；术者用掌面或四指指腹摩5分钟，称摩腹（图4-22）。

图4-21　分推腹阴阳

图4-22　摩腹

【作用】

摩腹、分推腹阴阳，具有健脾和胃，理气消食的作用。

【临床应用】

分推腹阴阳，能理气消食，降气和胃，善治乳食停滞，胃气上逆引起的恶心、呕吐、厌食、腹胀等症。常配运内八卦、清补脾经、按揉足三里等合用。配合清板门、运内八卦、摩腹、捏脊等治疗小儿厌食症。

摩腹较分推腹阴阳作用缓和。顺时针摩腹为泻法，能消食导滞通便，用于便秘、腹胀、厌食等；逆时针摩腹为补法，能健脾止泻，用于脾虚泻、寒湿泻。摩腹常与补脾经、捏脊、按揉足三里合用，作为小儿保健推拿手法。

【文献选录】

《厘正按摩要术》："摩腹，用掌心团摩满腹上，治伤乳食。"

《秘传推拿妙诀》："凡遇小儿不能言者，若偶然恶哭不止，即是肚痛。将一人把小儿置膝间，医人对面将两手搂抱其肚腹，着力久久揉之，如搓揉衣服状。又用手掌摩揉其脐，左右旋转数百余回，每转三十六，愈多愈效。"

《厘正按摩要术》："……腹为阴中之阳,食积痰滞瘀血,按之拒按之不拒,其中虚实从此而辨……验腹以神阙。"

八、脐(神阙)

【位置】

在肚脐中。

【操作】

术者用中指端或掌根揉 100～300 次,称揉脐(图 4-23);术者用指腹或手掌面摩称摩脐。逆时针方向揉为补,顺时针方向揉为泻,顺逆各半揉之为平补平泻。

【作用】

揉、摩脐能补能泻,补之具有温阳散寒、补益气血、健脾和胃的作用;泻之具有消食导滞的作用。

【临床应用】

多用于寒湿、脾虚、肾虚型泄泻,气虚型便秘,疳积等症。临床上揉脐、摩腹、推上七节骨、揉龟尾常配合运用,简称"龟尾七节,摩腹揉脐",治疗腹泻效果较好;泻之能下,治疗湿热型泄泻、实热型便秘、痢疾;平补平泻则能和,多用于先天不足,后天失调或寒湿凝聚、乳食停滞、伤乳食泻等。

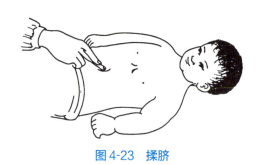

图 4-23　揉脐

【文献选录】

《幼科推拿秘书》："神阙揉此止泻痢。"

《幼科推拿秘书》："揉脐及龟尾并擦七节骨:此治泄痢之良法也,龟尾者,脊骨尽头闾尾穴也,七节骨者,从头骨数第七节也。其法以我一手,用三指揉脐,又以我一手,托揉龟尾,揉讫,自龟尾擦上七节骨为补,水泻专用补,若赤白痢,必自上七节骨擦下龟尾为泄,推第二次,再用补,盖先去大肠热毒,然后可补也。若伤寒后,骨节痛,专擦七节骨至龟尾。"

《厘正按摩要术》："摩神阙:神阙即肚脐。以掌心按脐并小腹,或往上,或往下,或往左,或往右,按而摩之,或数十次、数百次,治腹痛,并治便结。"

《小儿推拿广意》："脐上,运之治肚胀气响,如症重则周遭用灯火四燋。"

九、天　枢

【位置】

脐旁 2 寸,属足阳明胃经。

【操作】

术者用示指或中指揉 50～100 次,称揉天枢(图 4-24)。

【作用】

揉天枢能疏调大肠,理气消滞。

【临床应用】

天枢为大肠之"募穴",常用于治疗急慢性胃肠炎及消化功能紊乱引起的腹泻、呕吐、食积、腹胀、大便秘结等病症。

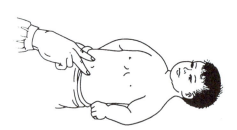

图 4-24　揉天枢

揉天枢与脐可同时操作,即中指按脐,示指和环指各按两侧天枢穴的三指揉法。

【文献选录】

《幼科推拿秘书》："揉天枢,天枢穴在膻中两旁两乳之下,揉此以化痰止嗽,其揉法以我大食两指八字分开,按而揉之。"

十、丹　田

【位置】

下腹部,脐下2寸与3寸间。

【操作】

术者用手指、手掌揉或摩,揉50~100次或摩5分钟,称揉丹田或摩丹田。

【作用】

揉、摩丹田具有培肾固本,温补下元,分清别浊的功效。

【临床应用】

用于治疗小儿先天不足,下元虚冷的腹痛、遗尿、脱肛等病症,常与补肾经、推三关、揉外劳宫等合用;治疗尿潴留常配推箕门、清小肠、揉关元等,有一定疗效。

十一、肚　角

【位置】

脐下2寸,旁开2寸两大筋。

【操作】

术者用拇指、示指、中指三指由脐旁向深处拿捏3~5次,称拿肚角(图4-25),一拿一松为一次。

【作用】

拿肚角能理气消滞,是止腹痛的要法。

【临床应用】

对各种原因引起的腹痛均可应用,尤其是对于寒痛、伤食痛效果更好。拿肚角刺激较强,一般拿捏3~5次即可,不能拿捏时间太长,为防止患儿因手法刺激哭闹而影响手法的操作和治疗效果,一般在其他手法推毕,再拿此穴。

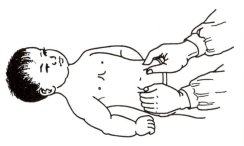

图4-25　拿肚角

【文献选录】

《小儿推拿广意》："肚角止涌泄。"

《厘正按摩要术》："按肚角,肚角在脐之旁,用右手掌心按之,治腹痛,亦止泄泻。"

小　结

1. 按揉天突、推揉膻中、搓摩胁肋、揉乳根、揉乳旁,均能宽胸理气,治疗上焦气机不利。搓摩胁肋,偏于疏肝消积、顺气化痰;按揉天突、推揉膻中主降逆平喘、止咳化痰,多用于痰喘气急,咳嗽呕吐;后二法主止咳化痰,临床多与前两法配合应用。

2. 揉中脘、摩腹、分腹阴阳、拿肚角四法,均能健脾和胃,理气消食,为临床治疗消化系统疾病所常用。揉中脘主要用于脾胃虚弱,或胃脘胀满,食积不化等病症;分腹阴阳主要和胃理气,降逆止呕;摩腹主要用于消化功能紊乱、腹泻、便秘等病症;拿肚角主要能止腹痛、除腹胀,用于各种原因引起的腹痛、腹胀。

3. 揉脐、揉丹田，均能温阳散寒，治疗下焦虚寒。揉脐主要用于消化系统病症，如腹泻、便秘等；揉丹田兼培肾固本，主要用于泌尿系统病症，如遗尿、尿潴留等。

第四节　腰背骶部穴位

一、肩井（膊井）

【位置】

在大椎与肩峰连线之中点，肩部筋肉处。

【操作】

术者用拇指与示指、中指对称用力提拿 3～5 次，称拿肩井（图 4-26）；用指端按其穴 10～30 次，称按肩井。

【作用】

按、拿肩井能宣通气血，发汗解表。

【临床应用】

临床上多用于治疗结束后的总收法（结束手法），也可配合外感"四大手法"用于治疗感冒；配合拿曲池、拿合谷治疗产伤所致的一侧臂丛神经麻痹，上肢抬举不利等症。

【文献选录】

《幼科铁镜》："肩井穴是大关津，掐此开通血气行，各处推完将此掐，不愁气血不周身。"

《厘正按摩要术》："按肩井，肩井在缺盆上、大骨前寸半。以三指按，当中指下陷中是。用右手大指按之，治呕吐，发汗。"

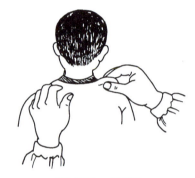

图 4-26　拿肩井

二、大　　椎

【位置】

后背正中线上，第七颈椎棘突下凹陷中。

【操作】

术者用中指端揉 20～30 次，称揉大椎（图 4-27）。

【作用】

揉大椎能清热解表。

【临床应用】

主要用于感冒发热、项强、咳嗽等症。此外用提捏法，以屈曲的示指、中指蘸清水在穴位上提捏，至局部皮下出现轻度瘀血为止，对百日咳有一定的疗效。

图 4-27　揉大椎

三、风　　门

【位置】

第二胸椎棘突下，旁开 1.5 寸。

【操作】

术者用两拇指或示指、中指指端在风门穴揉20～30次，称揉风门。

【作用】

揉风门能解表通络，止咳平喘。

【临床应用】

多用于外感风寒、咳嗽气喘，配合清肺经、揉肺俞、推揉膻中等，以宣肺解表，止咳平喘。主治感冒、咳嗽、气喘、鼻塞等病症。治疗背腰部肌肉疼痛，与拿委中、拿承山、拿昆仑等结合应用。

【文献选录】

《幼科推拿秘书》："风门穴，在脊骨二节下。""咳嗽揉之，取热。"

四、肺　俞

【位置】

第三胸椎棘突下，旁开1.5寸。

【操作】

术者用两拇指或示指、中指端在肺俞穴揉50～100次，称揉肺俞；两拇指分别自肩胛骨内缘从上向下推动100～300次，称推肺俞，或称分推肩胛骨。

【作用】

揉、分推肺俞能调肺气，补虚损，止咳嗽。

【临床应用】

多用于外感咳嗽，常配合治外感"四大手法"、清肺经、揉膻中等，疏风解表、宣肺止咳。主治喘咳、痰鸣、胸闷、胸痛、发热等。支气管哮喘，多与推揉膻中、揉天突、搓摩胁肋、运内八卦等配合使用，以宽胸平喘、降气化痰；如久咳不愈时可加补脾经、揉脾俞以培土生金，效果更好。

【文献选录】

《秘传推拿妙诀》："肺俞穴：一切风寒用大指面蘸姜汤旋推之，左右同。"

《厘正按摩要术》："推肺俞，肺俞在第三椎下两旁，相去脊各一寸五分，对乳引绳取之。须蘸葱姜汤，左旋推属补，右旋推属泻，但补泻须分四六数用之，治风寒"。

五、脾　俞

【位置】

第十一胸椎棘突下，旁开1.5寸。

【操作】

术者用两手拇指螺纹面或一手示指、中指指端在脾俞穴揉50～100次，称揉脾俞。

【作用】

揉脾俞具有健脾胃，助运化，祛水湿的作用。

【临床应用】

常用于治疗呕吐、腹泻、疳积、食欲不振、水肿、慢惊风、四肢乏力等。多与补脾经、按揉足三里等合用，治疗脾胃虚弱、乳食内伤，消化不良等症。并能治疗脾虚所引起的气虚、血虚、津液不足等。

六、肾　俞

【位置】

第二腰椎棘突下，旁开1.5寸。

【操作】

术者用两手拇指螺纹面着力在肾俞穴揉50～100次，称揉肾俞（图4-28）。

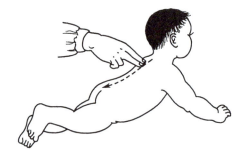

图4-28　揉肾俞

【作用】

揉肾俞能滋阴壮阳，补益肾元。

【临床应用】

常配合补脾经、揉脐、推上七节骨、推三关、补大肠等，治疗脾肾阳虚型腹泻，以温补脾肾，固肠实便；小儿遗尿，多为先天肾气不足，下元虚冷所致，常配合揉丹田、擦腰骶部、按揉百会、推三关、补脾经等温补肾气，固涩下元；脊髓灰质炎后遗症，配合按腰阳关、拿委中、按足三里及患侧局部的推、揉、擦法，使之通经活血，荣筋养肌，帮助痿软的肢体恢复功能。

七、脊　柱

【位置】

大椎至长强成一直线。

【操作】

术者用示指、中指指腹自上而下做直推100～300次，称推脊柱（图4-29）；用捏法自下而上捏3～5遍，称捏脊法（图4-30）。捏脊一般操作5遍，最后2遍每捏三下将脊背提一下，称为"捏三提一"法。在捏脊前先在背部轻轻抚摩几遍，使肌肉放松。

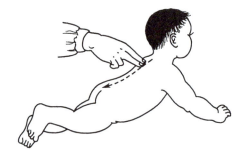

图4-29　推脊柱

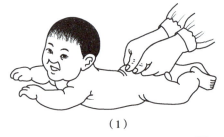

（1）

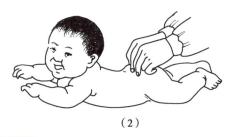

（2）

图4-30　捏脊法

（1）拇指在前位捏脊法　（2）拇指在后位捏脊法

【作用】

捏脊具有调阴阳、理气血、和脏腑、通经络、强健身体的作用。推脊，重推脊，清热；轻推脊，安神。

【临床应用】

捏脊是小儿保健推拿常用手法之一。常与补脾经、补肾经、推三关、摩腹、按揉足三里等合用，治疗先、后天不足的一些慢性病症。本法单用不仅常用于小儿疳积、腹泻等症，还可以用于成人失眠、肠胃病、月经不调等症。

重推脊,多与清天河水、退六腑等合用以清热。轻推脊,配合按揉百会,掐揉小天心,清肝经,用于小儿惊啼,夜寐不安。

【文献选录】

《肘后备急方》:"……拈取其脊骨皮,深取痛引之,从龟尾至顶乃止。未愈更为之。"

《秘传推拿妙诀》:"伤寒骨节疼痛,从此用指一路旋推至龟尾。"

八、七 节 骨

【位置】

第四腰椎至尾椎骨端(长强穴)成一直线。

【操作】

术者用拇指桡侧面或示指、中指指面自下而上或自上而下直推 100～300 次,分别称为推上七节骨(图4-31)和推下七节骨。

【作用】

推上七节骨能温阳止泻;推下七节骨能泻热通便。

【临床应用】

推上七节骨,多用于虚寒腹痛、脾虚泻、寒湿泻、久痢等症。临床上常配合运用按揉百会、揉丹田等,治疗气虚下陷的脱肛、遗尿等症。若属实热证,则不宜用本法,用后多令小儿腹胀或出现其他病症。

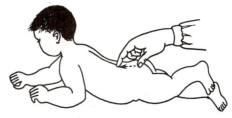

图 4-31 推上七节骨

推下七节骨,多用于肠热便秘或痢疾等症。若腹泻属虚寒者,不可用本法,恐防滑泄。

【文献选录】

《小儿推拿广意》:"便秘者,烧酒在肾俞推上龟尾……泄泻亦要逆推,使气升而泄可止。"

《幼科推拿秘书》:"七节骨:水泻,从龟尾向上擦如数,立刻即止;若痢疾,必先从七节骨往下擦之龟尾,以去肠中热毒,次日方自下而上也。"

九、龟尾(尾闾、长强、尾尻)

【位置】

尾椎骨端。

【操作】

术者用拇指端或中指端揉 100～300 次,称揉龟尾(图4-32)。

【作用】

揉龟尾能通调督脉之经气,调理大肠。

【临床应用】

龟尾穴似督脉之长强穴,其性平和,能止泻,也能通便。多与揉脐、推七节骨配合应用,以治疗腹泻、便秘等症。

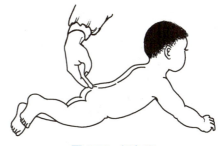

图 4-32 揉龟尾

【文献选录】

《按摩经》:"揉龟尾并揉脐、治儿水泻、乌痧、膨胀、脐风、月家盘肠等症。"

《幼科推拿秘书》:"……龟尾者,脊骨尽头闾尾穴也……龟尾穴揉止泻痢。"

小　结

1. 按揉肺俞、按揉脾俞、按揉肾俞三法主要能调治肺、脾、肾本脏疾病,如本脏虚损,能补其不足;若邪实,则能泻其有余。

2. 揉风门、推脊柱、揉大椎均能清热,其中重推脊柱清热作用较大,揉风门、揉大椎兼能祛风解表治喘咳。捏脊常为小儿保健推拿重要手法之一。

3. 推七节骨、揉龟尾均能调治肠道疾患,止痢止泻,常常配合运用。推七节骨在操作中有严格的方向性,推上七节骨能温阳止泻,推下七节骨能泻热通便。

第五节　上肢部穴位

一、脾经(脾土)

【位置】

拇指桡侧缘或拇指末节螺纹面。

【操作】

术者将患儿拇指屈曲,循拇指桡侧边缘由指尖向指根方向直推为补,称补脾经(图4-33);将患儿拇指伸直,自指根向指尖方向直推为清,称清脾经(图4-34);若来回直推为平补平泻。亦有旋推拇指末节螺纹面为补(图4-35)。补脾经和清脾经统称推脾经。推100～500次。

【作用】

补脾经能健脾胃,补气血;清脾经能清热利湿,化痰止呕。

【临床应用】

补脾经多用于脾胃虚弱引起的食欲不振,消化不良,疳积,腹泻,咳嗽,消瘦等,常与揉脾俞、揉中脘、摩腹、捏脊、揉足三里等合用;清脾经常用于湿热熏蒸、皮肤发黄、恶心呕吐、腹泻痢疾等,多与清胃经、清小肠、揉板门、清大肠等合用;清补脾经用于乳食积滞引起的脘腹胀满、嗳气纳呆、矢气臭秽,常与揉板门、运八卦、直推中脘、分腹阴阳等合用。小儿脾常不足,不宜攻伐太甚,一般多用补法,体壮邪实者方能用清法。

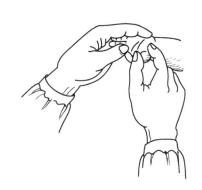

图4-33　补脾经

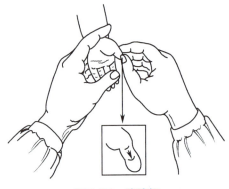

图4-34　清脾经

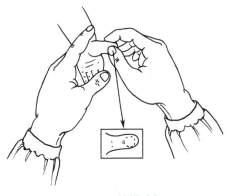

图4-35　旋推脾经

【文献选录】

《按摩经》:"掐脾土:曲指左转为补,直推之为泻,饮食不进,人瘦弱,肚起青筋,面黄,四肢无力用之。"

《秘传推拿妙诀》:"唇白气血虚,补脾土为主。""补脾土:饮食不消,食后作饱胀满用之。"

《幼科铁镜》:"大指面属脾……曲者,旋也。手指正面旋推为补,直推至指甲为泻……"

《小儿推拿学概要》:"将小儿拇指屈曲,向里推为补;将小儿拇指伸直,向里向外来回推为平补平泻(又称清法)。"

二、肝经(肝木)

【位置】

示指末节螺纹面。

【操作】

术者一手持患儿示指末节,用另一手拇指螺纹面旋推患儿示指螺纹面为补肝经;由指根向指尖方向直推,称清肝经(图4-36),反之为补。补肝经和清肝经统称推肝经。推100~500次。

【作用】

清肝经能平肝泻火,息风镇惊、解郁除烦。

【临床应用】

常用于惊风、抽搐、烦躁不安、五心烦热等症。多与掐人中、掐揉小天心、掐老龙等合用。肝经宜清不宜补,若肝虚应补时则需补后加清,或以补肾经代之,称为滋肾养肝法。

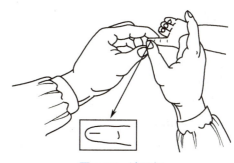

图4-36　清肝经

【文献选录】

《厘正按摩要术》:"推肝木:肝木即食指端,蘸汤,侧推之直入虎口,能和气生血……食指端肝,三节大肠。"

《按摩疗法》:"由根向指梢推之名平肝。"

《推拿三字经》:"肝穴在食指端。为将军之官,可平不可补,补肾即补肝。""小婴儿,看印堂……色青者,肝风张,清则补,自无恙。"

三、心经(心火)

【位置】

中指末节螺纹面。

【操作】

术者一手持患儿中指,用另一手拇指螺纹面旋推患儿中指螺纹面为补心经;由指根向指尖方向推为清心经(图4-37),反之为补。补心经和清心经统称为推心经。推100~500次。

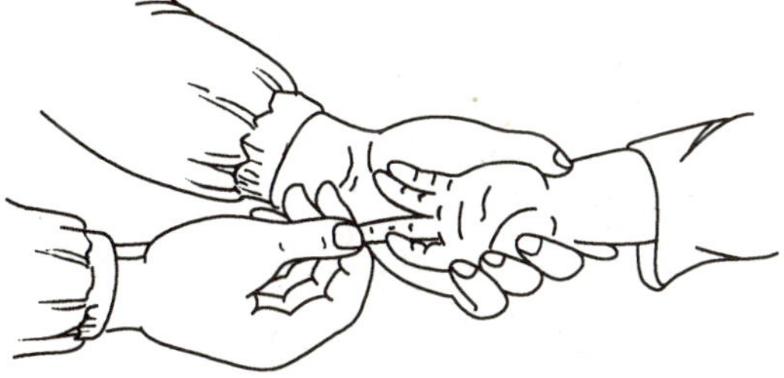

【作用】

清心经能清热退心火。

图4-37　清心经

【临床应用】

常用于心火旺盛而引起的高热神昏、面赤口疮、小便短赤等,多与清天河水、清小肠等合用。

本穴宜用清法,不宜用补法,恐动心火之故。若气血不足而见心烦不安,睡卧露睛等症,需用补法时,可补后加清,或以补脾经代之。

【文献选录】

《按摩经》:"掐心经,二掐劳宫,推上三关,发热出汗用之。如汗不来,再将二扇门揉之,掐之。手心微汗出,乃止。"

《保赤推拿法》:"推掐心经穴法:心经,即中指尖。向上推至中指尽处小横纹,行气通窍。向下掐之能发汗……从中指尖推到横门穴,止小儿吐"。"掐中指甲法:将儿中指甲上面轻掐之,止儿泻"。

《幼科推拿秘书》:"推心火……凡心火动,口疮弄舌,眼大小眦赤红,小水不通,皆宜推而清之。至于惊搐,又宜清此。"

四、肺经(肺金)

【位置】

环指末节螺纹面。

【操作】

术者一手持患儿环指,另一手拇指螺纹面旋推患儿环指末节螺纹面为补肺经;由指根向指尖方向推为清肺经(图4-38),反之亦为补。清肺经和补肺经统称推肺经。推100~500次。

【作用】

补肺经能补益肺气;清肺经可宣肺清热。

【临床应用】

补肺经用于肺气虚损,咳嗽气喘,虚寒怕冷等肺经虚寒证,常与补脾经、补肾经、推三关、揉膻中、按揉足三里等合用。清肺经常用于感冒发热、咳嗽气喘、痰鸣等实证,多与清天河水、治外感"四大手法"、按揉天突、推揉膻中、运内八卦等合用。

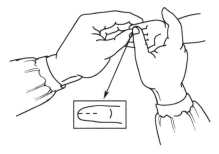

图4-38　清肺经

【文献选录】

《秘传推拿妙诀》:"鼻流清水推肺经为主。"

《小儿推拿广意》:"肺金:推之止咳化痰,性主温和。"

《厘正按摩要术》:"无名指端肺,三节包络。"

《幼科推拿秘书》:"肺金在无名指。属气,止咳化痰……凡小儿咳嗽痰喘,必推此。""正推向外泄肺火","侧推向里补肺虚。"

五、肾经(肾水)

【位置】

小指末节螺纹面。

【操作】

术者一手持患儿小指,另一手拇指螺纹面旋推患儿小指螺纹面为补肾经;由指根向指尖方向直推,也称补肾经;反之为清,称清肾经(图4-39)。补肾经和清肾经统称推肾经。推100~500次。

图4-39　清肾经

【作用】

补肾经具有补肾益脑,温养下元的作用;清肾经能清利下焦湿热。

【临床应用】

补肾经用于先天不足、久病体虚、肾虚久泻、多尿、遗尿、虚汗喘息等症,多与补脾经、补肺经、揉肾俞、捏脊、揉足三里、擦腰骶部等合用;清肾经用于膀胱蕴热,小便赤涩等症,多与清天河水、清小肠、推箕门等同用。临床上肾经穴一般多用补法,需用清法时,多以清小肠代之。

【文献选录】

《按摩经》:"掐肾经,二掐小横纹,退六腑,治大便不通、小便赤色涩滞,肚作膨胀,气急,人事昏迷,粪黄者,退凉用之。"

《秘传推拿妙诀》:"眼不开,气血虚,推肾水为主。"

《小儿推拿广意》:"肾水:推之退脏腑之热,清小便之赤,如小便短,又宜补之。""小便黄赤,可清之。治宜清肾水,自肾指尖推往根下为清也。"

六、五　经

【位置】

五个手指螺纹面,即脾、肝、心、肺、肾经。

【操作】

术者一手持患儿五指,用另一手拇指或中指从患儿拇指运或掐揉至小指,运 50～100 次,掐揉 3～5 次,称运五经和掐揉五经。患者掌心向下,五指并拢,术者拇指放在患儿掌背,其余四指并拢在患儿掌面,向指端方向直推,推 50～100 次,称推五经。五经穴有运法、掐法、揉法、推法4 种操作。

【作用】

推五经能解表退热。

【临床应用】

主治外感发热,尤其是对 6 个月以内的婴儿,效果较好。掐、揉、运五经,动五脏之气,与相关脏腑经穴配伍,治疗相应脏腑病变。

【文献选录】

《按摩经》:"运五经,动五脏之气,肚胀,上下气血不和,四肢掣,寒热往来,去风,除腹响。"

《小儿推拿广意》:"五经者,五指尖也,心肝脾肺肾也,如二三节即为六腑……"

七、大　肠

【位置】

示指桡侧缘,自示指尖至虎口成一直线。

【操作】

术者一手持患儿示指,暴露桡侧缘,用另一手拇指螺纹面从患儿示指指尖直线推向虎口为补,称补大肠(图 4-40);反之为清,称清大肠。补大肠和清大肠统称推大肠。推 100～300 次。

【作用】

补大肠具有涩肠固脱,温中止泻作用;清大肠能清利肠腑,除湿热,导积滞。

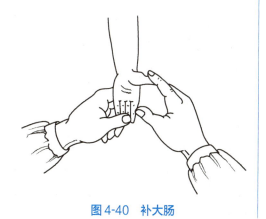

图 4-40　补大肠

【临床应用】

补大肠多用于虚寒腹泻、脱肛等病症,常与推三关、补脾经、补肾经、摩腹、揉脐、推上七节骨、揉龟尾等合用。清大肠多用于湿热、积食滞留肠道,身热腹痛,痢下赤白,大便秘结等病症,常与退六腑、清脾经、分腹阴阳、推下七节骨、揉龟尾等合用。本穴又称三关,用于小儿指纹望诊。

【文献选录】

《按摩经》:"掐大肠,倒推入虎口,止水泻痢疾,肚膨胀用之。红痢补肾水,白多推三关。"

《小儿推拿方脉活婴秘旨全书》:"大肠侧推到虎口,止泻止痢断根源。"

《幼科推拿秘书》:"大肠筋在食指外边,络联于虎口,直到食指侧巅。""向外正推泄肝火,左向内里推补大肠"。

八、小　　肠

【位置】

小指尺侧边缘,自指尖到指根成一直线。

【操作】

术者一手持患儿小指,暴露尺侧缘,用另一手拇指螺纹面或示指桡侧缘从小儿指尖推向指根为补,称补小肠(图4-41);反之则为清,称清小肠。推100～300次。补小肠和清小肠统称为推小肠。

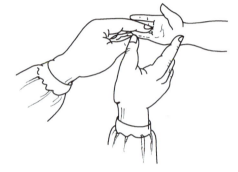

图4-41　补小肠

【作用】

清小肠能清热利尿,泌别清浊。

【临床应用】

主要用于小便短赤不利,尿闭,水泻等症。若心经有热,移于小肠引起口舌糜烂、小便短赤,常配合清天河水、掐揉小天心、清心经,加强清心利尿的作用。本穴多用清法。补小肠能滋阴补虚。若阴虚水亏,小便短少,可用补法。

【文献选录】

《小儿推拿学概要》:"本穴治小儿泄泻最效,不但能利小便,同时尚能分清降浊。"

《推拿三字经》:"小便闭,清膀胱,补肾水,清小肠……"

九、肾　　顶

【位置】

小指顶端。

【操作】

术者用一手持患儿小指,另一手中指或拇指端按揉患儿小指顶端,称揉肾顶(图4-42),揉100～500次。

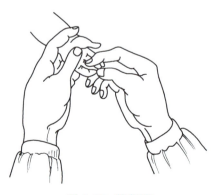

图4-42　揉肾顶

【作用】

揉肾顶能收敛元气,固表止汗。

【临床应用】

常用于自汗、盗汗或大汗淋漓不止等症。气虚自汗多与补脾经、补肺经、捏脊、摩腹、揉足三里等合用;阴虚盗汗,常与补肾经、补肺经、清天河水、揉二人上马等配合应用。

【文献选录】
《小儿推拿学概要》："功用收敛元气，固表止汗。"

十、肾　纹

【位置】
手掌面，小指第二指间关节横纹处。

【操作】
术者一手持患儿小指，用另一手中指或拇指端按揉本穴，揉100～500次，称揉肾纹（图4-43）。

【作用】
揉肾纹能祛风明目，散瘀结。

【临床应用】
常与揉太阳、清肝经、清心经、推涌泉，配合治疗目赤肿痛；治疗高热，呼吸气凉，手足逆冷等病症，常与清肝经、清心经、掐揉小天心、打马过天河、退六腑、推脊等合用；治疗口舌生疮，常与清胃经、清心经、揉总筋、清小肠、清天河水等合用。

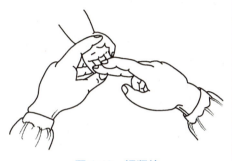

图4-43　揉肾纹

【文献选录】
《小儿推拿学概要》："本穴治结膜充血，眼前房出血，以及患儿高热，呼吸气凉，手足逆冷等，用之屡效。"

十一、四　横　纹

【位置】
掌面示指、中指、环指、小指第一指间关节横纹处。

【操作】
术者一手持患儿四指指尖，使其掌心向上，用另一手拇指，从小儿示指依次掐揉至小指横纹，称掐揉四横纹；四指并拢，从示指横纹，推向小指横纹处，称推四横纹。掐揉各3～5次，推100～300次。四横纹穴有掐法、揉法、推法3种操作。

【作用】
掐四横纹能退热除烦，散瘀结。推四横纹具有调中行气、和气血、消胀满的作用。

【临床应用】
四横纹是治疗小儿疳积的要穴，多用掐揉法，治疗小儿疳积，掐揉四横纹常与补脾经、揉中脘、按揉足三里、捏脊等合用，也可用毫针或三棱针点刺。治疗消化不良、腹胀等病症，常与补脾经、揉板门、揉中脘、分腹阴阳等合用。治疗胸闷痰喘，多与推、揉膻中，推肺经，运内八卦，分推肩胛骨等配合应用。

【文献选录】
《按摩经》："推四横纹，和上下之血，人事瘦弱，奶乳不思，手足常掣，头偏左右，肠胃湿热，眼目翻白者用之。""推四横：以大指往来推四横纹，能和上下之气，气喘腹痛可用。"
　《小儿推拿广意》："四横纹：掐之退脏腑之热，止肚痛，退口眼歪斜。"

十二、小　横　纹

【位置】

掌面示指、中指、环指、小指掌指关节横纹处。

【操作】

术者一手持患儿四指，使其掌心向上，用另一手拇指指甲，从患儿示指掌指关节横纹，依次掐至小指，掐 3～5 次，称掐小横纹；术者用拇指螺纹面推 100～300 次，称推小横纹。小横纹有掐法和推法 2 种操作。

【作用】

推、掐小横纹能退热消胀、散结。推小横纹能治肺部干啰音。掐小横纹用于脾胃热结、口唇破烂及腹胀等症。

【临床应用】

脾虚作胀，常与补脾经、运内八卦、揉中脘、按揉足三里配合应用。慢性咳嗽，配合揉膻中、分推膻中、推肺经、揉肺俞、补脾经、分推肩胛骨、揉足三里，以培土生金，化痰止咳。口唇破裂，口舌生疮，多与清脾经、清胃经、清天河水配合应用。

【文献选录】

《小儿推拿广意》："小横纹：掐之退热除烦，治口唇破烂。"

《小儿推拿学概要》："本穴治口唇破烂及腹胀效果最好，如因脾虚作胀者，兼补脾土穴，疗效更好。"

《厘正按摩要术》："三节根为小横纹。"

十三、掌　小　横　纹

【位置】

掌面小指根下，尺侧掌纹头。

【操作】

术者一手持患儿手，用另一手拇指或中指端按揉本穴，揉 100～500 次，称揉掌小横纹（图 4-44）。

【作用】

揉掌小横纹具有清热散结，宽胸宣肺，化痰止咳作用。

图 4-44　揉掌小横纹

【临床应用】

本穴是治疗百日咳、肺炎的要穴，可以治疗肺部湿啰音。揉掌小横纹常用于治疗喘咳、口舌生疮等。治疗喘咳多与揉肺俞、清肺经、揉膻中、分推肩胛骨等合用。治疗口舌生疮常与清心经、清天河水、揉总筋配合应用。

【文献选录】

《小儿推拿学概要》："本穴为治喘咳、口舌生疮等症的效穴。"

十四、胃　　经

【位置】

在手掌面拇指第一节，也有在大鱼际桡侧赤白肉际，由掌根至拇指根部之说。

【操作】

术者一手持患儿拇指，用另一手拇指或示指、中指自患儿掌根推至拇指根部，称为清胃经（图4-45）；术者用拇指螺纹面，旋推患儿近掌端第一节，称为补胃经。清胃经和补胃经，统称为推胃经，推100～500次。

【作用】

补胃经能健脾胃，助运化。清胃经具有清中焦湿热，和胃降逆，泻胃火，除烦止渴的作用。

【临床应用】

补胃经治疗脾胃虚弱引起的消化不良，食欲不振，多与补脾经、揉中脘、摩腹、揉足三里合用。清胃经治疗上逆呕恶、脘腹胀满、发热烦渴、便秘、纳呆、衄血等实证，多与清脾经、清大肠、推天柱骨、退六腑、推下七节骨、揉天枢等合用。

脾主升、胃主降，胃经用清法则气下降，胃气以息息下行为顺，一般多用清法。

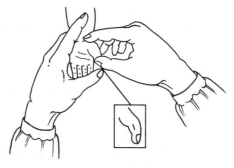

图4-45　清胃经

【文献选录】

《推拿三字经》："胃穴，自古无论之也，殊不知其治病甚良，在板门外侧黄白皮相毗乃真穴也，向外推治呕吐呃逆……等症甚速。""大指根，震艮连……大指二节，下者平肉，属胃经。"

《厘正按摩要术》："大指端脾，二节胃。"

十五、板　门

【位置】

手掌大鱼际平面。

【操作】

术者一手持患儿手，用另一手拇指端揉小儿大鱼际，称揉板门或运板门，揉50～100次（图4-46）；用推法自拇指指根推向腕横纹，称板门推向横纹（图4-47），反之称横纹推向板门，推100～300次。板门穴有揉法、运法、推法3种操作。

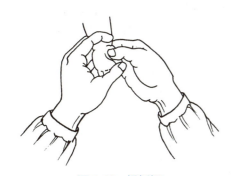

图4-46　揉板门

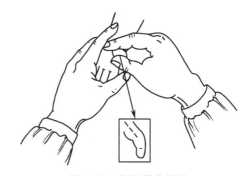

图4-47　板门推向横纹

【作用】

揉板门能健脾和胃，消食化滞，运达上下之气。板门推向横纹，健脾止泻；横纹推向板门能降逆止呕。

【临床应用】

揉板门用于治疗乳食积滞、腹胀、食欲不振、呕吐、嗳气等病症，常与补脾经、运内八卦、揉中脘,分腹阴阳合用。板门推向横纹止泻,常配合推脾经、推大肠、推上七节骨等同用。横纹推向板门止呕吐,常配清胃经、推天柱骨,直推中脘等合用。

【文献选录】

《按摩经》:"揉板门,除气促气攻,气吼气痛,呕胀用之。"

十六、内劳宫(牢宫)

【位置】

手掌心中,屈指时中指、环指端之间中点。

【操作】

术者一手持患儿手,用另一手拇指或中指指端揉小儿掌心,揉100～300次,称揉内劳宫(图4-48);术者用拇指螺纹面或中指指端运内劳宫,运10～30次,称运内劳宫。内劳宫穴有揉法和运法两种操作。

图4-48　揉内劳宫

【作用】

揉内劳宫能清热除烦。运内劳宫具有清心、肾两经虚热作用。

【临床应用】

揉内劳宫用于心经有热而致口舌生疮、发热、烦躁等症,常与清心经、掐揉小天心、清天河水、清小肠等合用。

【文献选录】

《小儿推拿广意》:"内劳宫属火,揉之发汗。"

《幼科推拿秘书》:"点内劳……退心热甚效。"

《按摩经》:"揉劳宫,动心中之火热,发汗用之,不可轻动。"

十七、内 八 卦

【位置】

手掌面,以掌心为圆心,从圆心至中指根横纹约2/3长为半径,所作圆周(中指根下为离属南,小天心穴之上为坎属北,在大鱼际侧离至坎半圆的中点为震属东,小鱼际侧离至坎半圆的中点为兑属西,西北为乾,东北为艮,东南为巽,西南为坤)八卦穴在此圆周上,即乾、坎、艮、震、巽、离、坤、兑八个方位(图4-49)。

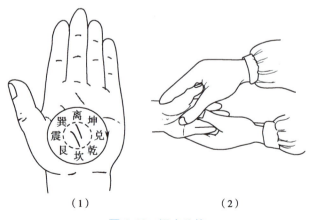

(1)　　　　　　(2)

图4-49　运内八卦

【操作】

术者一手持患儿四指,拇指按在小儿离卦,掌心向上,用另一手示指、中指夹住小儿腕关节,以拇指螺纹面用运法,自乾卦起至兑卦止,周而复始,顺时针运,运100～500次,称顺运内八卦;若从兑卦起至乾卦止,逆时针运,运100～500次,称逆运内八卦。在部分卦位上可以分运,运100～200次,称分运内八卦。八卦穴用运法操作,根据不同操作方向,分为顺运、逆运、分运3种。

【作用】

顺运内八卦具有宽胸利膈,理气化痰,行滞消食的作用。逆运内八卦能降气平喘。分运内八卦,从乾震顺运能安魂;从巽兑顺运能定魄;从离乾顺运能止咳;从坤坎顺运能清热;从坎巽顺运能止泻;从巽坎逆运能止呕;从艮离顺运能发汗。

【临床应用】

顺运内八卦与补脾经、揉板门、揉中脘配合,用于治疗乳食内伤,腹胀,纳呆等病症;逆运内八卦与补脾经、推肺经、推天柱骨、揉膻中、按揉天突等合用,治疗痰喘咳嗽,呕吐等。

【文献选录】

《按摩经》:"运八卦,除胸肚膨闷,呕逆气吼噎,饮食不进用之。"

《保赤推拿法》:"运内八卦法:从坎到艮左旋推,治热,亦止吐。从艮到坎右旋推,治凉,亦止泻。掌中:离南、坎北、震东、兑西、乾西北、艮东北、巽东南、坤西南。男女皆推左手。"

十八、小天心(鱼际交)

【位置】

在大、小鱼际交接处凹陷中,内劳宫之下,总筋之上。

【操作】

术者一手持患儿四指,使其掌心向上,用另一手中指端揉,揉100～300次,称揉小天心(图4-50);用拇指甲掐3～5次,称掐小天心;用中指尖或屈曲的指间关节捣10～30次,称捣小天心。小天心穴有揉法、掐法、捣法3种操作。

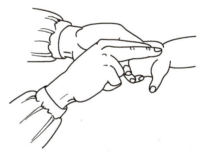

图4-50 掐揉小天心

【作用】

掐揉小天心具有清热、镇惊、利尿、明目的作用。掐、捣小天心能镇惊安神。

【临床应用】

本穴性寒,为清心安神的要穴。掐揉小天心用于心经有热而致的目赤肿痛,口舌生疮,惊惕不安或心经有热,移热于小肠,而见小便短赤等症,常与清心经、清肝经、清小肠、清天河水等合用。揉小天心还可用于小儿遗尿、疮疖、疹痘欲出不透等;掐、捣小天心常用于小儿惊风抽搐、夜啼、惊惕不安等症。若见惊风眼翻可配合掐老龙、掐人中、清肝经等合用。眼上翻者则向下掐、捣;右斜视者则向左掐、捣;左斜视者,则向右掐、捣。

本穴与内劳宫同属心包络,均能清心经之热,镇惊安神,但内劳宫清热力强,小天心偏于安神,且能利尿、透疹。

【文献选录】

《按摩经》:"掐小天心,天吊惊风,眼翻白偏左右,及肾水不通用之。"

《幼科铁镜》:"儿眼翻上者,将大指甲在小天心向掌心下掐即平。儿眼翻下者,将大指甲在小天心向总筋上掐即平。"

《推拿三字经》:"……眼翻者,上下僵,揉二马,捣天心;翻上者,捣下良,翻下者,捣上强,左捣右,右捣左……"

十九、总 筋

【位置】

掌后腕横纹中点。

【操作】

术者一手持患儿四指,用另一手拇指端按揉本穴,揉100~300次,称揉总筋;用拇指指甲掐3~5次,称掐总筋(图4-51)。总筋穴有按揉法、掐法2种操作。

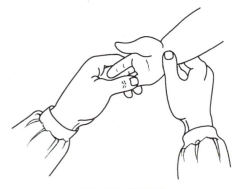

图4-51　掐总筋

【作用】

按揉总筋具有清心经热,散结止痉,通调周身气机的作用。掐总筋能镇惊止痉。

【临床应用】

按揉总筋多与清天河水、清心经、掐揉小天心、掐揉五指节配合,治疗口舌生疮,潮热夜啼等实证。掐总筋治疗惊风抽搐,与掐人中、掐老龙等合用。

【文献选录】

《按摩经》:"掐总筋,过天河水,能清心经,口内生疮,遍身潮热,夜间啼哭,四肢常掣,去三焦六腑五心潮热病。""诸惊风,总筋可治。"

《幼科推拿秘书》:"总筋穴,在大横纹下,指之脉络皆总于此,中四指脉皆总于此。"

二十、大 横 纹

【位置】

仰掌,掌后横纹。近拇指端称阳池,近小指端称阴池。

【操作】

术者用两手拇指指面从小儿掌后横纹中点,由总筋向两旁分推,称分推大横纹(图4-52),又称分手阴阳;自两旁(阴池、阳池)向总筋合推称合手阴阳。推30~50次。大横纹有分推、合推法两种操作。

【作用】

分手阴阳能平衡阴阳,调和气血,行滞消食。合手阴阳能行痰散结。

【临床应用】

分手阴阳多用于阴阳不调,气血不和而致寒热往来,烦躁不安,腹胀,腹泻,呕吐等病症,多与推三关、退六腑等合用;若实热证,阴池宜重分,虚寒证,阳池宜重分,使阴阳平衡,气血调和。

合手阴阳多用于痰结喘嗽、胸闷等症,与推揉膻中、揉肾纹、清天河水等同用。

图4-52　分推大横纹

【文献选录】

《小儿推拿方脉活婴秘旨全书》:"横纹两傍,乃阴阳二穴。就横纹上,以两大指中分,望两傍抹,为分阴阳。肚胀,腹膨胀,泄泻,二便不通,脏腑虚,并治。"

《保赤推拿法》:"……就横纹上两指中分向两边抹,为分阴阳。治寒热往来,膨胀,泄泻,呕逆,脏腑结。"

二十一、十宣（十王）

【位置】

十指尖指甲内赤白肉际处。

【操作】

术者一手握患儿手,使其指尖向上,用另一手拇指甲逐一掐之,各掐3~5次,或醒后即止,称掐十宣(图4-53)。

【作用】

掐十宣能清热、醒神、开窍,主要用于急救。

【临床应用】

治疗高热惊风,抽搐,昏厥,多与掐老龙、掐人中、掐端正等合用。

【文献选录】

《小儿推拿广意》:"十王穴,掐之则能退热。"

《厘正按摩要术》:"十指尖为十王穴。"

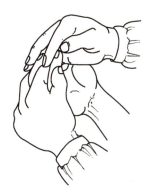

图4-53　掐十宣

二十二、老　　龙

【位置】

中指甲根中点后一分处。

【操作】

术者一手持患儿中指,使其指尖向上,用另一手拇指甲掐小儿中指甲后1分处,掐3~5次,或醒后即止,称掐老龙(图4-54)。

【作用】

掐老龙能醒神开窍,用于急救。

【临床应用】

常与掐人中合用,治疗小儿急惊风,高热抽搐。急惊暴死,掐之知痛有声者,较易治,不知痛而无声者,一般难治。

【文献选录】

《保赤推拿法》:"掐老龙穴法:此穴在中指背,靠指甲处,相离如韭叶许。若儿急惊暴死,对拿精灵威灵二穴。不醒,即于此穴掐之,不知痛难救。"

图4-54　掐老龙

二十三、端　　正

【位置】

中指甲根两侧赤白肉际处,桡侧称左端正,尺侧称右端正。

【操作】

术者一手持患儿中指,使其指尖向上,用另一手拇指甲掐或拇指螺纹面揉,掐 3～5 次,揉 50 次,称掐、揉端正。

【作用】

揉右端正能降逆止呕;揉左端正能升提止泻。

【临床应用】

主要用于水泻、痢疾等病症。掐端正能醒神开窍。揉右端正,用于胃气上逆引起的恶心、呕吐等病症,常配清胃经、推天柱骨合用;揉左端正,用于水泻、痢疾等病症,常与推脾经、推大肠、清小肠、揉天枢、推七节骨等合用。掐端正,用于治疗小儿惊风,常与掐老龙、清肝经等配合。

【文献选录】

《小儿推拿广意》:"眼左视,掐右端正穴。右视,掐左端正穴。"

《厘正按摩要术》:"中指左右为两端正。"

二十四、五 指 节

【位置】

掌背五指第一指间关节。

【操作】

术者一手握患儿手,使其手背向上,用另一手拇指甲依次从小儿拇指掐至小指,掐后继揉,各掐揉 3～5 次,称掐揉五指节(图 4-55);用拇指螺纹面揉,称揉五指节,揉 30～50 次。五指节有掐揉法和揉法两种操作。

【作用】

掐、揉五指节具有安神镇惊、祛风痰、通关窍的作用。

【临床应用】

掐五指节主要用于惊惕不安、惊吓啼、惊风等病症。惊吓啼多与清肝经、清心经、掐揉小天心等配合应用。惊惕不安、惊风常与掐老龙、掐十宣等合用;揉五指节主要用于胸闷、痰喘等病症,多与运内八卦、推揉膻中等合用。

图 4-55　掐揉五指节

【文献选录】

《小儿推拿广意》:"五指节:掐之去风化痰,苏醒人事,通关膈闭塞。"

《秘传推拿妙诀》:"四肢乱舞,掐五指节,清心经为主。"

《厘正按摩要术》:"掐五指节:五指节在手背指节高纹处……掐后以揉法继之,治口眼歪斜,咳嗽风痰。""五指中节有横纹为五指节。"

二十五、二 扇 门

【位置】

掌背中指根本节两侧凹陷处。

【操作】

术者用两手示指、中指夹住小儿手掌,使其手心向下,用两拇指甲掐之,继以揉法,称掐二扇门,或用两拇指桡侧按揉。或一手握儿手腕,用另一手示指、中指按揉之,称揉二扇门(图 4-56)。

【作用】

掐揉二扇门能发汗透表,退热平喘,是发汗效穴。

【临床应用】

揉时要稍用力,速度宜快,多用于风寒外感。体虚外感者本法与揉肾顶、补脾经、补肾经等合用。

图4-56 揉二扇门

【文献选录】

《按摩经》:"掐两扇门,发脏腑之汗,两手掐揉,平中指为界,壮热汗多者,揉之即止。又治急惊,口眼歪斜,左向右重,右向左重。"

《小儿推拿学概要》:"二扇门为发汗效穴,如高烧无汗,操作1～2分钟,即可立见汗出;如操作时间稍长(3～4分钟)多致大汗淋漓。如体虚患儿须用本穴时,必须先固表,而后再用汗法(固表以补脾、肾,揉肾顶为主,时间每穴1～2分钟即可),揉本穴宜稍用力,速度宜快。"

《秘传推拿妙诀》:"揉掐二扇门发汗用之。""二扇门手法用两大指甲钻掐中指骨两边空处。"

二十六、二 人 上 马

【位置】

手背环指及小指掌指关节后方凹陷中。

【操作】

术者一手握小儿四指,使其掌心向下,用另一手拇指掐之,掐3～5次,称掐二人上马(图4-57);或用拇指、中指相对用力揉上马穴,称揉二人上马。

【作用】

揉二人上马能滋阴补肾,顺气散结,利水通淋,为补肾滋阴的要法。

【临床应用】

临床上用揉法为多。主要用于阴虚阳亢,潮热烦躁,牙痛,小便赤涩淋漓等病症。本法对体质虚弱,肺部感染有干啰音、久不消失者配揉小横纹;湿啰音配揉掌小横纹,多揉亦有疗效。

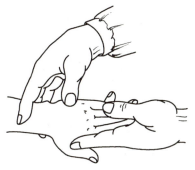

图4-57 掐二人上马

【文献选录】

《秘传推拿妙诀》:"揉掐二人上马,清补肾水用之,并治眼吊。""二人上马用大指钻掐,无名小指界空处。"

《小儿推拿学概要》:"本穴治小便闭塞,疗效明显。对肺部有干啰音久不消失者,用之最效。"

二十七、外 劳 宫

【位置】

掌背中,与内劳宫相对处。

【操作】

术者一手握小儿手,使其掌心向下,用另一手拇指或中指揉之,揉100～300次,称揉外劳宫(图4-58);用拇指指甲掐之,掐3～5次,称掐外劳宫。

【作用】

揉外劳宫具有温阳散寒,升阳举陷作用,兼能发汗解表。

【临床应用】

本法性温,用于一切寒证。用治外感风寒,鼻塞流涕,配开天门、推坎宫、揉太阳、揉耳后高骨、推三关等合用;治疗脏腑积寒,完谷不化,肠鸣腹泻、腹痛等症,常与推三关、补脾经、补肾经、揉脐、推上七节骨等合用;治疗脱肛、遗尿等病症,配补脾经、补肾经、推三关、揉丹田、揉百会等合用。临床上多用揉法。

【文献选录】

《按摩经》:"掐外劳宫,和脏腑之热气,遍身潮热,肚起青筋揉之效。"

《小儿推拿方脉活婴秘旨全书》:"外劳宫止泻用之,拿此又可止头痛。"

《保赤推拿法》:"掐外劳宫穴法……脏腑积有寒风热气,皆能和解,又治遍身潮热,肚起青筋,粪白不变,五谷不消,肚腹膨胀。"

《推拿三字经》:"小腹寒,外劳宫,左右旋,久揉良……"

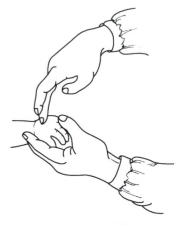

图4-58　揉外劳宫

二十八、威　灵

【位置】

在手背二三掌骨歧缝间。

【操作】

术者一手握患儿四指,用另一手拇指指甲掐之,掐后继揉,掐3~5次,或醒后即止,称掐威灵(图4-59)。

【作用】

掐威灵能开窍醒神。

【临床应用】

主要用于急救。急惊暴死、昏迷不醒,常与掐精宁、掐人中合用。

【文献选录】

《按摩经》:"掐威灵穴,治急惊暴死。"

《小儿推拿方脉活婴秘旨全书》:"威灵穴在虎口下,两旁歧,有圆骨处。遇卒死症,摇掐即醒。"

《幼科推拿秘书》:"精宁穴能医吼气,威灵促死能回生。"

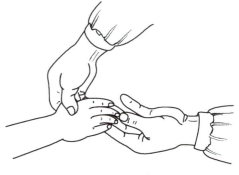

图4-59　掐威灵

二十九、精　宁

【位置】

在手背第四、五掌骨歧缝间。

【操作】

术者一手握患儿四指,使其掌背向上,用另一手拇指甲掐之,掐3~5次,继以揉法,称掐精宁(图4-60)。

【作用】

掐精宁具有行气、破结、化痰的作用。

【临床应用】

多用于痰食积聚，气吼痰喘、干呕、疳积等病症。体虚者慎用，如需要用则多与补脾经、推三关、捏脊等同用，以免克削太甚，元气受损；本法常与掐威灵配合，治急惊昏厥，加强开窍醒神作用。

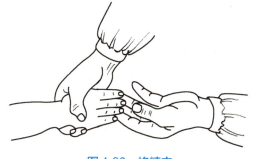

图 4-60　掐精宁

【文献选录】

《按摩经》："掐精宁穴，气吼痰喘，干呕痞积用之。"

《小儿推拿广意》："掐精宁，治气喘，口歪眼偏，哭不出声，口渴。"

三十、外八卦（外八方）

【位置】

手背外劳宫周围，与内八卦相对处。

【操作】

术者一手持患儿四指，使掌背向上，用另一手拇指做顺时针方向推运，运 100～300 次，称运外八卦。

【作用】

运外八卦具有宽胸理气，通滞散结的作用。

【临床应用】

治疗胸闷、腹胀、便结等病症，常与运内八卦、推揉膻中、摩腹等合用。

【文献选录】

《保赤推拿法》："运外八卦穴法，此穴在手背，对手心内八卦处，运之能通一身之气血，开五脏六腑之闭结。"

《小儿推拿学概要》："顺运本穴，能促进肠蠕动，消除腹胀。"

三十一、一 窝 风

【位置】

手背腕横纹正中凹陷处。

【操作】

术者一手持患儿手掌，使其掌背向上，用另一手中指或拇指揉之，揉 100～300 次，称揉一窝风（图 4-61）。

【作用】

揉一窝风具有温中行气，止痹痛，利关节的作用。

【临床应用】

用于受寒、食积等原因引起的腹痛等症，多与拿肚角、推三关、揉中脘等合用。揉一窝风亦能发散风寒，宣通表里，治疗外感风寒或寒滞经络引起的痹痛。

图 4-61　揉一窝风

【文献选录】

《小儿推拿方脉活婴秘旨全书》："一窝风：在掌根尽处腕中，治肚痛极效。急慢惊风。又一窝风掐住中指尖，主泻。"

三十二、膊 阳 池

【位置】

手背一窝风上3寸，与内间使相对处。属手少阳三焦经。

【操作】

术者一手握患儿手腕，使其掌背向上，用另一手拇指或中指揉100～200次，称揉膊阳池；用拇指指甲掐3～5次，继以揉之，称掐膊阳池。

【作用】

掐、揉膊阳池能止头痛，通大便，利小便。

【临床应用】

治疗便秘常与推大肠、运外八卦、摩腹、推下七节骨等同用。治疗感冒头痛或小便短赤，与其他解表、利尿法同用。

【文献选录】

《小儿推拿方脉活婴秘旨全书》："在掌根三寸是。治风痰，头痛。"

三十三、三 关

【位置】

前臂桡侧，腕横纹至肘横纹成一直线。

【操作】

术者一手握患儿手腕，用另一手拇指桡侧面或示指、中指指面从小儿手腕推向肘部，推100～300次，称推三关（图4-62）。屈患儿拇指，自拇指外侧推向肘称为大推三关。

【作用】

推三关能补气行气，温阳散寒，发汗解表。

【临床应用】

本法性温热，主治一切虚寒病症，对非虚寒病症宜慎用。治疗气血虚弱、命门火衰，下元虚冷、阳气不足引起的四肢厥冷，面色无华，食欲不振，疳积，吐泻等病症，多与补脾经、补肾经、揉丹田、捏脊、摩腹等合用；治疗感冒风寒，怕冷无汗或疹出不透等病症，多与清肺经、推攒竹、揉掐二扇门等合用。

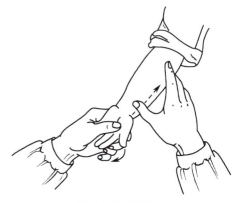

图4-62　推三关

【文献选录】

《小儿推拿广意》："三关：男左三关推发汗，退下六腑谓之凉，女右六腑推上凉，退下三关谓之热。"

《幼科铁镜》："男左手直骨背面为三关，属气分，推上气行阳动故为热为补。"

《幼科推拿秘书》："三关穴：在手膊上旁边。"

三十四、天河水(天河)

【位置】

前臂正中,总筋至洪池(曲泽)成一直线。

【操作】

术者一手握患儿手腕,使其掌心向上,用另一手示指、中指指面从小儿腕横纹推向肘横纹,推100~500次,称清天河水(图4-63)。用示指、中指蘸水自总筋处,一起一落弹打如弹琴状,直至洪池,同时一面用口吹气随之,称弹打河水。

【作用】

清天河水能清热解表,泻火除烦。

【临床应用】

本法性微凉,清热较平和,主要清卫分、气分之热,用于治疗热性病症,清热而不伤阴。用于五心烦热,口燥咽干,唇舌生疮,夜啼等病症,常与清心经、清肝经、揉二马、按揉总筋、揉小天心等合用;治疗感冒发热、头痛、恶风、汗微出、咽痛等外感风热者,常与推攒竹、推坎宫、揉太阳等合用。弹打河水(打马过天河)清热之力大于清天河水,多用于实热、高热等症。

图4-63 清天河水

【文献选录】

《幼科推拿秘书》:"清天河:天河穴,在膀膊中,从坎宫小天心处,一直到手弯曲池……取凉退热,并治淋病昏睡。""打马过天河:此能活麻木,通关节脉窍之良法也……其法以我食、将二指,自小儿上马处打起,摆至天河,去四回三,至曲池内一弹……此法退凉去热。"

《万育仙书》:"天河水在总筋下中心。明目,去五心潮热。除口中疳疮。"

《小儿推拿广意》:"天河水,推之清心经烦热。"

三十五、六 腑

【位置】

前臂尺侧,肘至阴池成一直线。

【操作】

术者一手握住患儿手腕,用另一手拇指或示指、中指指面自小儿肘部推向手腕100~500次,称退六腑或推六腑(图4-64)。

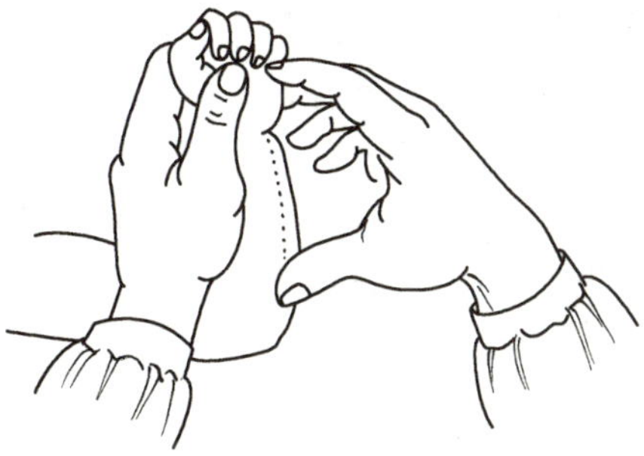

【作用】

退六腑能清热,凉血,解毒。

图4-64 退六腑

【临床应用】

本法性寒凉,对温病邪入营、血,脏腑郁热积滞,壮热烦渴,腮腺炎及肿毒等实热证均可应用。与补脾经合用止汗。若平素便溏,脾虚腹泻者,本法慎用。

退六腑与推三关,是大凉大热之法,可单用,亦可合用。气虚体弱,畏寒怕冷,可单用推三关;高热烦渴、发斑等可单用退六腑;合用能平衡阴阳,防止大凉大热,伤其正气。寒热夹杂,以热为主,退六腑三数,推三关一数,即3:1推之,通常称为退三推一;若以寒为重,退六腑一数,则推三关三数，即1:3谓之推三退一法。

【文献选录】

《按摩经》:"六腑凡做此法，先掐心经，点劳宫。男退下六腑，退热加凉，属凉，女反此，推上为凉也。"

《幼科铁镜》:"男左手直骨面为六腑，属血分，退下则血行阴动，故为寒为凉。"

《幼科推拿秘书》:"退六腑……属凉。若脏腑热，大便结，遍身潮热，人事昏沉，三焦火病，此为要着。"

小　结

1. 以五脏命名的穴位脾经、肝经、心经、肺经、肾经、肾纹，前五穴治疗本脏的病症，用补法能补其不足，用清法能泻其有余，其中肝经、心经两穴宜清不宜补，若补时，须补后加清；脾经、肾经两穴用补法为多，清法宜少用；唯肺经有补有泻。五穴组合又称五经穴，与相关的脏腑经穴相配，治疗相关脏腑病症。而肾纹穴无补益功效，仅有清心、肝经热结，祛风明目的作用。

2. 以六腑命名的穴位，胃经、大肠和小肠诸穴，主要用于本腑的病症，用补法能补其不足，用清法能泻其有余，但其中胃经、小肠经多用清法。

3. 揉二扇门、清天河水、揉外劳宫、掐揉一窝风、推三关五法均能解肌发表，治疗外感病，但掐揉二扇门发汗作用较强，宜用于邪实体壮者。清天河水主要用于外感风热，后三法兼能温阳散寒，主要用于外感风寒。而推三关又能补益气血；揉外劳宫兼散脏腑积寒和升阳举陷；掐揉一窝风亦治腹痛。

4. 清天河水、退六腑、掐揉小天心、揉内劳宫、运内劳宫、揉二人上马和分手阴阳均能清热。而清天河水主要清卫分、气分之热；退六腑主要清营分、血分之热；运内劳宫、揉二人上马能清虚烦内热；揉内劳宫、揉掐小天心主要清心经之热，而后者兼有利尿、镇惊的作用，用于心经有热，或移热于小肠，惊惕不安，小便短赤者。分手阴阳能调和气血，主要用于寒热往来，气血不和。

5. 推板门、揉板门、揉端正、运外八卦、运内八卦，均能健脾和中，助运消滞。揉板门主要能消食化滞；板门推向横纹、揉左端正主治腹泻；横纹推向板门、揉右端正主治呕吐；运外八卦、运内八卦兼能宽胸理气，而后者又能止咳化痰。

6. 掐揉四横纹、揉掌小横纹、推小横纹、揉肾纹、掐揉总筋均能清热散结，而掐揉四横纹主和气血，消食积，是治疗疳积的要穴；揉掌小横纹主清心、肺之热结，治疗肺部湿啰音；推小横纹主清脾、胃热结，调中消胀，治疗肺部干啰音；揉肾纹清心、肝之热结，祛风明目；揉总筋兼通调周身气机，清心止痉，治口舌生疮。

7. 掐揉五指节、捣小天心均可安神镇惊。

8. 掐十宣、掐老龙、掐威灵、掐精宁、掐端正均可开窍醒神，用于急救。但掐威灵、掐精宁兼有行气、破结、化痰作用，用于痰食积聚，气吼痰喘；揉端正兼有止吐泻作用；掐十宣兼有清热作用。

第六节　下肢部穴位

一、箕　门

【位置】

大腿内侧，膝盖上缘至腹股沟成一直线。

【操作】

术者用示指、中指指面自膝盖内侧上缘至腹股沟做直推法100～300次，称推箕门（图4-65）。

【作用】

推箕门能利尿清热，其性平和。

【临床应用】

治疗尿潴留多与揉丹田、按揉三阴交合用；治疗心经有热所致小便赤涩不利，多与清小肠合用。治疗尿闭则自上往下推；治疗水泻无尿则自下往上推，有利小便、实大便的作用。

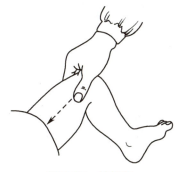

图4-65　推箕门

二、百虫（血海）

【位置】

在膝上内侧肌肉丰厚处。

【操作】

术者用拇指和示指、中指对称提拿3～5次，称拿百虫法；用拇指端按揉10～30次，称按揉百虫法（图4-66）。

【作用】

按、拿百虫能疏通经络、止抽搐。

【临床应用】

多用于下肢瘫痪及痹痛等病症，常与拿委中、按揉足三里等合用。

【文献选录】

《幼科推拿秘书》："百虫穴：在大腿之上。"

《秘传推拿妙诀》："拿百虫穴，属四肢，能止惊。"

《秘传推拿妙诀》："百虫穴能止搐。"

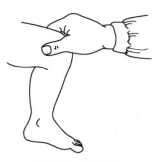

图4-66　按揉百虫

三、膝眼（鬼眼）

【位置】

在膝盖两旁凹陷中（外侧凹陷称外膝眼；内侧凹陷称内膝眼）。

【操作】

术者用拇指、示指分别揉按两侧膝眼上，称按揉膝眼法（图4-67）。按10～20次，揉50～100次，掐、拿3～5次。

【作用】

按、掐、拿膝眼能息风止搐；揉膝眼能通经活络。

【临床应用】

常配合拿委中治疗脊髓灰质炎导致的下肢痿软无力；并能治疗膝关节扭挫伤等膝部病症。

【文献选录】

《小儿推拿方脉活婴秘旨全书》："膝眼穴：小儿脸上惊来，急在此掐之。"

《保赤推拿法》："掐膝眼穴法：此穴在膝盖里旁，一名鬼眼

图4-67　按揉膝眼

穴,小儿脸上惊来,急在此掐之,若儿身后仰,即止。"

四、足 三 里

【位置】

外膝眼下 3 寸,胫骨前嵴旁开 1 寸。

【操作】

术者用拇指端按揉 50～100 次,称按揉足三里,见图 4-68。

【作用】

按揉足三里能健脾和胃,调中理气,通络导滞。

【临床应用】

足三里属足阳明胃经穴,按揉足三里多用于消化系统疾病,配合推天柱骨、分腹阴阳治疗呕吐;配合推上七节骨、补大肠治疗脾虚腹泻;与捏脊、摩腹等配合应用,作为小儿常用保健手法。

【文献选录】

《幼科推拿秘书》:"三里穴在膝头之下。"

《小儿推拿广意》:"足三里:揉之治麻木顽痹。""三里属胃,久揉之止肚痛,大人胃气痛者通用。"

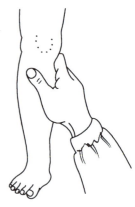

图 4-68　按揉足三里

五、前 承 山

【位置】

小腿胫骨旁,与后承山相对。约当外踝高点上 8 寸,即条口穴位置。

【操作】

术者用拇指指甲掐该穴,掐 3～5 次,称掐揉前承山;用拇指螺纹面揉本穴 30 次,称揉前承山。

【作用】

掐揉前承山能息风定惊,行气通络。

【临床应用】

常与拿委中、按百虫、掐解溪等配合应用治疗角弓反张、下肢抽搐;揉前承山能通经活血、纠正畸形,配合掐解溪、拿委中治疗脊髓灰质炎、肌肉萎缩等病症。

【文献选录】

《小儿推拿方脉活婴秘旨全书》:"前承山穴:小儿望后跌,将此穴久掐,久揉,有效。"

《保赤推拿法》:"掐前承山穴法:此穴在腿下节。前面膝下亦名中臁穴,儿惊风望后跌,在此穴久掐最效。"

六、三 阴 交

【位置】

内踝尖直上 3 寸,胫骨后缘凹陷中。

【操作】

术者用拇指或示指端按揉,称按揉三阴交(图 4-69)。按 3～5 次,揉 20～30 次。

【作用】

按揉三阴交能通血脉,活经络,疏下焦,利湿热,通调水道。

【临床应用】

主要用于泌尿系统疾病，如遗尿、癃闭、小便频数涩痛不利等，常与揉丹田、补脾经、揉肾俞、推箕门等合用；亦常用于下肢痹痛、瘫痪等；按揉三阴交尚有健脾胃、助运化的功效，用于小儿消化不良等症。

【文献选录】

《厘正按摩要术》："按三阴交：三阴交在内踝尖上三寸，以右手大指按之，能通血脉，治惊风。""推三阴交，蘸汤从上往下推之，治急惊；从下往上推之，治慢惊。"

图 4-69　按揉三阴交

七、解　　溪

【位置】

踝关节前横纹中，趾长伸肌腱和踇长伸肌腱之间。

【操作】

术者用拇指指甲掐或指端揉，掐 3～5 次（图 4-70），揉 50～100 次。

【作用】

本穴主要用掐法，能解痉、止吐泻。

【临床应用】

主治惊风、吐泻；对踝关节屈伸不利和足下垂，久揉有效。

【文献选录】

《小儿推拿方脉活婴秘旨全书》："解溪穴：又惊、又吐、又泻，掐此即止。"

《保赤推拿法》："掐解溪穴法：此法在足上腿下之弯，结鞋带处，儿惊风、吐泻，往后仰，在此穴掐之。"

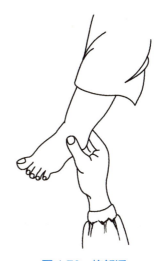

图 4-70　掐解溪

八、大　　敦

【位置】

足大趾外侧爪甲根与趾关节之间。

【操作】

术者用拇指甲掐 5～10 次（图 4-71）。

【作用】

掐大敦能解痉息风。

【临床应用】

常配合掐十宣、掐老龙等，治疗惊风、四肢抽搐等症。

【文献选录】

《小儿按摩经》："大敦穴：治鹰爪惊，本穴掐之就揉。"

《保赤推拿法》："掐大敦穴法：此穴在足大趾与足背交界处，儿患鹰爪惊，掐之。"

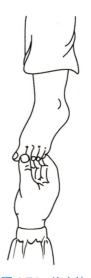

图 4-71　掐大敦

九、丰　隆

【位置】

外踝尖上8寸,胫骨前缘外侧1.5寸,胫腓骨之间。

【操作】

用拇指或中指端揉20～40次。

【作用】

揉丰隆能化痰平喘、和胃气。

【临床应用】

常与揉膻中、运内八卦配合,治疗痰涎壅盛、咳嗽气喘等证。

十、委　中

【位置】

腘窝中央,两大筋(股二头肌肌腱、半腱肌肌腱)之间。

【操作】

术者用拇指、示指端提拿勾拨腘窝中筋腱5次,称拿委中(图4-72)。

【作用】

拿委中能疏通经络、息风止痉。

【临床应用】

常与揉膝眼、揉阳陵泉配合治疗惊风抽搐、下肢痿软无力。

图4-72　拿委中

【文献选录】

《小儿推拿广意》:"小儿望前扑者,委中掐之。亦能止大人腰背疼。"

《幼科铁镜》:"惊时若身望前扑,即将委中穴向前掐住,身便直。若身后仰,即将鬼眼穴向下掐住,身便即正。"

十一、后承山(承山)

【位置】

在腓肠肌交界之尖端,人字形凹陷处。

【操作】

术者用示指、中指指端在后承山穴处稍用力拨该处的筋腱3～5次,称拿承山。

【作用】

拿后承山能通经活络、止痉息风。

【临床应用】

常与拿委中等配合治疗惊风抽搐,下肢痿软,腿痛转筋等。

【文献选录】

《幼科推拿秘书》:"后承山穴:一名后水穴,如鱼肚一般,在腿肚上,一名鱼肚穴。"

《小儿推拿方脉活婴秘旨全书》:"后承山穴:小儿手足掣跳,惊风紧急,快将口咬之,要久,令大哭,方止。"

十二、仆　参

【位置】

外踝后下方，昆仑穴直下，跟骨外侧，赤白肉际处。

【操作】

术者用拇指与示指、中指相对着力，在仆参穴拿捏 3～5 次，称拿仆参；用拇指端着力，在仆参穴掐压 3～5 次，称掐仆参（图4-73）。

【作用】

本穴有益肾健骨，舒筋活络，安神定志功效。

【临床应用】

拿仆参益肾、舒筋，常配合拿委中治疗腰腿痛；与按揉或拿后承山配合治疗霍乱转筋，足痿不收；掐仆参可用于治疗晕厥、惊风等病症。

【文献选录】

《按摩经》："仆参穴：治脚掣跳，口咬，左转揉之补吐，右转揉之补泻，又惊又吐又泻，掐此穴及脚中指效。"

《小儿推拿方脉活婴秘旨全书》："仆参穴：治小儿吼喘，将此上推下掐，必然苏醒。如小儿急死，将口咬之，则回生，名曰老虎吞食。"

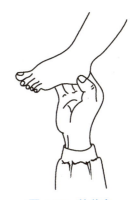

图4-73　掐仆参

十三、昆仑（上昆仑）

【位置】

外踝后缘和跟腱之间凹陷中。

【操作】

术者用拇指指端着力，稍用力掐 3～5 次，称掐昆仑。

【作用】

掐昆仑能解肌通络、强腰补肾。

【临床应用】

主治头痛、惊风。常与拿委中、拿承山等配合治疗腰痛、下肢痉挛、跟腱挛缩等病症；与拿仆参相配合治疗足跟痛、足内翻等病症。

【文献选录】

《小儿推拿广意》："昆仑：灸之治急慢惊风危急等症。"

十四、涌　泉

【位置】

足掌心前 1/3 与后 2/3 交界处的凹陷中。

【操作】

术者用拇指指腹着力，向足趾方向直推 100～300 次，称推涌泉；用拇指指腹在涌泉穴按揉 30～50 次，称揉涌泉（图4-74）。

【作用】

推涌泉能滋阴退热，引火归原；揉涌泉能降逆止呕，理肠止泻。

【临床应用】

退虚热，常与揉上马、运内劳宫等配合运用治疗五心烦热，烦躁不安，夜啼等病症；还可与退六腑、清天河水配合以退实热。揉涌泉，具有治疗呕吐和腹泻的功效，一般左揉止吐，右揉止泻。

【文献选录】

《小儿推拿广意》："涌泉揉之左转止吐，右转止泻。"

《小儿推拿广意》："掐涌泉：治痰壅上，重则灸之。"

《幼科推拿秘书》："涌泉引热下行。"

《保赤推拿法》："揉涌泉法：此穴在足心。男左转揉之止吐，右转揉之止泻。左转不揉使儿吐，右转不揉使儿泻。女反是。"

图4-74　揉涌泉

小　　结

1. 按百虫、拿百虫、按揉膝眼、掐揉前承山、拿委中、拿承山、掐解溪、掐大敦，均能息风止搐，主治惊风、四肢抽搐。前六法还具有疏通经络作用，治疗下肢瘫痪、痹痛、关节不利；掐解溪，还有止吐泻的作用。

2. 推箕门、揉三阴交，均能通调水道，治疗小便不利。推箕门，还可以用于治疗水泻，具有利小便，实大便作用；揉三阴交，可用于小儿消化不良症，具有健脾助运作用。

推拿法小结表

类别	推拿法
解表类	开天门、推坎宫、运太阳、运耳后高骨、拿风池、挤捏大椎、揉迎香、拿肩井、推三关、推天河水、掐揉二扇门、揉外劳宫、掐揉一窝风、黄蜂入洞、清肺经等
清热类	清肝经、清心经、清脾经、清肾经、清大肠、清小肠、清胃经、清天河水、打马过天河、退六腑、掐揉小天心、掐揉总筋、掐揉内劳宫、清板门、掐四横纹、推小横纹、揉掌小横纹、揉肾纹、重推脊、揉涌泉、掐十宣等
补益类	补脾经、补心经、补肺经、补肾经、补大肠、补小肠、揉二人上马、揉丹田、推三关、摩肚脐、捏脊、揉中脘、揉足三里、揉肺俞、揉脾俞、揉肾俞等
温阳散寒类	掐揉二扇门、掐揉一窝风、揉外劳宫、分阳池、摩肚脐、推三关、揉丹田等
消食化滞类	清补脾经、揉板门、掐揉四横纹、运内八卦、揉中脘、分腹阴阳、摩肚脐、摩腹、按揉足三里、揉脾俞、推小横纹等
理气化痰止咳类	运内八卦、揉掌小横纹、按揉天突、开璇玑、按弦走搓摩、按揉丰隆、分推膻中、揉膻中、揉乳旁、揉乳根、揉肺俞、分推肩胛骨、掐精宁等
止泻类	补大肠、板门推向横纹、补脾经、补肾经、向上推按后承山、揉左端正、揉龟尾、推上七节骨、捏脊、揉脐、摩肚脐、揉天枢、按揉足三里、揉涌泉等
止腹痛类	拿肚角、掐揉一窝风、拿后承山、按揉肾俞、按揉脾俞等
通大便类	清大肠、按揉膊阳池、向下推按后承山、摩腹、推下七节骨、揉龟尾、运外八卦等
利小便类	清小肠、推箕门、揉三阴交、揉丹田等
止呕吐类	清胃经、横纹推向板门、直推中脘、分腹阴阳、推天柱骨、逆运八卦等
止抽搐类	拿合谷、拿肩井、拿曲池、拿百虫、拿委中、拿后承山、拿昆仑、拿膝眼等

续表

类别	推拿法
醒神开窍类	掐人中、掐山根、掐十宣、掐老龙、掐端正、掐威灵、掐精宁、按牙关等
镇惊安神类	开天门、按揉百会、揉小天心、清肝经、掐揉五指节、轻推脊、猿猴摘果等

（潘道友 刘世红 曾 妙）

? 复习思考题

1. 小儿推拿穴位由哪些穴位所组成？
2. 小儿推拿特定穴与十四经中的特定穴有什么不同？其特点如何？
3. 试述脊柱（穴）在小儿推拿中的作用。
4. 揉二扇门、清天河水、揉外劳宫、掐揉一窝风、推三关都能治疗外感病，在临床运用中有何不同？

扫一扫，测一测

PPT课件

第五章 常见病症推拿治疗

知识导览

第一节 感 冒

感冒是外邪侵袭人体所致的常见外感疾病,临床表现以鼻塞、流涕、喷嚏、咳嗽、头痛、恶寒发热、全身不适等为特征。感冒又称伤风。本病四季均可发生,但以气候骤变之时及冬、春时节发病率较高。若病情较重,在某些区域流行、病情类似者称为"时行感冒"。在临床上,感冒一般分为风寒感冒、风热感冒、暑湿感冒三种。任何年龄小儿皆可发病,婴幼儿更为常见。因小儿肺脏娇嫩,脾常不足,神气怯弱,感邪后易出现夹痰、夹滞、夹惊的兼证。普通感冒症状明显,病程1周左右,时行感冒病情相对较重。小儿感冒易引起高热、惊厥、休克,甚至死亡,要早防早治。

西医学感冒属于上呼吸道感染的范畴,时行感冒相当于流行性感冒的范畴。

思政元素

医德医风

"人之受病者,有富贵贫贱之殊,自天地视之,皆其所生者也,无一人不养焉,则无一人不爱矣。医者,仁术也,博爱之心也,以天地之心为心,视人之子犹己之子,勿以势利之心易之也。""良工当以爱其己子之心,而爱人之子,怜惜之,抚摩之,未可轻治,为儿作祸……其病可治,视人之子如己子,调护保养,无所不至。"

(节选自《万密斋医学全书·育婴家秘》,有删改)

万全(1499—1582年),名全,号密斋,我国明代著名的临证医家,著述颇多,提出"三有余、四不足"学说,发展与完善了中医儿科学理论。医术精湛,医德高尚,悬壶济世50余载,治病救人无数,曾两度获"儒医"匾额,在其行医生涯中"视疾若己、见利勿贪",彰显大医风范,谱写璀璨人生,实乃当今医务工作者行业之绳墨、学习之楷模。

【病因病机】

小儿脏腑娇嫩,形气未充,腠理疏薄,卫外不固,冷暖不能自调,或看护不周时,易受外邪侵袭而发病。

1．风寒感冒　风寒之邪，由口鼻或皮毛而入，束于肌表，郁于腠理，卫阳被郁，肺气失宣而致风寒感冒。

2．风热感冒　风热之邪，侵犯肺卫，邪在卫表，卫气不畅，热邪客肺，肺失清肃，风热上乘咽喉，上扰头面。此外，小儿发病之后易于传变，感受风寒之邪，寒邪化热，亦可出现外感风热之证。

3．暑湿感冒　夏令冒暑，暑多夹湿，暑湿之邪束表困脾，而致暑湿感冒。

知识链接

感冒的预防与调护

预防：经常户外活动，呼吸新鲜空气，加强身体锻炼；随气候变化，及时增减衣物；避免与感冒患者接触，尽量少去人员密集的公共场所。

调护：居室保持空气流通，每日定时开窗通风半小时以上；多饮温开水，汤药应热服；饮食宜清淡，忌肥甘厚味及辛辣刺激之品。

【诊断】

（一）诊断要点

1．四季均可发生，但多见于气候骤变及冬、春时节。冷暖失调，或与感冒病人接触，有感受外邪病史。

2．以发热，恶风或恶寒，鼻塞流涕，喷嚏，微咳，苔薄，脉浮为主证。

（二）临床表现

1．风寒感冒　恶寒，发热，无汗，头痛，鼻流清涕，喷嚏，微咳，咽部不红肿，舌淡红，苔薄白，脉浮紧或指纹浮红。

2．风热感冒　恶风，发热重，有汗或少汗，头痛，鼻塞流浊涕，喷嚏，咳嗽，痰稠色白或黄，咽红肿痛，口干渴，舌质红，苔薄黄，脉浮数或指纹浮紫。

3．暑湿感冒　发热，无汗或汗出热不解，头晕头痛，身重困倦，胸闷，泛恶，口渴心烦，食欲不振，或有呕吐、泄泻，小便短黄，舌质红，苔黄腻，脉数或指纹紫滞。

4．兼证　①夹痰：感冒兼见咳嗽加剧，痰多，喉间痰鸣；②夹滞：感冒兼见脘腹胀满，不思饮食，呕吐酸腐，口气秽浊，大便酸臭，或腹痛泄泻，或大便秘结，小便短黄，舌苔黄腻，脉滑；③夹惊：感冒兼见惊惕哭闹，睡卧不宁，甚至骤然抽风，舌质红，脉浮弦。

课堂互动

小儿恶风，发热重，有汗或少汗，头痛，鼻塞流浊涕，喷嚏，咳嗽，痰稠色白或黄，咽红肿痛，属于哪一种感冒？

（三）辅助检查

1．体温　体温37.5～38℃为低热，38.1～39℃为中度发热，39.1～41℃为高热，41℃以上为超高热。

2．血常规　病毒感染时，白细胞计数和中性粒细胞的百分数大多正常或减少；细菌感染时，白细胞计数和中性粒细胞的百分数大多增高。

3．病原学检查　鼻咽或气管分泌物病毒分离，可作病毒学诊断。咽拭子培养可有病原菌生长；链球菌感染者，血中抗链球菌溶血素"O"（ASO）滴度增高。

【鉴别诊断】

1. 时行疾病早期 多种时行疾病的早期有类似感冒的症状,如麻疹、水痘、百日咳、幼儿急疹等,应根据流行病学史、临床特点、实验室资料、临床表现及其演变等加以鉴别。

2. 夏季热 多见于3岁以下小儿,其发病主要集中在每年6、7、8月,临床以长期低热、口渴多饮、多尿、汗闭为特征,秋凉后好转。

3. 急喉暗 即急性感染性喉炎,本病初期仅表现为发热、微咳等,当患儿哭闹时可闻及声音嘶哑,病情较重时可闻及犬吠样咳嗽及吸气性喉鸣。

【推拿治疗】

治疗感冒,以疏风解表为基本原则。风寒者,治以疏风散寒;风热者,治以解表清热;暑湿者,治以清解暑湿。夹痰者,佐以祛痰;夹滞者,佐以导滞;夹惊者,佐以镇惊。

（一）风寒感冒

1. 治则 疏风散寒,解表宣肺。

2. 处方 开天门、推坎宫、揉太阳、运耳后高骨、清肺经、推三关、揉二扇门、掐揉一窝风、拿风池、拿肩井。

3. 方义 开天门、推坎宫、揉太阳、运耳后高骨,疏风解表;清肺经、推三关、掐揉一窝风,散寒解表;揉二扇门,发汗解表;拿风池、拿肩井,发表解肌。

4. 加减 咳嗽者,加推揉膻中、运内八卦、揉肺俞;痰多者,加揉丰隆;鼻塞者,加黄蜂入洞。

（二）风热感冒

1. 治则 解表清热,清肃肺气。

2. 处方 开天门、推坎宫、揉太阳、运耳后高骨、清肺经、清天河水、揉曲池、揉内劳宫、下推天柱骨、重推脊。

3. 方义 开天门、推坎宫、揉太阳、运耳后高骨,疏风解表;清肺经、清天河水、揉曲池、揉内劳宫,清热解表;下推天柱骨、重推脊,清热解肌。

4. 加减 咽痛者,加掐揉少商、拿合谷、清板门;脘腹胀满、不思乳食、嗳腐吞酸、恶心呕吐者,加揉中脘、分腹阴阳、运板门、推天柱骨。

（三）暑湿感冒

1. 治则 清解暑湿。

2. 处方 开天门、推坎宫、揉太阳、运耳后高骨、清肺经、推五经、揉内劳宫、拿风池、拿肩井、刮颈项。

3. 方义 开天门、推坎宫、揉太阳、运耳后高骨,以解表;清肺经、推五经、揉内劳宫,解表退热除烦;拿风池、拿肩井,解肌发表;刮颈项,散郁热。

4. 加减 夜寐不宁、惊惕不安者,加清肝经、掐揉小天心、掐揉五指节;自汗盗汗者,加揉肾顶。

（四）兼证治疗

1. 夹痰者,加揉掌小横纹、运板门。

2. 夹滞者,加掐揉四横纹、捏挤板门、揉中脘、捏脊。

3. 夹惊者,加掐端正、掐老龙、凤凰展翅。

【注意事项】

1. 推拿治疗小儿感冒疗效显著,但对于病情严重者只能作为辅助治疗,需采用综合疗法,谨防变证如惊厥的发生。

2. 对危及小儿生命的急性传染病,要早期诊断,中西医结合治疗,切勿痛失治疗良机。

3. 因空调的广泛使用,治疗感冒时应充分考虑环境因素对患儿的影响。

4. 治疗过程中出汗较多者,注意避风,适当饮水。

案例分析

艾某，男，4岁。就诊日期：2020年4月3日。

主诉：（其母代诉）发热，微咳，流清涕2天。

病史：2天前因外出当风出现恶寒发热，无汗，鼻塞，喷嚏，流清涕，微咳，纳差。

检查：神清，精神尚可，体温38.4℃，咽喉稍红，两肺（－），苔薄白，脉浮紧。

试写出诊断、病机分析、治则、推拿处方。

第二节　发　　热

发热，即体温异常升高，或虽体温正常、但觉五心烦热者。发热是小儿时期许多疾病中一个常见症状。热程在两周以内为短期发热，持续两周以上为长期发热。在临床上，发热一般分为外感发热、肺胃实热、阴虚发热三种。其中以外感发热为常见，但除感冒以外，某些急性传染病的初期均有不同程度的发热，如麻疹、流行性乙型脑炎、丹痧、水痘等。年幼体弱患儿，在病程中还易出现变证、兼证，这些都应加以注意。

【病因病机】

1. 外感发热　小儿脏腑娇嫩，形气未充，肌肤薄弱，卫外不固，当气候骤变，冷热失常，或看护不周时，外邪乘虚袭表，卫阳被郁而致外感发热。

2. 肺胃实热　外感误治或乳食内伤，导致肺胃壅实，郁而化热，郁热熏蒸于肌肤而为肺胃实热。

3. 阴虚发热　小儿先天禀赋不足，肝肾阴亏，或后天失养，或久病伤阴，致阴液亏损，引起虚热内生。

【诊断】

（一）诊断要点

1. 小儿体温异常升高。

2. 患儿面红，五心烦热，但体温正常，多为阴虚发热。也可见于体质虚弱，新生儿，甚至严重感染者。

3. 应根据发病年龄、病史、发病区域、主证、伴随症状和体征、实验室及其他相关必要检查，全面分析，综合判断。

（二）临床表现

1. 外感发热　风寒者，发热轻，恶寒重，头痛，无汗，鼻塞流清涕，喷嚏，喉痒，苔薄白，指纹鲜红；风热者，发热重，恶风，微汗出，鼻流黄涕或浊涕，口干，咽痛，苔薄黄，指纹红紫。

2. 肺胃实热　高热，面赤，烦躁，气促，不思饮食，口渴喜饮，便秘溺黄，舌红苔燥，指纹深紫。

3. 阴虚发热　午后发热，手足心热，盗汗，形体瘦削，食欲减退，心烦少寐，苔少或无苔，脉细数，指纹淡紫。

（三）辅助检查

1. 体温　体温37.5～38℃为低热，38.1～39℃为中度发热，39.1～41℃为高热，41℃以上为超高热。

2. 血常规　病毒感染时，白细胞计数和中性粒细胞的百分数大多正常或减少；细菌感染时，白细胞计数和中性粒细胞的百分数大多增高，体弱患儿亦可减少。

3. 大便常规　侵袭性细菌性肠炎，粪便镜检有大量白细胞、不同数量的红细胞，常有吞噬细胞；肠出血性大肠埃希菌感染，粪便镜检有大量红细胞，常无白细胞；中毒性细菌性痢疾粪便镜检有大量脓细胞、白细胞，并见红细胞；病毒性肠炎粪便镜检有少量白细胞。

4．尿沉渣　12小时尿沉渣计数白细胞大于100万，应考虑泌尿系统感染，如白细胞聚集成堆，诊断价值更大。

5．其他　根据病情需要还可选择X线、B超、心电图等相关检查。

【鉴别诊断】

1．时行疾病　如麻疹、风痧、丹痧、奶麻、水痘、痄腮等，初期均有不同程度的发热，有明显的流行史和传染性。依据其初期症状、发热与出疹的关系、皮疹特点、特殊体征，加以鉴别。麻疹初期，除一般上呼吸道症状外，以眼部症状突出，结膜发炎，目赤胞肿、畏光流泪等，口腔颊黏膜出现灰白小点，外有红色晕圈的麻疹黏膜斑；风痧发热较轻，伴耳后、颈后、枕部淋巴结肿大，有触痛，疹点呈淡红色斑丘疹；丹痧发热较高，伴咽喉肿痛或腐烂，"杨梅舌"，"环口苍白圈"，皮疹呈猩红色丘疹；水痘除发热外，皮肤及黏膜分批出现红色斑疹或丘疹，迅速发展为清亮、卵圆形、泪滴状小水泡样疱疹，其易溃结痂，各期皮疹可同时出现，呈向心性分布；痄腮除发热外，以耳垂为中心腮部漫肿疼痛为主要表现。

2．夏季热　多见于3岁以下小儿，其发病主要集中在每年6、7、8月，临床以长期低热、口渴多饮、多尿、汗闭为特征，秋凉后好转。

3．结核病　小儿结核以原发性肺结核多见，临床常表现为午后低热、盗汗、易困乏、体重不增等，多有结核病密切接触史，结核菌素试验（OT试验）多为强阳性，X线可见结核病灶。

4．其他　如乳蛾、肺炎喘嗽亦可出现发热，但乳蛾可见喉核肿大或红肿疼痛；肺炎喘嗽伴明显咳嗽、喘急、鼻翼扇动等。

【推拿治疗】

发热的治疗原则以清热为主。外感者，佐以发散解表；肺胃实热者，佐以清泻里热、理气消食；阴虚者，佐以滋阴。

（一）外感发热

1．治则　疏风解表。风热者，佐以清热利咽；风寒者，佐以宣肺散寒。

2．处方　开天门、推坎宫、揉太阳、运耳后高骨、清肺经、清天河水。风热者，加推脊、揉大椎、揉曲池、揉合谷；风寒者，加推三关、揉二扇门、拿风池。

3．方义　开天门、推坎宫、揉太阳、运耳后高骨，疏风解表；清肺经、清天河水，宣肺清热；风热者，加推脊、揉大椎、揉曲池、揉合谷，清热解表；风寒者，加推三关、揉二扇门、拿风池，散寒解表。

4．加减　咳嗽者，加推揉膻中、运内八卦、揉肺俞；痰多者，加揉丰隆；鼻塞者，加黄蜂入洞；咽痛者，加掐揉少商、拿合谷、清板门；脘腹胀满、不思乳食、嗳腐吞酸、恶心呕吐者，加揉中脘、分腹阴阳、运板门、推天柱骨；夜寐不宁，惊惕不安者，加清肝经、掐揉小天心、掐揉五指节。

课堂互动

小儿面红，五心烦热，但体温正常，多属于哪一种发热？

（二）肺胃实热

1．治则　清泻里热，理气消食。

2．处方　清肺经、清胃经、清大肠、揉板门、运内八卦、清天河水、水底捞明月、退六腑、揉天枢、摩腹。

3．方义　清肺经、清胃经，清肺胃实热；清大肠、揉天枢，调理大肠、通腑泻热；清天河水、水底捞明月、退六腑,清热除烦;揉板门、运内八卦、摩腹,理气消食。

4.加减 肠热便结者,加推下七节骨、掐揉膊阳池;夜寐不安者,加揉小天心、掐揉五指节。

(三)阴虚发热

1.治则 滋阴清热。

2.处方 揉二人上马、补脾经、补肺经、补肾经、清天河水、推擦涌泉、运内劳宫、按揉足三里。

3.方义 揉二人上马、补肾经、补肺经,滋阴补肾养肺;清天河水、运内劳宫,退虚热;补脾经、按揉足三里,健脾和胃;推擦涌泉,滋阴清热、引火归原。

4.加减 自汗盗汗者,加揉肾顶;烦躁不安者,加清肝经、清心经、开天门、揉百会、掐揉五指节。

知识链接

退热药的选用

选用退热药主要依据其疗效及副作用大小。有关研究证明,退热药的疗效由大到小依次是:布洛芬、对乙酰氨基酚、安乃近、复方氨基比林和阿司匹林。

布洛芬具有明显的解热镇痛作用,副作用少,耐受性好,是儿童安全高效退热的首选,适用于6个月以上小儿。对乙酰氨基酚即扑热息痛,是一种比较安全的退热药,无胃肠道刺激或出血,不影响血小板功能,不会引起粒细胞缺乏和再生障碍性贫血。其退热效果与剂量成正比,但3岁以下的儿童及新生儿、肝、肾疾病患者慎用。

阿司匹林、复方氨基比林、安乃近,由于副作用较多,可导致胃肠道反应、凝血障碍、过敏反应等,已不推荐其作为退热剂在小儿中应用。

【注意事项】

1.推拿对小儿功能性发热、夏季热、外感发热疗效显著,而对其他因素引起的发热,如肺炎等,虽有退热作用,只能作为辅助治疗,需采用综合疗法,谨防发热变证如惊厥的发生。

2.对危及小儿生命的急性传染病,要早期诊断,中西医结合治疗,切勿痛失治疗良机。

3.为加强退热作用,手法操作时,需配合使用凉水、乙醇、薄荷水等推拿介质。

4.发热患儿应注意休息,多饮温开水,冷温适度,饮食有节。

案例分析

李某,男,4岁。就诊日期:2017年6月3日。

主诉:(其母代诉)发热2天。

病史:2天前因吹电扇引起感冒,出现头痛发热,恶风,鼻塞,流黄涕,纳差,口干不欲饮,便干溲黄。

检查:神清,精神尚可,体温38℃,咽喉红肿,两肺(一),舌质红,苔薄黄,脉浮数。

试写出诊断、病机分析、治则、推拿处方。

第三节 咳 嗽

咳嗽是小儿肺系疾病的主要症状之一。有声无痰为咳,有痰无声为嗽,有声有痰谓之咳嗽。咳嗽一证,一年四季均可发病,而以冬春季节多见。不论外邪袭肺或其他脏腑病变累及肺脏,均可引起。本节着重讨论外感风寒、风热及肺脾两虚等所致的咳嗽。

西医学的急、慢性支气管炎等，以咳嗽为主要表现者，均可参照本节辨证治疗。

知识链接

支气管炎

支气管炎的主要症状是咳嗽。一般不发热，全身情况好。初为刺激性干咳，逐渐加重，以后随分泌物增多转为湿性咳嗽，有痰声或咳出痰液。肺部常可听到干性或中等度湿啰音，啰音不固定，易随咳嗽而改变。婴幼儿因气道狭窄和易发痉挛，症状可较严重，常出现呼吸困难。如为细菌感染，痰可呈黄色，多数有发热，热度以中等度以下为多见。年长儿可诉头痛、胸痛；婴幼儿可有腹泻、厌食等消化道症状。治疗不及时，可发展成为肺炎。

根据咳嗽时间长短分为急性咳嗽、亚急性咳嗽和慢性咳嗽。急性咳嗽病程一般＜3周，亚急性咳嗽3～8周，慢性咳嗽≥8周。

【病因病机】

1. 外邪犯肺　肺为娇脏，外合皮毛，小儿形气未充，肌肤柔弱，卫外不固，外邪侵袭，首当犯肺。若风寒或风热之邪外侵，邪客肌表，肺气郁闭不宣，肺失清肃；或燥邪外袭，伤津灼肺，痰涎黏结，阻塞气道，肺气上逆，均可引起咳嗽。

2. 内伤咳嗽　平素体弱，或久病不愈，耗伤肺阴，肺失清润，肺气上逆，或饮食不当，损伤脾胃，致脾胃虚寒，脾失健运，痰湿内生，上渍于肺，肺失宣降而出现咳嗽。

总之，咳嗽的病因虽有外感与内伤之别，但其基本病机，均为肺失宣降，肺气上逆。

【诊断】

（一）诊断要点

1. 以有咳声或伴咳痰为主要临床表现。

2. 常发生于感冒后。

3. 辨外感、内伤　外感咳嗽多起病急、病程短，咳声粗且高，常伴恶寒、发热、鼻塞流涕等表证；内伤咳嗽多起病缓，病程较长，咳声低弱，常伴其他脏腑功能失调的证候，而无表证。

4. 辨寒热、虚实　一般外感咳嗽多属实证；内伤咳嗽多属虚证或虚中夹实。咳嗽痰黄、质稠，舌红苔黄或花剥，多属热证；咳嗽痰白、质稀，舌淡红，苔白腻或薄白，多属寒证。

（二）临床表现

1. 外感咳嗽

（1）风寒咳嗽：咳嗽，痰白质稀，咽痒声重，鼻流清涕，恶寒无汗，头身疼痛，苔薄白，脉浮紧，指纹淡红。

（2）风热咳嗽：咳嗽，痰黄质稠，咽喉疼痛，鼻流浊涕，发热口渴，舌红苔薄黄，脉浮数，指纹鲜红或紫红。

2. 内伤咳嗽

（1）痰湿咳嗽：咳嗽痰多，色白质稀，胸闷纳呆，神倦乏力，舌淡，苔白腻，脉滑。

（2）气虚咳嗽：咳而无力，痰白质稀，面色㿠白，气短懒言，语声低微，畏寒自汗，舌淡嫩，脉细少力。

（3）阴虚咳嗽：干咳无痰，或痰少、黏稠，口渴咽干，喉痒声嘶，手足心热或潮热盗汗，舌红少苔或花剥，脉细数，指纹紫。

课堂互动

想一想外感咳嗽与内伤咳嗽在临床表现上有什么区别？如何用推拿治疗？

（三）辅助检查

1. 肺部听诊　肺部听诊可闻及不固定的干性或细湿啰音。啰音的特点为：多变，可随体位的变化而改变，或咳嗽后减少。

2. 胸部 X 线检查　多正常或出现片状阴影。

3. 实验室检查　轻症病例，白细胞数正常或稍增高；重症病例或继发性细菌感染者，白细胞总数常明显增高及核左移，或有中毒性颗粒。

【鉴别诊断】

1. 百日咳　本病亦表现为咳嗽。临床以阵发性、痉挛性咳嗽，咳毕有特殊的吸气性吼声，最后吐出痰沫而止为特征。肺部极少有阳性体征。

2. 肺炎喘嗽　本病亦有咳嗽，但临床常伴发热、喘急、鼻翼煽动等症状。胸部 X 线检查，可见小片状、斑片状阴影，或见不均匀的大片阴影。

3. 肺结核　临床亦以咳嗽为主症，但多伴有咯血、潮热、盗汗及身体逐渐消瘦等症状。结核菌素试验或痰涂片多呈阳性。X 线摄片可见肺部结核病灶。

【推拿治疗】

咳嗽的治疗原则以宣降肺气为主。外感咳嗽者，佐以疏风解表；内伤咳嗽者，佐以燥湿化痰，或养阴润肺等法。

（一）外感咳嗽

1. 风寒咳嗽

（1）治则：解表散寒，宣肺止咳。

（2）处方：开天门、推坎宫、揉太阳、运耳后高骨、清补肺经、推三关、掐揉二扇门、运内八卦、推揉膻中、分推肩胛骨、揉乳旁、揉乳根、揉风门、揉肺俞。

（3）方义：开天门、推坎宫、揉太阳、运耳后高骨、清补肺经、推三关、掐揉二扇门，以解表散寒；运内八卦、推揉膻中、分推肩胛骨、揉乳旁、揉乳根、揉风门、揉肺俞，以宣肺化痰止咳。

（4）加减：发热者，加清天河水；风寒无汗、流清涕者，加拿风池、揉迎香。

2. 风热咳嗽

（1）治则：疏风清热，宣肺止咳。

（2）处方：开天门、推坎宫、揉太阳、运耳后高骨、清天河水、清补肺经、按揉天突、推揉膻中、揉乳旁、揉乳根、揉肺俞、分推肩胛骨、运内八卦。

（3）方义：开天门、推坎宫、揉太阳、运耳后高骨、清天河水，以解表清热；清补肺经，以宣肺清热，疏风解表，化痰止咳；按揉天突、推揉膻中、揉乳旁、揉乳根，以宽胸理气，止咳化痰；揉肺俞、分推肩胛骨、运内八卦，以宣肺化痰止咳。

（4）加减：高热者，加推脊；痰多喘咳者，加揉丰隆；肺部有干、湿啰音者，分别加推小横纹、揉掌小横纹。

（二）内伤咳嗽

1. 痰湿咳嗽

（1）治则：健脾除湿，化痰止咳。

（2）处方：补脾经、补肺经、揉脾俞、揉肺俞、摩中脘、按揉足三里、推揉膻中、揉乳旁、揉乳根、运内八卦、分推肩胛骨。

（3）方义：补脾经、揉脾俞、摩中脘、按揉足三里，以健脾和胃，除湿化痰；补肺经、揉肺俞，以补益肺气，化痰止咳；推揉膻中、揉乳旁、揉乳根、运内八卦、分推肩胛骨，以宽胸理气，化痰止咳。

（4）加减：腹泻者，加补脾经、推上七节骨、揉龟尾；痰多者，加揉丰隆。

2.肺虚咳嗽

（1）治则：补肺养阴，化痰止咳。

（2）处方：补肺经、补肾经、补脾经、推揉膻中、揉乳旁、揉乳根、按揉肺俞、分推肩胛骨、运内八卦。

（3）方义：补肺经、补肾经，以补益肺肾，润肺止咳；补脾经，以培土生金；推揉膻中、揉乳旁、揉乳根，以宽胸理气，化痰止咳；按揉肺俞、分推肩胛骨、运内八卦，以宣肺化痰止咳。

（4）加减：阴虚甚者，加揉二人上马；气虚甚者，加揉气海；久咳体虚者，加捏脊；虚热者，加推涌泉；痰涎壅盛者，加揉丰隆。

【注意事项】

1.推拿治疗咳嗽以外感和一般内伤为效佳；对于服药困难的患儿，可作为首选方法；肺炎喘嗽等引起的咳嗽，可作为重要的辅助治疗手段，应配合其他疗法综合治疗。

2.注意保暖防寒，以防病情加重。

3.饮食宜清淡，少食生冷及辛辣香燥、肥甘厚味等食物。

案例分析

宋某，男，2岁。就诊日期：2018年6月4日。

主诉：（其母代诉）咳嗽3天。

病史：患儿3天前外出当风，出现咳嗽，痰黄质稠，咽喉疼痛，鼻流浊涕，发热恶风，口渴纳差，尿少色黄。

检查：体温37.8℃，神清，精神尚可，两肺呼吸音粗，舌质红，苔黄腻，脉浮数，指纹鲜红。

试写出诊断、病机分析、治则、推拿处方。

第四节　哮　　喘

哮喘是小儿时期常见的一种以反复发作，喉间痰鸣，呼吸急促，甚至张口抬肩，难以平卧为主要特征的肺系疾病。本病好发于春秋季节，每因气候骤变、寒温失宜、饮食不当、接触异物等诱发，常在夜间和清晨发作或加剧。本病有明显的遗传倾向，初发年龄以1～6岁多见，多数患儿可经治疗和随着年龄增长，发育至成熟期后逐渐康复。少数失于防治，病程越长，对患儿机体的影响则越大，往往缠绵难愈。我国的哮喘发病率为1%，儿童达3%。

【病因病机】

小儿哮喘的发生，内因肺、脾、肾三脏功能不足，痰饮内伏，在气候突变或接触异物等外因作用下，触动体内伏痰而发。

1.内因　素体肺、脾、肾不足，痰饮内伏，是导致本病发作的主要因素。小儿肺脏娇嫩，脾常不足，肾常虚。若肺气不足，卫外不固，易被外邪所侵，致肺失肃降，痰饮内伏；脾气不足，运化失司，则聚湿生痰；肾气不足，不能化气行水，水湿停聚，积久成痰。因此，肺、脾、肾不足，易导致津液输布失常，水湿停聚，聚湿生痰，痰饮内伏，阻塞气道而成哮喘。

2.外因　气候变化或接触异物等是本病发作的重要条件。气候骤变，寒温失调，风寒外袭，肺失宣降，肺气上逆，与痰搏结；或接触花粉、油漆、绒毛、尘埃、煤气等物，刺激气道，引动伏痰，诱发哮喘。

哮喘是由多种细胞，特别是肥大细胞、嗜酸性粒细胞和 T 淋巴细胞参与的慢性气道炎症。西医学认为，气管慢性炎症、气管高反应性及可逆性气道阻塞构成了哮喘的三大病理生理特点。其中，气管慢性炎症是哮喘的基本病变，是引起气管高反应性的先决和必要条件，而气管高反应性是哮喘最基本的特征。

总之，本病的发生是外因作用于内因的结果。

西医学认为，本病的发生，受遗传和环境的双重因素影响，主要是机体过敏状态所致。接触某些过敏原（如花粉、尘埃、鱼虾、油漆、煤气等），致使细小支气管平滑肌发生痉挛，而产生一系列症状。气候变化、过度疲劳、情绪激动等亦常为本病的诱发因素。

【诊断】

（一）诊断要点

1.有诱发因素 如气候突变、环境改变、接触异物等。

2.病史 有过敏史、家族哮喘史或婴幼儿湿疹史。

3.哮喘典型症状 常突然发作，发作时喉间痰鸣，呼气性呼吸困难，甚则张口抬肩，不能平卧，鼻翼煽动，口唇青紫，约数分钟至数小时后缓解。

4.肺部听诊 发作时两肺可闻及哮鸣音，以呼气时明显，呼气延长。

（二）临床表现

1.哮喘发作期 婴幼儿哮喘多为呼吸道病毒感染诱发，起病较缓慢；年长儿多在接触过敏原后发作，呈急性过程。哮喘发作前，部分患儿可有鼻、喉作痒，喷嚏，呼吸不畅，胸闷不适等先兆症状。发作时，出现呼吸急促、困难，呼气延长，喉间痰鸣，有哮吼声，甚则抬肩撷肚，烦躁不安，不能平卧，伴有唇甲发绀，出汗，颈静脉怒张。哮喘的发作，一般每次持续几分钟，甚者几小时。哮喘急剧发作，经合理应用拟交感神经药物仍不能在 24 小时内缓解，称为哮喘持续状态。发作缓解时，先咳出大量泡沫性黏痰，痰鸣气喘方可平静。

2.缓解期 哮喘主症消失即为缓解期。患儿面色无华，形寒肢冷，易反复感冒，自汗，纳谷不香，或便溏，舌淡苔白，脉弱。

何谓"哮喘持续状态"？

（三）辅助检查

1.血常规 白细胞一般正常，继发感染时增高；嗜酸性粒细胞可增高。

2.肺功能检查 可存在可逆性阻塞性通气功能障碍，支气管舒张试验阳性，或 PEF（呼气流量峰值）日间变异率（连续监测 2 周）≥13%。

3.过敏原测试 皮肤点刺试验和皮内试验法或血清变应原总 IgE 和特异性 IgE 测定。

4.X 线检查 肺过度充气，透明度增高，肺纹理可能增多。

【鉴别诊断】

1.肺炎 本病亦可出现哮喘，但多伴有发热、咳嗽等症状，无突发突止、反复发作的特点，肺部听诊以细湿啰音为主。

2.支气管淋巴结结核　支气管穿孔时,可引起哮喘。但本病常伴有不规则低热、盗汗、食欲不振、疲乏、消瘦等慢性结核中毒症状。结核菌素试验(OT试验)阳性。

3.支气管异物　亦可见哮喘,但有异物吸入史,起病突然,无喉间痰鸣,X线摄片可提示诊断。

【推拿治疗】

哮喘的治疗原则,发作期:降气平喘化痰,以治其标;缓解期:补肾健脾,养肺化痰,以治其本。

1.治则　化痰降气平喘。

2.处方　清肺经、揉肺俞、搓摩胁肋、推揉膻中、揉天突、运内八卦、揉丰隆。

3.方义　清肺经、揉肺俞,以宣肺化痰,降气平喘;搓摩胁肋、揉天突,以顺气化痰;推揉膻中、运内八卦、揉丰隆,以宽胸理气,化痰平喘。

4.加减　发热者,加清天河水;鼻流清涕,形寒无汗者,加揉风池、揉外劳宫、揉二扇门、推三关、擦上背;咳痰黄稠,面赤烦躁,便秘尿赤者,加掐总筋、清大肠、退六腑、推脊;缓解期,去清肺经、揉天突,加补肺经、补脾经、补肾经、推三关、揉肺俞、揉脾俞、揉肾俞、揉足三里、摩中脘、揉丹田。

【注意事项】

1.推拿适用于哮喘缓解期和发作时的辅助治疗。

2.适当锻炼,增强体质;在气候变化季节,保暖防寒,以防感冒诱发哮喘。

3.哮喘持续状态,应以药物治疗为主。

4.尽量避免各种诱发因素。

案例分析

赵某,男,5岁。就诊日期:2018年4月6日。

主诉:(其母代诉)咳嗽气喘1天。

病史:患儿自幼咳嗽气喘,每逢冬春季节发作。昨日外出返回后出现咳嗽,鼻流清涕。至夜间10时许出现气急喘促,喉间哮鸣,痰少色白多沫,形寒无汗,口淡不渴,睡眠欠安。

检查:神清,面白,口唇暗紫,舌质淡,苔薄白,脉浮;两肺有哮鸣音。

试写出诊断、病机分析、治则、推拿处方。

第五节　泄　泻

泄泻是指由多种原因引起,以大便次数增多,粪质稀薄或如水样为主症的一种小儿常见病。本病四季皆可发生,尤以夏、秋两季为多见。发病年龄以婴幼儿为主,其中6个月~2岁的小儿发病最多。本病轻者预后良好,如治疗不及时,迁延日久,影响小儿的营养和生长发育。重症患儿还可产生脱水、酸中毒等一系列严重症状,甚至危及生命,故临诊时必须十分注意。

本病相当于西医学急、慢性肠炎及胃肠功能紊乱等疾病。

【病因病机】

1.感受外邪　小儿脏腑娇嫩,卫外不固,极易被外邪所袭,外感风、热、寒、暑之邪常与湿邪相合引起腹泻,尤以夏秋之季的暑湿之邪多见。脾喜燥恶湿,湿困脾阳,运化失司,对饮食水谷的消化、吸收发生障碍而致泄泻。

2.内伤乳食　由于喂养不当,饥饱无度,或突然改变食物性质,或恣食油腻、生冷,或饮食不节，导致脾胃损伤，运化失职，不能腐熟水谷而致泄泻。

3. 脾胃虚弱　小儿脾常不足，如后天喂养不当，则可损伤脾胃；或因久病迁延不愈，造成脾胃虚弱；或为早产、难产、低体重儿，脾胃素体不足，脾虚健运失调，水谷不得运化，则水反为湿，谷反为滞，水湿滞留，下注肠道形成泄泻。

西医学认为婴儿腹泻除与饮食、气候等因素有关外，尚与致病性大肠埃希菌，病毒及其他感染有关。另外，婴幼儿消化系统发育不成熟，功能不完善，神经调节功能较差，胃酸与消化酶分泌较少，酶的活力低等，是发病的内在因素。

【诊断】

（一）诊断要点

1. 大便次数增多，每日 3~5 次，多者达 10 次以上，大便颜色淡黄、黄绿或褐色，可呈蛋花样或水样，可有黏液、奶瓣或不消化物，或伴恶心，呕吐，腹痛，发热等症状。

2. 轻型腹泻无脱水和中毒症状；中型有轻至中度脱水或中毒症状；重型腹泻及呕吐严重者，可见少尿，皮肤干瘪，囟门凹陷，眼眶下陷，啼哭无泪，烦躁口渴，神疲乏力，体温升高，腹胀等脱水和中毒症状。

3. 有乳食不节，饮食不洁或感受外邪史。

（二）临床表现

1. **寒湿泻**　大便清稀多沫，色淡不臭，肠鸣腹痛，面色淡白，口不渴，小便清长，苔白腻，脉濡，指纹色红。

2. **湿热泻**　大便稀水样，或如蛋花汤样，或有黏液，或黄褐热臭，腹痛即泻，急迫暴注，身有微热，口渴引饮，烦躁，小便短黄，舌红苔黄腻，脉滑数，指纹色紫。

3. **伤食泻**　大便稀溏夹有奶瓣或不消化的食物残渣，腹痛胀满，泻前哭闹，泻后痛减，大便酸臭，量多，嗳气纳呆，矢气频频臭秽，或伴呕吐酸馊，苔厚腻或黄垢，脉滑，指纹色紫。

4. **脾虚泻**　久泻不愈，食后即泻，或反复发作，时轻时重，面色萎黄，形体消瘦，食欲不振，大便稀溏夹有奶瓣及不消化的食物残渣，舌淡苔薄，脉濡，指纹淡。若泄泻日久不愈，进而可损及肾阳，症见面色淡白，大便水样，次数多，四肢厥冷，舌淡苔白，脉弱无力。甚至出现泄泻不止，完谷不化，四肢逆冷，脉微欲绝，昏不识人等津竭阳脱之症。

西医学根据腹泻的轻重将其分为轻型、中型和重型。重型者常急性起病，也可由轻型逐渐加重、转变而来，腹泻一般每天 10 次以上，除有较重的胃肠道症状外，还伴有显著全身症状，大便中含有大量水分，患儿食欲低下，常并发呕吐、发热等，体重很快下降，若不及时治疗，可逐渐出现脱水和酸中毒的症状，甚至可危及生命，故临床上必须严密观察病情变化。

（三）辅助检查

1. **大便常规**　镜检正常，可有脂肪球或少量白细胞、红细胞。

2. **大便病原学**　可有轮状病毒等病毒检测阳性，或致病性大肠埃希菌等细菌培养阳性。

3．其他　有发热或病情较重者，应该酌情检查血常规、大便培养、二氧化碳结合力及电解质等，以明确是否合并病毒或细菌感染、酸碱平衡失调及电解质代谢紊乱。

【鉴别诊断】

1．生理性腹泻　多见于6个月以下的小儿，出生后不久即出现大便次数较多，但食欲好，不影响生长发育，体重不减，添加辅食后大便正常。

2．痢疾　大便呈黏液脓血便，里急后重，次频量少，时有发热，大便常规检查可见脓细胞、红细胞和吞噬细胞，大便培养有志贺菌属。

【推拿治疗】

泄泻的治疗原则以运脾化湿为主，针对不同病因，分别采用温中散寒、清热利湿、消食导滞、健脾益气、温阳补肾等法。

（一）寒湿泻

1．治则　温中散寒，化湿止泻。

2．处方　补脾经、推三关、揉外劳宫、揉脐、推上七节骨、揉龟尾、按揉足三里。

3．方义　推三关、揉外劳宫，温阳散寒；补脾经、揉脐与按揉足三里，健脾化湿，温中散寒；推上七节骨、揉龟尾，温中止泻。

4．加减　腹痛、肠鸣重者，加揉一窝风、拿肚角；体虚者，加捏脊；惊惕不安者，加清肝经、掐揉五指节。

（二）湿热泻

1．治则　清热利湿，调中止泻。

2．处方　清胃经、清大肠、清小肠、退六腑、揉天枢、推下七节骨、揉龟尾。

3．方义　清胃经，清利中焦湿热；清大肠、清小肠、揉天枢、推下七节骨，清利肠腑湿热积滞；退六腑，清热利尿除湿；揉龟尾，理肠止泻。

4．加减　烦躁不安者，加掐揉小天心。

（三）伤食泻

1．治则　消食导滞，和中助运。

2．处方　补脾经、清大肠、揉板门、运内八卦、揉中脘、摩腹、揉天枢、揉龟尾。

3．方义　补脾经、揉中脘、运内八卦、揉板门、摩腹，健脾和胃、行滞消食；清大肠、揉天枢，疏调肠腑积滞；揉龟尾，理肠止泻。

4．加减　呕吐者，加推天柱骨。

（四）脾虚泻

1．治则　健脾益气，温阳止泻。

2．处方　补脾经、推三关、摩腹、揉脐、推上七节骨、揉龟尾、捏脊。

3．方义　补脾经，健脾益气、固肠实便；推三关、摩腹、揉脐、捏脊，温阳补中；推上七节骨、揉龟尾，温阳止泻。

4．加减　肾阳虚者，加补肾经、揉外劳宫；腹胀者，加运内八卦；久泻不止者，加按揉百会。

知识链接

小儿腹泻的预防

预防小儿腹泻，需要养成良好的卫生习惯，注意乳品的保存和奶具、食具的定期消毒；合理喂养婴幼儿，提倡母乳喂养，及时添加辅食品，每次限一种，逐步添加，注意避免夏季断奶；气候变化时，避免过热或过凉，居室注意通风；对食欲不振和发热初起的患儿，应减少奶品或其他食品的摄入，以水代替，最好用补液盐水配成饮料口服；对感染性腹泻的患儿，集体机构如有流行,应积极治疗患儿,并做好消毒隔离工作,防止交叉感染;轮状病毒肠炎流行甚广,接种疫苗是理想的预防方法。

【注意事项】

1. 本病推拿治疗疗效较好,每日治疗 1 次,较重者可每日 2 次,一般 3～10 次可治愈。

2. 在泄泻期间,应适当控制饮食,减轻胃肠道负担,不吃粗纤维蔬菜和难消化食物。伴严重呕吐者,暂时禁食 4～6 个小时,可饮用淡盐水和糖水。腹泻好转后进食,应由稀到稠,由少到多。

3. 要勤换尿布,保持臀部皮肤干燥,防止发生红臀。

4. 如小儿出现面色苍白,小便极少或无尿,眼眶凹陷,呕吐频繁,饮食难进,精神萎靡等症时,应抓紧时间采取中西医结合治疗。

案例分析

肖某,女,8 个月。就诊日期:2017 年 9 月 3 日。

主诉:(其母代诉)腹泻 3 个月。

病史:患儿泄泻反复迁延已 3 月余,曾用西药抗生素,小檗碱及中药多剂,疗效不显。现泻下绿水夹奶瓣,日达 7 次,伴夜间哭闹,惊惕,纳谷不香。

检查:体温 38.2℃;大便常规,黄绿,稀,白细胞(+)。面黄,腹胀,头、胸部有铜钱大湿疹多处,舌红苔黄腻,指纹紫。

试写出诊断、病机分析、治则、推拿处方。

附:痢疾

痢疾是小儿较为常见的一种肠道传染病。临床以腹痛、发热、腹泻、里急后重、大便脓血为主要症状。系感受暑湿热邪或寒湿之邪所致,若感受时邪疫毒,则发病急剧,本病多见于夏秋季节。西医学认为由志贺菌属引起,简称菌痢。

【病因病机】

1. **感受湿热**　夏秋季节,恣食生冷不洁食物,损伤胃肠,时邪疫毒,或湿热之邪侵袭肠道,与肠内气血相搏,湿郁热蒸,蕴结于内,阻滞气机,伤及肠壁、脉络,肠道功能失调而致。热重者便下赤多白少;湿重者便下白多赤少。

2. **感受寒湿**　胃肠素弱,复感寒湿之邪,凝结肠胃,以致气机不畅,肠道传化失调,而成本病。

【诊断】

（一）诊断要点

1. 多发生在夏秋季节,常有饮食不洁或与痢疾病人接触史。

2. 临床以腹痛、发热、腹泻、里急后重、大便脓血为主要症状。

3. 或见突然高热,烦躁,嗜睡,谵妄,昏迷,抽搐,甚则迅速出现内闭外脱。部分患儿早期无大便,需经肛拭子或灌肠液检查才能发现脓血便。

4. 结合大便常规检查,必要时行大便细菌培养以确诊。

（二）临床表现

1. **湿热痢**　腹痛剧烈,便下脓血,赤多白少,里急后重,便时哭闹不安,肛门灼热,壮热烦渴,舌赤唇干,甚则惊厥,小便短赤,苔薄黄腻,脉滑数,指纹深紫。

2．寒湿痢　腹痛拘急，便下白色黏冻，白多红少，食少神疲，畏寒腹胀，苔白腻，脉濡缓，指纹色红。

（三）辅助检查

1．大便常规　呈黏液脓血便，镜检有大量脓细胞、白细胞，并有红细胞。

2．大便细菌培养　可培养出志贺菌属。

3．血常规　白细胞总数轻至中度增多，以中性粒细胞增多为主。

4．电解质、二氧化碳结合力　以明确是否出现电解质代谢紊乱及酸碱平衡失调。

【鉴别诊断】

1．高热惊厥　多见于6个月～3岁患儿，常在高热时出现，发作时间一般为数秒或数分钟，惊止后意识如常，一次病程中一般无连续性发作，多有既往发作病史，无神经系统阳性体征。

2．流行性乙型脑炎　初期可有高热，昏迷、抽搐多在2～3天之后，脑膜刺激征阳性，脑脊液检查有改变，粪便检查正常。

【推拿治疗】

（一）湿热痢

1．治则　清热利湿，理气通滞。

2．处方　清胃经、清大肠、清小肠、退六腑、清天河水、推下七节骨、分手阴阳、运内八卦、清肺经、揉天枢。

3．方义　清胃经、清大肠、揉天枢、清天河水、退六腑，清肠胃湿热，通滞调中；清天河水、清小肠，利小便除湿热；分手阴阳、运内八卦，理气引滞；推下七节骨，清泻肠道湿热，通便导滞，取通因通用之意；退六腑、清肺经，善治里急后重。

4．加减　腹痛甚者，加拿肚角。

（二）寒湿痢

1．治则　温中祛寒，健脾化湿。

2．处方　补脾经、揉外劳宫，推三关、分手阴阳、摩腹、按揉足三里。

3．方义　补脾经，健脾理中、温运除湿；揉外劳宫、推三关，温中祛寒；分手阴阳以阳池穴为主以治其寒；摩腹、按揉足三里，健脾开胃，增进食欲。

【注意事项】

1．患病期间予清淡饮食，以流质、半流质为主，严重者应适当禁食。

2．养成饭前便后洗手的习惯。患儿食具煮沸消毒15min。尿布和衬裤要煮过或开水浸泡再洗。粪便用1%漂白粉澄清液浸泡或沸水浸泡消毒。

3．对患儿及带菌者要做到早发现、早隔离、早治疗。有消化道症状者隔离至症状消失。连续3次粪便培养阴性为治愈。

4．暴发性中毒性菌痢可危及生命，应中西医结合抢救。

5．对迁延不愈、时发时止、食欲不振、形体消瘦、粪便带有大量黏液者，可配合药物治疗，以获得较好的效果。

第六节　腹　　痛

腹痛是指胃脘以下、脐周以及耻骨以上部位发生的疼痛，是小儿时期许多疾病中常见的一个症状，是腹部外科疾病主要表现之一，尤其是急腹症。许多内科疾病也经常发生腹痛，其病因十分复杂。本节讨论的是针对小儿常见的由感受寒邪、乳食积滞、虫积腹中、脾胃虚寒引起的非外科急腹症之腹痛。

西医学根据病因将腹痛分为腹内脏器和腹外脏器引起的两类,其中腹内脏器腹痛有功能性和器质性之分。功能性腹痛:由管腔壁痉挛或蠕动异常所致,如消化不良、胃肠蠕动紊乱、过敏性肠痉挛;腹痛呈阵发性或持续性,无固定痛点,腹肌柔软,间歇时精神好,肠鸣音正常。器质性腹痛:由脏器的炎症、梗阻、穿孔、套叠、扭转等引起,如阑尾炎、肠炎、急性肠梗阻、急性肠套叠等;腹痛呈持续性,部位固定,有压痛或反跳痛、腹肌紧张、可触及肿块或肠型等。腹外脏器病变也可表现局部腹痛。在诊断中,必须详细询问发病经过,注意腹痛性质、伴随症状及有关体征,以防贻误病情。

【病因病机】

1．感受外邪　护理不当,或气候突变,或过食生冷,腹部中寒。寒为阴邪,性主收引,寒凝而滞,经络不通,气机壅阻,不通则发为腹痛。

2．乳食积滞　乳食不节,或暴饮暴食,或过食不易消化食物,以致脾胃受损,运化失常,食积中焦,壅塞气机,升降失调,传化失职,而致食积腹痛。

3．虫积　由于感染蛔虫,扰动肠中,或蛔入胆道,或虫多扭结成团,阻滞气机,致气滞作痛。

4．脾胃虚寒　由于平素脾胃虚弱,或久病脾虚,致中阳不足,脾运失司,寒湿内停,气机不利,而致虚寒腹痛。

【诊断】

（一）诊断要点

1．疼痛在胃脘以下,脐周及耻骨以上。

2．腹痛起病急骤或较缓慢。疼痛呈阵发性或持续性,疼痛范围不清楚,痛止后活动如常。

3．腹软,多喜按,多无包块,无腹膜刺激征,肠鸣音正常或亢进。

（二）临床表现

1．寒痛　腹痛突发,阵阵发作,哭吵不安,得温则舒,面色青白,甚则唇色紫暗,肢冷,或兼大便清稀,小便清长,舌淡、苔白滑,脉沉弦紧,指纹色红。

2．伤食痛　腹部胀满疼痛,按之痛甚,不思饮食,嗳哕酸腐,时有呕吐,吐物酸腐,矢气频作,大便臭秽,或腹痛欲泻,泻后痛减,夜卧不安,苔厚腻,脉滑,指纹紫滞。

3．虫痛　腹痛突发,以脐周为甚,时作时休,食欲不佳,或嗜食异物,形体消瘦,有时可在腹部摸到蠕动之块状物,按之腹软,可凹陷变形,时隐时现,多有便虫史;若蛔虫窜入胆道,则痛如钻顶,时发时止,伴呕吐。

4．脾胃虚寒　腹痛绵绵,喜暖喜按,精神倦怠,面色萎黄,形体消瘦,食欲不振,大便稀溏,舌淡苔薄,脉沉细,指纹色淡。

知识链接

腹痛的体格检查应注意,不要急于检查腹部,首先应观察小儿的一般表现,区分有无感染,还是平滑肌痉挛性腹痛。神萎软弱者,有感染的可能性。腹部触诊,应先从不痛部位开始,逐渐向疼痛部位检查。先轻摸腹壁有无感觉过敏,再轻压腹壁检查有无肌紧张、压痛,因为这两项表现均提示炎症波及腹膜。然后再向腹后壁深压,注意检查有无肿物、包块及其形状和质地。应反复检查并注意观察患儿面部表情、局部是否拒按、哭吵与否。若全腹柔软,疼痛部位不固定,多为内科性腹痛。

（三）辅助检查

1．血常规　功能性腹痛一般无异常。器质性腹痛,根据病史,可查血常规、血糖等。

2．粪便常规　虫积腹痛,大便中可找到虫卵。

3．影像学检查　腹部 B 超、X 线检查有助于临床诊断及鉴别诊断。

【鉴别诊断】

1．急性阑尾炎　本病多见于年长儿，以脐周痛、转移性右下腹疼痛为主，且有明显的压痛（压痛点多位于麦氏点）、反跳痛和腹肌紧张，常伴呕吐及发热，血常规检查白细胞数和中性粒细胞数增高。

2．肠套叠　多发生在婴幼儿，突然发生间歇性腹痛，伴呕吐，果酱样血便，腹部可触到腊肠样肿块，钡剂灌肠 X 线检查对诊断有较高价值。

3．肠扭转　突发剧烈腹部绞痛，持续性疼痛阵发性加剧，疼痛可放射至腰背部。频繁呕吐，可触及胀大的肠袢，CT、X 线检查有助于明确诊断。

4．急性坏死性肠炎　腹痛呈阵发性加剧，腹泻，明显全身中毒症状，排腥臭味、血水样大便。X 线腹部平片可协助诊断。

5．过敏性紫癜　腹型或混合型，常腹痛明显，下肢对称性紫癜及关节疼痛或肿胀。

6．肠痉挛（肠绞痛）　本病亦可出现腹痛，但多由不消化食物刺激，食物过敏，寒冷、饥饿等导致肠蠕动过强，或肠内气体过多所致。

【推拿治疗】

腹痛的治疗原则以理气止痛为主。外感者，佐以温经散寒；食积者，佐以消食导滞；虫积者，佐以安蛔；脾胃虚寒者，佐以温补脾肾。

（一）寒痛

1．治则　温中散寒，理气止痛。

2．处方　补脾经、推三关、揉外劳宫、掐揉一窝风、摩腹、拿肚角、揉中脘、按揉足三里。

3．方义　补脾经、摩腹、揉中脘、按揉足三里，温中健脾；推三关、揉外劳宫，助阳散寒；掐揉一窝风、拿肚角，理气散寒止痛。

4．加减　大便清稀者，加板门推向横纹。

（二）伤食痛

1．治则　消食导滞，和中止痛。

2．处方　揉板门、摩腹、拿肚角、补脾经、清大肠、揉中脘、揉一窝风、分腹阴阳、揉天枢、揉足三里、运内八卦。

3．方义　揉板门、摩腹、补脾经、揉中脘、揉足三里，健脾和胃、消食导滞、理气止痛；清大肠、揉天枢，疏调肠腑积滞；揉一窝风，行气止痛；运内八卦，宽胸理气、调和气血；拿肚角，以止腹痛。

4．加减　呕吐者，加清胃经、推天柱骨、横纹推向板门；发热者，加退六腑、清天河水。

（三）虫痛

1．治则　温中行气，安蛔止痛。

2．处方　揉一窝风、揉外劳宫、推三关、摩腹、揉脐。

3．方义　揉一窝风、揉外劳宫、推三关，温中散寒、安蛔止痛；摩腹、揉脐，健脾和胃、行气止痛。

4．加减　腹痛甚者，加按揉脾俞、胃俞、足三里。

（四）虚寒腹痛

1．治则　温补脾肾，益气止痛。

2．处方　补脾经、补肾经、揉丹田、推三关、揉外劳宫、揉中脘、揉脐、按揉足三里。

3．方义　补脾经、补肾经、推三关、揉外劳宫，温补脾肾、益气止痛；揉丹田，温补下元；揉中脘、揉脐、按揉足三里，温中和胃、散寒止痛。

4．加减　腹泻者，加板门推向横纹、摩腹。

课堂互动

请问伤食腹痛如何用推拿治疗？

【注意事项】

1. 推拿治疗小儿腹痛效果明显，但需明确诊断，排除非适应证。
2. 急腹症引起的腹痛，应及时采取其他治疗方法，以免延误病情。
3. 部分内科性腹痛，除推拿治疗外，配合药物治疗效果更好。
4. 虫积腹痛者，推拿止痛后，应以驱虫药根治。

案例分析

陈某，男，5岁。就诊日期：2017年3月6日。

主诉：（其母代诉）腹痛5小时。

病史：患儿昨晚因睡觉蹬被，今早起床后即出现腹痛阵阵，面色苍白，汗出肢冷，腹部得温较舒。

检查：精神尚可，腹软，脐周压痛，舌淡，苔白，脉沉而弦。

试写出诊断、病机分析、治则、推拿处方。

第七节　呕　　吐

呕吐是胃内容物经口而出的一种病证，是小儿时期最常见的症状之一，由胃气上逆，胃或肠呈逆行蠕动所致。可见于多种疾病。外邪犯胃、饮食内伤、蛔虫侵扰等，均可导致胃失和降，而发生呕吐。婴儿的胃呈水平状，贲门松弛，若因哺乳过量或过急，或吸入过多空气，哺乳后乳汁从口角溢出，则称之为溢乳，并非病态。

本节讨论的是以呕吐为主症的一般性消化道疾病，对于某些急性传染病、急腹症、颅内高压等引起的呕吐，均不属本节讨论范畴。

【病因病机】

呕吐因感受外邪、乳食积滞等引起胃失和降，胃气上逆所致。

1. 感受外邪　小儿脾胃薄弱，六淫之邪外袭，侵扰胃腑，以致胃失和降，胃气上逆而发生呕吐。

2. 饮食内伤　小儿乳食不节，或过食生冷、油腻、不洁之物，积滞中脘，损伤脾胃，胃失和降，胃气上逆而致呕吐。

知识链接

呕吐

呕吐从生理学意义上讲，是一种保护性反射，可以把对机体有害的胃内容物排出体外。但是，频繁和剧烈的呕吐不仅给患儿带来极度不适，而且由于大量胃液丢失，引起脱水、电解质紊乱和代谢性碱中毒，长期呕吐可发生营养不良和维生素缺乏症。婴幼儿及昏迷患儿可因呕吐发生误吸，引起气管异物、吸入性肺炎或继发肺部感染。

新生儿期呕吐常见原因为：①吞入羊水；②胃扭转；③食管狭窄或闭锁；④肠道闭锁；⑤胎粪性肠梗阻；⑥肛门或直肠闭锁；⑦巨结肠症；⑧脑部产伤等。

【诊断】

（一）诊断要点

1. 以乳食由口而出为主要临床表现。

2. 根据发病的年龄，呕吐的方式，呕吐物的性质、气味，吐势的缓急，与进食的关系，伴随症状，必要的辅助检查等方面加以确诊。

（二）临床表现

1. **寒吐**　饮食稍多即吐，时作时止，吐物不甚酸臭，面色苍白，四肢欠温，腹痛喜暖，大便溏薄，小便清长，舌淡、苔薄白，指纹色红。

2. **热吐**　食入即吐，吐物酸臭，身热口渴，烦躁不安，大便臭秽或秘结，小便黄赤，唇红，舌红而干、苔黄腻，脉滑数，指纹色紫。

3. **伤食吐**　呕吐频作，吐物酸馊，口气臭秽，拒食拒乳，脘腹胀痛，拒按，大便酸臭，或溏或秘，苔厚腻，脉滑实，指纹滞。

课堂互动

说说寒吐与热吐有哪些不同？

（三）辅助检查

1. **体格检查**　注意有无感染性疾病的体征，以及中枢神经系统的阳性体征，并特别注意腹部切诊，检查腹部有无膨隆、胀气、蠕动波、腹壁紧张、压痛、肿块等。

2. **呕吐物**　多为未消化的食物残渣或乳片，或夹有痰液，或带有少量出血，或吐出黄绿色胃液。

3. **血常规**　有助于确立感染、出血倾向等情况的诊断。

4. **粪便常规**　可查明有无肠道感染。

【鉴别诊断】

1. **中枢性呕吐**　多因颅内压升高，神经症，代谢紊乱等所致。其中颅内压增高引起的呕吐多为喷射性，常在剧烈头痛时发生，呕吐前无恶心。

2. **反射性呕吐**　多由消化系统的炎症、胃肠道的梗阻、药物或毒性刺激、内耳疾患、呼吸系统或心脏疾患所引起。

【推拿治疗】

呕吐的治疗原则以降逆止呕为主。外邪犯胃者，佐以疏散外邪，或温中散寒，或清热和胃；伤食者，予以消食导滞。

（一）寒吐

1. **治则**　温中散寒，和胃降逆。

2. **处方**　补脾经、横纹推向板门、揉外劳宫、推三关、推天柱骨、揉中脘。

3. **方义**　补脾经、揉中脘，健脾和胃，降逆止呕；推天柱骨、横纹推向板门，和胃降逆止呕；揉外劳宫、推三关，温中散寒。

4. **加减**　腹痛者，加拿肚角。

（二）热吐

1. **治则**　清热和胃，降逆止呕。

2. **处方**　清脾经、清胃经、清大肠、退六腑、推天柱骨、横纹推向板门、运内八卦、推下七节骨。

3. **方义**　清脾经、清胃经、推天柱骨，以清中焦积热；横纹推向板门，降逆止呕；退六腑，清热；运内八卦，宽胸理气、和胃止呕；清大肠、推下七节骨，清利肠腑、泄热通便。

4.加减 发热者,加清天河水、重推脊。

(三)伤食吐

1.治则 消食导滞,和中降逆。

2.处方 补脾经、揉板门、运内八卦、揉中脘、按揉足三里、横纹推向板门、推天柱骨、分腹阴阳。

3.方义 补脾经、揉中脘、按揉足三里,健脾和胃;揉板门,消食化滞、和胃止呕;推天柱骨、横纹推向板门,降逆止呕;运内八卦、分腹阴阳,宽胸理气、消食导滞。

4.加减 大便秘结者,加清大肠、揉膊阳池、推下七节骨。

【注意事项】

1. 推拿治疗小儿呕吐效果独特,但有一定适应证,需明确诊断。

2. 呕吐严重或反复呕吐者,应中西医结合治疗,同时要加强护理。

3. 饮食宜清淡,勿暴饮暴食或过食生冷。

案例分析

李某,男,1岁3个月。就诊日期:2019年5月2日。

主诉:(其母代诉)呕吐半天。

病史:患儿因喂养不当,于今日开始呕吐,吐物酸馊,口气臭秽,拒食,大便酸臭。

检查:腹胀,腹部压痛(-),舌淡红,苔厚腻,指纹青滞现于风关。

试写出诊断、病机分析、治则及推拿处方。

第八节 厌 食

厌食是指小儿较长时间不欲饮食,甚至拒食的一种病证。临床以食欲不振为主要特征。本病多见于1~6岁小儿,城市儿童发病率较高,无明显季节性。患儿一般除厌食外,其他情况较好。若长期不愈,营养缺乏,影响小儿生长发育。

【病因病机】

厌食的病因病机主要为喂养不当,或先天不足,或病后失调,导致脾胃不和,受纳运化失健。

1.喂养不当 饮食过于滋补,或乱投杂食;或纵其所好,养成偏食、吃零食的习惯;或饮食不节,饥饱无度等,均可导致脾失健运,胃失受纳,脾胃不和而厌食。

2.先天不足 先天禀赋不足,加之后天喂养调护不当,致脾胃虚弱,胃不思纳而致厌食。

3.病后失调 小儿热病伤津;或用药不当,过于寒凉;或过于温燥;或病后调理不当,均可导致胃津受灼,脾胃气阴不足,受纳运化功能失调,而产生厌食。

知识链接

锌缺乏症

厌食容易导致锌缺乏症。锌是构成味肽的成分之一,味肽可以为味蕾及口腔黏膜的上皮细胞提供营养。缺锌时味肽生成减少,使口腔黏膜的上皮细胞增生,掩盖或阻塞舌乳头的味蕾小孔,不能正确地感应味觉,出现厌食、食欲下降、异食癖等。缺锌还会导致免疫功能低下,容易招致感染。有报道称,锌可干扰病毒复制,并可提高干扰素水平,从而抑制病毒的生长繁殖乃至阻断哮喘发作的诱因。国外研究表明,微量元素锌影响人体免疫功能,认为锌对免疫系统的发育和正常免疫功能的维持有重要作用。缺锌使细胞正常功能代谢活动破坏，还可导致辅助细胞和T抑制细胞比率下降、细胞因子分泌障碍、自然杀伤细胞功能改变、胸腺素浓度降低，使免疫功能受损，导致抗感染能力失调。

【诊断】

（一）诊断要点

1. 以长期食欲不振为主要特征。

2. 除形体偏瘦，面色少华外，一般无其他阳性体征。

3. 排除其他慢性疾病和外感病。

（二）临床表现

1. 脾胃不和 食欲不振，甚至厌恶饮食，多食或强迫进食，则脘腹饱胀；形体偏瘦，但精神尚好；舌质淡红，苔薄白或白腻，脉有力，指纹淡红。

2. 脾胃气虚 不欲饮食，甚或拒食，面色萎黄，精神倦怠，懒言乏力，大便夹有不消化的食物残渣，舌淡，苔薄白，脉弱无力，指纹色淡。

3. 胃阴不足 不欲进食，口干多饮，皮肤干燥，手足心热，大便秘结，小便黄赤，舌红少津，苔少或花剥，脉细数，指纹淡紫。

（三）辅助检查

血生化 锌、铜、铁等多种微量元素含量偏低。

【鉴别诊断】

1. 积滞 有伤乳食病史，除食欲不振、不思乳食外，伴有嗳气酸腐，大便酸臭，脘腹胀痛。

2. 疳证 亦可有食欲不振，但也可有食欲亢进，嗜食异物者。以体重下降，明显消瘦，肚腹膨胀，面黄发枯，伴烦躁易怒或萎靡不振的精神症状为主要特征。

3. 疰夏 以食欲不振为主，可有全身倦怠，大便不调，或有发热。本病发生在夏季，有明显的季节性。

课堂互动

厌食与疳证有何区别？

【推拿治疗】

厌食的治疗原则以开胃运脾为主。根据临床表现的不同，或运脾和胃，或健脾益气，或养胃育阴。

（一）脾胃不和

1. 治则 和胃运脾。

2. 处方 补脾经、补胃经、揉中脘、按揉足三里、摩腹、揉板门、推四横纹、运内八卦。

3. 方义 补脾经、补胃经、按揉足三里，和胃运脾；揉中脘，消食助运；摩腹、揉板门，健脾和胃、理气消食；运内八卦、推四横纹，调中和胃。

4. 加减 手足心热者，加清天河水。

（二）脾胃气虚

1. 治则 健脾益气。

2. 处方 补脾经、揉脾俞、揉胃俞、摩腹、摩中脘、揉足三里、运内八卦、捏脊、推三关、揉外劳宫、摩脐。

3. 方义　补脾经、揉脾俞、揉胃俞、摩中脘、揉足三里，健脾益气、和胃消食；摩腹、运内八卦、捏脊，理气和中、补益气血；推三关、揉外劳宫，温阳益气；摩脐，补中益气、消食助运。

4. 加减　大便不实者，加补大肠。

（三）胃阴不足

1. 治则　养胃育阴。

2. 处方　补胃经、补脾经、揉二人上马、揉板门、运内八卦、揉脾俞、揉胃俞、运内劳宫、清天河水。

3. 方义　补胃经、补脾经、揉胃俞、揉脾俞，开胃运脾；揉二人上马，养阴清热；揉板门，健脾和胃、消食导滞；运内八卦，理气和中；运内劳宫、清天河水，滋阴退热。

4. 加减　大便秘结者，加清大肠、摩腹、推下七节骨、揉龟尾。

【注意事项】

1. 纠正不良饮食习惯。定时进餐，饭前勿吃零食和糖果，荤、素、粗粮、细粮合理搭配，不挑食、不偏食，少食生冷、肥甘厚味之品。饭前、饭后勿大量饮水或饮料。

2. 切勿在进食时训斥、打骂小儿。营造良好进食环境，增强小儿食欲。

3. 积极寻找厌食原因，采取针对性有效措施。

案例分析

王某，女，2 岁。就诊日期：2016 年 1 月 9 日。

主诉：（家长代诉）吃饭不香、消瘦 2 个月。

病史：患儿 3 个月前曾患肺炎，痊愈后家长选进滋补之品。近两个月来，食欲不振，大便溏泄，睡眠尚可。

检查：面色萎黄，神疲乏力，腹不胀，舌质淡红，苔薄白。

肝功能、大小便常规检查未见异常。

试写出诊断、病机分析、治则及推拿处方。

第九节　疳　　积

疳积是积滞和疳证的总称，因证候轻重虚实不同，分为积滞和疳证。病因均为伤于乳食，停聚不化，形成积滞；积久不消，进一步发展形成疳证。两者关系密切，故有"积为疳之母，无积不成疳"之说。本病多见于 5 岁以下小儿，发病无季节性，呈慢性过程，迁延日久，影响小儿生长发育。古代疳证被列为儿科"四大要证"之一。

西医学所说的蛋白质－能量营养不良与疳证的临床表现相似，主要是小儿摄入不足或摄入食物不能充分利用的结果。近些年来疳证的发病明显下降，临床症状也有所减轻。

知识链接

疳积与麻疹、天花、惊风，在古代被列为儿科四大要证。疳，自古有两种解释：其一，"疳者甘也"，是指小儿过食肥甘厚味，损伤脾胃，形成疳证；其二，"疳者干也"，是指小儿形体消瘦，气液干涸。前者阐述其病的病因病机，后者阐明其病的主证。

【病因病机】

本病因喂养不当，乳食内积不化或其他疾病影响，致脾胃功能受损而逐渐形成。

1. 乳食不节 小儿饥饱失调,过食肥甘生冷之品,或偏食,致脾胃受损,运化失职,升降不调,而成积滞。积滞日久,脾胃更伤,转化为疳证。

2. 喂养不当 因母乳不足,或过早断乳,未能及时添加辅食,使乳食摄入不足,脾胃生化乏源,而致营养失调,日久便形成疳证。

3. 疾病影响 病后失调,反复发热,或久吐久泻,或肠道虫证等,均可耗伤津液,导致脾胃受损,气血生化不足,诸脏失养而成疳证。

4. 禀赋不足 先天禀赋不足,加之后天喂养、调护不当,致脾胃虚弱,乳食不化,停滞中州,营养失调,气血两亏,日久形成疳证。

课堂互动

积滞和疳证在病因病机方面有什么内在联系?

【诊断】

(一)诊断要点

1. 有消化不良史或其他急、慢性疾病史。

2. 积滞以不思乳食,食而不化,嗳腐吞酸,脘腹胀满,大便不调,但病程不长为特征。

3. 疳证以长期形体消瘦,体重低于正常同龄儿童平均值15%~40%,面色不华,毛发稀疏枯黄,饮食异常,肚腹膨胀,大便干稀不调,或精神不振,烦躁易怒,有明显的脾胃和精神症状为特征。

(二)临床表现

1. 积滞伤脾 形体消瘦,体重不增,肚腹膨胀,纳食不香,精神不振,夜卧不安,大便不调,常有恶臭,或手足心热,舌苔厚腻,脉沉细滑,指纹紫滞。

2. 气血两亏 面色萎黄或㿠白,骨瘦如柴,毛发枯黄稀疏,精神萎靡,烦躁不安,睡卧不宁,啼哭无力,四肢不温,发育障碍,腹凹如舟,大便溏泄,舌淡苔薄,脉沉细弱,指纹色淡。

(三)辅助检查

1. 血常规 合并贫血时,红细胞、血红蛋白均低于正常值。

2. 血浆蛋白 正常或稍偏低;血清蛋白显著减低者,常易发生水肿。

3. 大便常规 多有不消化食物残渣或脂肪球。

【鉴别诊断】

1. 营养不良性水肿 水肿前,可有体重减轻、消瘦等表现,但血浆蛋白显著减少。常继发于多种维生素缺乏症,以维生素A、维生素B、维生素C的缺乏为多见。

2. 厌食 主要表现为长期食欲不振,但精神状态尚可,无明显形体消瘦和其他症状。

【推拿治疗】

疳积的治疗原则以调理脾胃为主。积滞伤脾者,佐以消食导滞;气血亏虚者,佐以补益气血。

知识链接

捏脊疗法

捏脊疗法在晋代葛洪《肘后备急方》中就有"拈取其脊骨皮,深取痛引之,从龟尾至顶乃止,未愈更为之"的描述。多用于儿科疾病,尤其对治疗"疳积"效果良好,因而又被称为"捏积疗法"。随着临床实践的发展,捏脊疗法已经超出小儿疳积的范围,对一些内科疾病如失眠、咳嗽等也有很好的疗效。该疗法主要通过捏、捻等手法对背部督脉、膀胱经施加循环刺激，并根据辨证结果对肾俞、脾俞、肺俞等背俞穴进行提拿刺激，达到疏通经络、调整阴阳、促进气血运行、改善相关脏腑功能的目的。如今，捏脊疗法已成为小儿保健与治疗的主要方式之一。

（一）积滞伤脾

1. 治则　调理脾胃，消积导滞。

2. 处方　补脾经、揉板门、推四横纹、揉中脘、揉天枢、按揉足三里、分腹阴阳、运内八卦、摩腹。

3. 方义　补脾经、摩腹、按揉足三里，健脾和胃、消食和中；揉板门、揉中脘、揉天枢、分腹阴阳，消积导滞；推四横纹、运内八卦，理气调中、调和气血。

4. 加减　便溏者，加补大肠、揉龟尾；便秘者，加清大肠、按揉膊阳池、推下七节骨。

（二）气血两亏

1. 治则　温中健脾，补益气血。

2. 处方　补脾经、推三关、揉外劳宫、掐揉四横纹、运内八卦、揉中脘、按揉足三里、捏脊。

3. 方义　补脾经、推三关、揉中脘、捏脊，温中健脾、补益气血；掐揉四横纹，治疳积；运内八卦、揉外劳宫，温阳助运、理气和中；按揉足三里，健脾和胃、调和气血。

4. 加减　烦躁不安者，加掐五指节、清肝经；五心烦热、盗汗者，去推三关、揉外劳宫，加补肾经、揉二人上马、清肝经；便溏者，加补大肠；便秘者，加清大肠、推下七节骨。

【注意事项】

1. 推拿治疗疳积，疗效显著，每一疗程 7～10 天，单用捏脊法或配合针刺四横纹治疗，隔日一次或每周两次，效果亦好。病情严重者，配合药物治疗，效果更好。

2. 手法治疗食欲好转时，应逐渐添加食物，防止损伤脾胃。

3. 寻找病因，综合治疗，彻底根治。

4. 调整饮食，给予喂养指导。

案例分析

黄某，男，18 个月。就诊日期：2017 年 9 月 5 日。

主诉：（家长代诉）反复腹泻、消瘦 4 个月。

病史：患儿周岁断乳后寄养在外地亲戚家，以稀饭为主食，大便常溏泄，每日 2～3 次。

检查：面色萎黄，毛发稀疏，形体消瘦，体重 8.5kg，皮下脂肪 0.8cm，舌淡，苔厚腻，指纹色淡无泽。

试写出诊断、病机分析、治则及推拿处方。

第十节　便　　秘

便秘是指不能按时排便，或大便坚硬干燥，欲大便而排时不爽，艰涩难以排出。可单独出现，也可继发于其他疾病过程中。除先天性巨结肠以外，便秘在婴幼儿比较少见，相对多见于幼儿和儿童。

单独出现的便秘，多为习惯性便秘，与体质、饮食习惯、生活不规律等有关。突然改变生活环境，过食辛辣香燥，可发生一时性便秘。某些器质性疾病以便秘为主要临床症状出现。

便秘通常分为虚秘、实秘两类,虚秘多因气血虚弱,津液不足;实秘则多因燥结气滞。

知识链接

便秘的护理

　　婴幼儿便秘的护理可从改善饮食结构、训练排便习惯和增强体格锻炼入手。原则上不要用泻药。吃奶的婴儿可多喂开水,并添加蜂蜜汁、橘子汁、红枣汁、白菜汁等;正值断奶期间的婴儿,添加辅食时,除了考虑高营养的蛋类、瘦肉、肝和鱼类外,还要增加纤维素较多的蔬菜、水果及粥类;儿童便秘时,可增加一些五谷杂粮,将鲜牛奶改换为酸牛奶,以促进肠蠕动。必要时可用开塞露。如果新生儿因消化道畸形引起便秘,那就需要到医院进一步检查,做相关治疗。

【病因病机】

　　1. 饮食不节　过食辛热厚味,以致肠胃积热,气滞不行。此外,因配方奶粉或牛乳、羊乳等成分与人乳存在一定差异,人工喂养的儿童较母乳喂养的儿童更易发生便秘。

　　2. 病后体虚　热病后期津液耗伤,导致肠道燥热,津液失于输布不能下润,而致大便秘结;久病体虚,气血亏损,气虚则大肠输送无力,血虚则津少不能滋润大肠,以致大便排出困难。

课堂互动

　　说说小儿便秘的常见原因有哪些?

【诊断】

（一）诊断要点

　　大便干结,排出困难,有的数日一次,排时艰涩不爽。

（二）临床表现

　　1. 实秘　大便干结如羊屎状,排出困难,烦热口臭,面赤身热,腹胀痛,胸胁痞满,纳食减少,口干唇燥,小便短赤,苔黄或燥,脉弦滑,指纹色紫。

　　2. 虚秘　大便秘结或不甚干燥,时有便意,努挣难下,排便时间长,面色无华,形瘦乏力,神疲气怯,舌淡苔薄,脉细弱,指纹色淡。

（三）辅助检查

　　单纯性便秘实验室与其他检查多无异常。

【鉴别诊断】

　　1. 肛裂　根据排便时和排便后剧烈疼痛、便秘、出血,典型的临床表现及局部检查肛管后正中部位肛裂,进行鉴别。

　　2. 肛管闭锁　新生儿出生后无胎粪排出,腹膨胀,呕吐,检查肛门即可明确诊断。

　　3. 先天性巨结肠　有典型的出生后排便延迟,有时数日无排便,伴呕吐,后期会出现顽固性便秘和逐渐加重的腹膨胀。必要时,进行钡灌肠 X 线检查,明确部位和范围。

　　4. 其他原因的便秘　呆小病、大脑发育不良、大脑萎缩、小头畸形等常伴有便秘和腹胀。

【推拿治疗】

　　便秘的治疗原则以导滞通便为主。

（一）实秘

　　1. 治则　顺气行滞,清热通便。

2. 处方　清大肠、退六腑、运内八卦、按揉膊阳池、摩腹、按弦走搓摩、按揉足三里、推下七节骨、揉天枢。

3. 方义　清大肠、揉天枢，荡涤肠腑邪热积滞；摩腹、按揉足三里，健脾和胃，行滞消食；按弦走搓摩、运内八卦，疏肝理气、顺气行滞；推下七节骨、按揉膊阳池、退六腑，通便清热。

4. 加减　腹痛者，加拿肚角。

（二）虚秘

1. 治则　益气养血，滋阴润燥。

2. 处方　补脾经、清大肠、推三关、揉二人上马、按揉膊阳池、揉肾俞、捏脊、按揉足三里、摩腹、揉脐。

3. 方义　补脾经、推三关、捏脊、按揉足三里，补气养血、健脾调中、强壮身体；清大肠、按揉膊阳池、揉二人上马、摩腹、揉脐、揉肾俞，滋阴润燥、理肠通便。

【注意事项】

1. 推拿治疗单纯性便秘疗效颇佳。虚秘配合内服中药效果更好。

2. 合理膳食，注意添加粗纤维食物；生活应有规律，养成定时排便的习惯。

3. 轻型先天性巨结肠引起的便秘，推拿治疗有一定疗效，可作为辅助疗法。

案例分析

张某，男，7 岁。就诊日期：2019 年 10 月 3 日。

主诉：（家长代诉）大便干结，排出困难 3 天。

病史：该患儿平时有偏食习惯，喜食油炸及动物性食品，不爱吃蔬菜，口干喜冷饮，小便短赤，今因大便不畅来院就诊。

检查：腹膨，腹软，右下腹触及条索状大便，无包块，压痛（-），舌红，苔黄，脉弦滑。

试写出诊断、病机分析、治则及推拿处方。

第十一节　夜　啼

夜啼是指婴儿入夜则啼哭不安，或每夜定时啼哭，甚则通宵达旦，而白天如常的病证。民间俗称为"夜啼郎"。本病多见于新生儿及 6 个月内的小婴儿，一般预后良好。如夜啼长期失治，可影响小儿正常生长发育。

夜啼原因甚多，大致可分脾寒、心热、伤食、惊吓四类。此外，若因口疮、发热等疾病引起的夜啼，应积极治疗其主要病症。至于因尿布潮湿，或衣被过暖过寒，或因饥渴等引起者，找出原因及时处理后，啼哭可停止，不必治疗。

知识链接

夜啼的文献记载，最早见于《诸病源候论》和《颅囟经》。《诸病源候论·夜啼候》载有："小儿夜啼者，脏冷也。夜阴气盛，与冷相搏则冷动，冷动与脏气相并，或烦或痛，故令小儿夜啼也。"《颅囟经·病证》中云："初生小儿，至夜啼者，是有瘀血腹痛，夜乘阴而痛则啼。"至宋，《小儿药证直诀·夜啼》中指出"脾脏冷而痛也"是夜啼的病因。明代，《医学纲目·夜啼》中谓："小儿夜啼有四证：一曰寒，二曰热，三曰重舌、口疮，四曰客忤。"这里的"客忤"是指受未见过之物的惊吓。由此可见古人对夜啼的病因经历了不断认识的过程。

【病因病机】

1. 脾寒　由于孕妇素体怯弱，胎儿禀赋不足，虚怯则脏冷；或护理不当，沐浴受凉、睡眠时腹部中寒，导致寒邪犯脾。阴盛于夜，阴胜则脏冷愈盛，脾为阴中之至阴，喜温而恶寒，寒则运化不健，气机不利，绵绵腹痛而夜啼不止。

2. 心热　由于孕妇性素躁急，或喜食辛辣香燥之物，导致心热内蕴遗于胎儿，出生后蕴有胎热，热盛则心烦而多啼，夜寝不安。

3. 伤食　由于喂养不当，乳食积滞，导致脾胃功能失调，积滞郁结于胃肠，胃不和则卧不安，故夜间时时啼哭。

4. 惊吓　小儿脏气娇嫩，神气怯弱，如遇非常之物，或闻特异声响等意外刺激，则心神不宁，神志不安而夜间时时啼哭。

【诊断】

（一）诊断要点

1. 入夜啼哭，不得安睡，甚则通宵不眠，连夜不止，少则数日，多则月余，白天如常。体格检查无异常。

2. 从小儿的年龄、啼哭的时间、精神状况、面色、舌、脉、腹部体征、体温及实验室检查等方面，排除因各种疾病引起的啼哭。

（二）临床表现

1. 脾寒啼　面色白，手足欠温，蜷屈而啼，啼声无力，不欲吮乳，口中气冷，腹痛喜按喜暖，大便色青而溏，唇舌淡白，脉沉细，指纹淡红。

2. 心热啼　面赤唇红，神烦啼哭，哭声洪亮有力，手腹俱热，吮乳时口中气热，大便秘结，小便短赤，舌尖红，苔薄黄，脉数，指纹紫滞。

3. 伤食啼　夜卧不安，时时啼哭，不欲吮乳，脘腹胀满，或有腹痛拒按，甚则呕吐酸腐，大便秘结或泻下秽臭，苔厚腻，脉滑，指纹滞。

4. 惊吓啼　面色青，有恐惧啼哭之状，或睡眠中时作惊惕不安，猝然啼哭惊叫，指纹青色。

（三）辅助检查

实验室及其他各项检查多无异常指标。

【鉴别诊断】

小儿不会言语，啼哭是其表达要求或痛苦的方式。医者可以通过听啼哭的声音和伴随症状鉴别因感冒、发热、咳嗽、出疹、腹泻、呕吐、肠套叠、中耳炎等病症引起的啼哭。

【推拿治疗】

夜啼的治疗原则以温脾、清心、镇惊安神为主。

（一）脾寒啼

1. **治则**　温中健脾，养心安神。

2. **处方**　推三关、揉外劳宫、补脾经、揉中脘、摩腹、揉脐、掐揉五指节、揉小天心、揉百会。

3. **方义**　推三关、补脾经、揉中脘，温中健脾；揉外劳宫、摩腹、揉脐，温中散寒止痛；掐揉五指节、揉小天心、揉百会，镇惊安神。

（二）心热啼

1. **治则**　导赤宁心，清热安神。

2. **处方**　清心经、揉内劳宫、清天河水、掐揉五指节、捣小天心。

3. **方义**　清心经、揉内劳宫、清天河水，清心散热除烦；掐揉五指节、捣小天心，镇惊安神。

4. **加减**　小便赤者，加清小肠；腹胀者，加运内八卦、摩腹。

（三）伤食啼

1. **治则**　消积导滞，和中安神。

2. 处方　清补脾经、揉板门、清肝经、运八卦、分腹阴阳、揉中脘、推下七节骨。

3. 方义　清肝经、清补脾经，抑木扶土；运内八卦、分腹阴阳，理气消积；揉中脘、推下七节骨，导滞和中。综合方义，积滞得消，胃和则睡安。

（四）惊吓啼

1. 治则　平肝，镇惊安神。

2. 处方　清肝经、清心经、清补脾经、掐五指节、掐揉小天心、猿猴摘果、清天河水。

3. 方义　清肝经、清心经、清补脾经、清天河水，清心平肝；掐五指节、掐揉小天心、猿猴摘果，镇惊安神。

课堂互动

患儿夜卧不安，时时啼哭，呕吐酸腐，泻下臭秽，苔厚腻，属于什么原因导致的夜啼？

【注意事项】

1. 推拿治疗夜啼疗效显著。
2. 加强新生儿护理，注意保暖，温度适宜；及时换尿布。
3. 保持环境安静，养成良好睡眠习惯。
4. 合理喂养，以满足生长发育需要为原则。
5. 乳母饮食不宜辛辣厚味和寒凉。

案例分析

陈某，女，34 天。就诊日期：2018 年 6 月 18 日。

主诉：（其母代诉）夜间哭闹 4 天。

病史：4 天前，为贺其女儿满月，家人宴请。席间，亲朋争相抢抱。之后每至夜间患儿则啼哭不止，睡眠不安，时作惊惕状。

检查：精神佳，面色青灰，舌质淡红，苔白，指纹紫滞。

试写出诊断、病机分析、治则及推拿处方。

第十二节　汗　证

汗证是指在日常生活环境中，安静状态下，小儿全身或局部较正常儿童汗出过多的一种病证。多见于 5 岁以下小儿。

汗是皮肤排出的一种津液，能调节体温，润泽皮肤，调和营卫，清除废秽。新生儿及未成熟儿多因汗腺尚未发育完善，在数月内极少出汗，随着发育日趋完善，加之小儿生机蓬勃，代谢旺盛，活泼多动，腠理疏松，出汗较成人多，尤其在头部，汗多为正常现象。在天气炎热，室温高，衣被多，或进食快、热，或受突如其来的惊恐等情况下的汗出，为正常生理现象。

小儿汗证多见于体质虚弱儿童，又名"多汗"。一般包括"自汗"与"盗汗"两大类。寐则汗出、醒时汗止者称为盗汗，不分寤寐而汗出过多者称为自汗。

小儿汗证多见于西医感染性疾病、自主神经功能紊乱、甲状腺功能亢进等疾病过程中。若在结核病、风湿热活动期、佝偻病活动期、病毒性心肌炎等疾病过程中见到患儿多汗症状出现，要以治疗原发疾病为主。

【病因病机】

汗为心之液，由阳气蒸化津液而来。生理状况下，营阴内守，卫阳外护，营卫调和，汗出微微而肤润。若是体虚而阳气失于固护，腠理开阖失司，或体内湿热蒸腾，则营阴外泄而多汗。《素问·阴阳别论》曰："阳加于阴，谓之汗。"故汗证的基本病机为阴阳失调，包括虚实两个方面。实汗多为内热迫津外泄，包括脾胃湿热、心脾积热等。虚证多为素体虚弱，津液不能自藏而外泄，包括卫气不固、营卫失调及气阴亏虚。

1.肺卫不固　肺主皮毛，司腠理开阖。若肺气虚弱，或肺脾气虚，腠理开阖失司，则卫表不能固护，汗液外泄，易罹外感。

2.营卫失调　营阴藏内，卫阳走表。小儿若是素体阳虚或病后伤阳，或长期衣着过暖、过用发散，令卫阳不足、腠理不密，营阴失藏、津液外泄，发为汗证。

3.气阴亏虚　气属阳，血属阴。小儿重病、久病之后，耗气伤阴，使元气虚不能敛阴，阴血虚不能养心，心液失藏，汗液妄泄。

4.脾胃湿热　小儿脾常不足，若平素嗜肥甘炙煿饮食，或湿温病未能清解，湿热蕴积于脾胃，内热蒸腾，迫津外泄，可致肌表汗出溱溱。

知识链接

中医学对汗液的认识最早可追溯到《黄帝内经》。《素问·宣明五气》说"五脏化液，心为汗"。汗可示为阴阳变化的指示器。汗非独为心之液，五脏皆可致汗。汗与脏腑在生理上密切相关，在病理上必然有着内在联系，《黄帝内经》早已注意到汗与五脏病理的关系，认为五脏病变皆可导致异常汗出，《素问·经脉别论》："饮食饱甚，汗出于胃。惊而夺精，汗出于心。持重远行，汗出于肾。疾走恐惧，汗出于肝。摇体劳苦，汗出于脾。"及《素问·水热穴论》说"勇而劳甚则肾汗出"皆可说明之。汗与津液也互为病理因果关系，汗多则津液竭，津液脱则汗大出，《灵枢·决气》曰"津脱者，腠理开，汗大泄"，汗与五脏密切相关，因此，汗异常亦必然反映着五脏病理。

【诊断】

（一）诊断要点

1. 小儿在日常生活环境中，安静状态下，白天或夜间全身或某些部位汗出较正常小儿为多。

2. 排除环境客观因素的影响。

（二）临床表现

1.肺卫不固　自汗为主，或伴盗汗，以头部、肩背部汗出明显，动则尤甚，神疲乏力，面色少华，易患感冒，舌淡，苔薄，脉细弱。

2.营卫失调　自汗为主，或伴盗汗，汗出遍身而不温，恶风，或伴有低热，舌淡红，苔薄白，脉缓。

3.气阴亏虚　盗汗为主，可伴自汗，形体消瘦，汗出较多，神萎不振，心烦少寐，寐后汗多，或伴低热，口干，手足心灼热，哭声无力，口唇淡红，舌质淡，苔少或见剥苔，脉细弱或细数。

4.脾胃湿热　自汗或盗汗，以头部或四肢为多，汗出肤热，汗渍色黄，口臭，口渴不欲饮，小便色黄，舌质红，苔黄腻，脉滑数。

（三）辅助检查

应进行血常规、微量元素测定、结核菌素试验、痰涂片找抗酸杆菌、抗"O"、血沉、甲状腺功能、X线胸部摄片等检查项目以鉴别引起小儿多汗的因素。

【鉴别诊断】

1. 脱汗　发生在病情严重之时，出现大汗淋漓，或汗出如油，伴肢冷、脉微、呼吸低弱，甚至神志不清等。

2. 战汗　在恶寒发热时全身战栗，随之汗出淋漓，或但热不寒，或汗出身凉，常出现在热病过程中。

3. 黄汗　汗色发黄，染衣着色如黄柏色，多见于黄疸及湿热内盛者。

【推拿治疗】

治疗汗证，以调和阴阳为宜。或固表止汗，或调和营卫，或益气养阴，或清热利湿。

（一）肺卫不固

1. 治则　益气固表止汗。

2. 处方　补肺经、补脾经、揉中脘、揉足三里、补肾经、揉肾顶。

3. 方义　补肺经，益肺固表止汗；补脾经，补脾益气、培土生金；揉中脘、揉足三里、补肾经，健脾补肾益气；揉肾顶，固表止汗。

4. 加减　头汗多者，加运太阳、推坎宫、清天河水；体质虚弱者，加推三关、揉肺俞、捏脊。

（二）营卫失调

1. 治则　调和营卫。

2. 处方　分手阴阳、揉太阳、清补肺经、补脾经、揉脾俞、揉足三里、揉二人上马、补肾经、揉肾顶。

3. 方义　分手阴阳、揉太阳、清补肺经，调和营卫；补脾经、揉脾俞、揉足三里，补脾益气；揉二人上马、补肾经，滋阴潜阳；揉肾顶，固表止汗。

4. 加减　恶风畏寒者，加揉外劳宫；低热者，加清天河水。

（三）气阴亏虚

1. 治则　益气养阴。

2. 处方　补肺经、补脾经、揉三阴交、揉复溜、补肾经、揉二人上马、揉肾顶。

3. 方义　补肺经、补脾经，补脾益肺；揉三阴交、揉复溜，滋阴健脾；补肾经、揉二人上马，滋阴补肾；揉肾顶，固表止汗。

4. 加减　心烦少寐、手足心热者，加清肝经、清天河水，揉百会、神门。

（四）脾胃湿热

1. 治则　清心泻脾，清利湿热。

2. 处方　清补脾经、清板门、清天河水、掐揉四横纹、退六腑、清大肠、揉肾顶、揉二人上马。

3. 方义　清补脾经、清板门、清天河水，清利湿热；掐揉四横纹、退六腑、清大肠，通腑消积泄热；揉肾顶、揉二人上马，滋阴潜阳敛汗。

4. 加减　腹胀、便秘者，加摩腹、揉天枢、下推七节骨。

👥　**课堂互动**

小儿睡觉出汗多，应如何护理？

【注意事项】

1. 进行适当的户外活动与体育锻炼，增强小儿体质。

2. 积极治疗各种急慢性疾病，并注意病后调护。

3. 汗出过多致津伤气耗者，应饮水补液。谨防风邪，避免受凉。

4. 合理喂养，饮食有节，避免饥饱无常及肥甘过度，以免损伤脾胃。

案例分析

陈某,女,4岁。就诊日期:2022年9月23日。

主诉:(家长代诉)汗出异常3年。

病史:患儿素体偏弱,极易出汗,汗出较同龄者多,天气寒冷亦时有汗出,头面、颈背部尤甚。头发、衣服常湿透,不分寤寐,活动后尤甚。神疲乏力,面色少华,容易感冒,纳食欠佳,二便调。

检查:神志清,精神一般,心、肺、腹未见异常。舌淡红,苔薄白,脉细弱。

试写出诊断、病机分析、治则、推拿处方。

第十三节　胎　　黄

　　胎黄,以婴儿出生后皮肤、双目发黄为特征,因与胎禀因素有关,故称"胎黄"或"胎疸"。本症多因母体胎孕之时,湿热熏蒸于胞胎,或产后感受湿热邪毒而致。轻者可不治而愈,重者因邪毒内陷心包,扰乱神明,可致昏迷、抽搐,甚至阳气暴脱而致死亡。

　　本节讨论的是以患儿皮肤、双目发黄为特征的新生儿病症,至于新生儿溶血症、先天性胆道闭锁、新生儿肝炎综合征、败血症等造成的病理性胎黄,均不属本节讨论范畴。

知识链接

新生儿黄疸

　　西医学称胎黄为新生儿黄疸,包括了新生儿血清胆红素增高的一系列疾病,分为生理性黄疸和病理性黄疸。生理性黄疸大多在生后2～3天出现,4～5天达高峰,5～7天清退,早产儿持续时间较长,除有轻微食欲不振外,一般无其他临床症状。若生后24小时前后即出现黄疸,2～3周仍不消退,甚或持续加深;或消退后复现,则为病理性黄疸。延迟喂养、呕吐、寒冷、缺氧、胎黄排出较晚等可加重生理性黄疸;新生儿溶血症、先天性胆道闭锁、新生儿肝炎综合征、败血症等可造成病理性黄疸。

【病因病机】

　　1. 湿热熏蒸　由于孕母素蕴湿热之毒,遗于胎儿,正如《幼科铁镜·辨胎黄》云:"胎黄由妊母感受湿热传于胞胎,故儿生下,面目通身皆如黄金色。"或因胎产之时,出生之后,婴儿感受湿热邪毒所致。

　　2. 寒湿阻滞　孕母体弱多病,气血素亏,以致胎儿先天禀赋不足,脾阳虚弱,湿浊内生,或生后为湿邪所侵。湿从寒化,寒湿阻滞。

　　3. 瘀积发黄　小儿禀赋不足,脉络阻滞,或湿热蕴结肝经日久,气血郁阻,如《张氏医通·黄疸》说:"诸黄虽多湿热,然经脉久病,不无瘀血阻滞也。"

【诊断】

(一)诊断要点

　　1. 大部分新生儿在出生后2～3天出现,4～5天达高峰,5～7天消退,早产儿持续时间较长,除有轻微食欲不振外,一般无其他临床症状。在此期间,小儿一般情况良好,不伴有其他临床症状。

2．胎黄以皮肤、双目发黄为主症，辨证首先要区别其性质，根据黄疸出现的时间、程度、消退情况，结合全身症状以区别属生理性胎黄还是病理性胎黄。

3．辨别胎黄的阴阳属性，凡黄疸色泽鲜明如橘，舌红苔黄腻，属阳黄；黄疸色泽晦暗，久久不退，舌淡苔薄，则属阴黄。

课堂互动

阳黄与阴黄的鉴别要点主要有哪些？

（二）临床表现

1．湿热熏蒸　面目皮肤发黄，色泽鲜明如橘，哭声响亮，不欲吮乳，口渴唇干，或有发热，大便秘结，小便深黄，舌质红，苔黄腻，指纹滞。

2．寒湿阻滞　面目皮肤发黄，色泽晦暗，精神萎靡，四肢欠温，便溏色灰白，小便短少，舌质淡，苔白腻，指纹鲜红。

3．瘀积发黄　面目皮肤发黄，颜色逐渐加深而晦暗无华，右胁痞块质硬，肚腹膨胀，青筋显露，或见瘀斑、衄血，唇色暗红。舌见瘀点，苔黄，指纹青紫。

（三）辅助检查

1．血清胆红素增高，每日血清胆红素升高＜85μmol/L 或每小时＜0.5mg/dl。血清总胆红素值尚未超过小时胆红素曲线（Bhutani 曲线）的第 95 百分位数，或未达到相应日龄、胎龄及相应危险因素下的光疗干预标准。

2．尿胆红素阳性，尿胆原试验阳性或阴性。

3．母子血型测定，以排除 ABO 或 Rh 血型不合引起的溶血性黄疸。

4．肝功能可正常。

5．肝炎综合征应作肝炎相关抗原抗体系统检查。

【鉴别诊断】

1．溶血性黄疸　生后 24 小时内出现黄疸并迅速加重，可有贫血及肝脾肿大，重者可见水肿及心力衰竭。严重者合并胆红素脑病，早产儿更易发生。见于母婴 ABO 血型不合和 Rh 血型不合溶血病、葡萄糖 -6- 磷酸脱氢酶缺乏症、遗传性球形红细胞增多症、地中海贫血等疾病。

2．新生儿感染性黄疸　表现为黄疸持续不退或 2～3 周后又出现。细菌感染是导致新生儿高胆红素血症的一个重要原因，以金黄色葡萄球菌、大肠埃希菌引起的败血症多见；病毒所致感染多为宫内感染，如巨细胞病毒、乙肝病毒等。

3．阻塞性黄疸　常见原因为先天性胆道畸形，如先天性胆道闭锁、胆总管囊肿等。生后 1～4 周时出现黄疸，以结合胆红素升高为主；大便颜色渐变浅黄或白陶土色；尿色随黄疸加重而加深，尿胆红素阳性；肝脾肿大，肝功能异常；腹部 B 超、同位素胆道扫描、胆道造影可确诊。

4．母乳性黄疸　纯母乳喂养，生长发育好；除外其他引起黄疸的因素；试停母乳喂养 48～72 小时，胆红素下降 30%～50%。

【推拿治疗】

胎黄的治疗原则以利湿退黄为主。湿热熏蒸者，佐以清热利湿；寒湿阻滞者，佐以温中化湿；瘀积发黄者，佐以化瘀消积。

（一）湿热熏蒸

1．治则　清热利湿。

2．处方　揉小天心、平肝经、补肾经、清天河水、揉二人上马、分手阴阳、逆运内八卦、推四横纹、推清肺经、退六腑。

3. 方义　揉小天心，通郁散结，可解湿热之邪；平肝经，清热除烦，疏肝利胆；补肾经、清天河水、揉二人上马，滋阴清热、利湿利尿，使黄从小便而下，并解口渴；分手阴阳，重分阴池，以阴抗阳，使阴阳平衡；逆运内八卦、推四横纹，和中健胃、消食理气；清肺经、退六腑，行气通滞通便。

4. 加减　身热烦躁者，加清板门、推下七节骨、揉足三里、清大肠。

（二）寒湿阻滞

1. 治则　温中化湿。

2. 处方　补脾经、推三关、补肾经、揉外劳宫、揉小天心、揉小横纹、分手阴阳、逆运内八卦、推四横纹、揉合谷、揉二人上马、清天河水、捏挤神阙。

3. 方义　补脾经、推三关，行气活血、通络化瘀、并扶脾阳，可解肢冷、肢痛；补肾经、揉外劳宫、捏挤神阙，补肾阴、温肾阳、助消化、并提神、消面色暗浊；揉小天心、揉小横纹，和肝解郁；分手阴阳，重分阳池，以阳抗阴，调节阴阳平衡；逆运内八卦、推四横纹，和中健胃、增进乳食；揉合谷，利咽止恶；揉二人上马、清天河水，利湿利尿，加强疗效。

4. 加减　形寒倦卧者，加捏脊。

（三）瘀积发黄

1. 治则　化瘀消积。

2. 处方　清板门、清大肠、补肾经、揉二人上马、退六腑、逆运内八卦、平肝经、清补脾经、分手阴阳、揉小天心。

3. 方义　清板门、清大肠，消积化滞、理气通便；补肾经、揉二人上马，滋阴潜阳；退六腑、逆运内八卦，解毒消瘀；平肝经、清补脾经，疏肝健脾、利湿退黄；分手阴阳、揉小天心，利尿化湿退黄。

4. 加减　食欲不振者，加揉板门、捏脊、揉足三里。

【注意事项】

1. 手术室、产妇和新生儿室严格执行护理操作规程，做好病室空气消毒工作，积极预防感染。

2. 注意保暖，做好婴儿脐部、臀部卫生，防止皮肤破损感染。

3. 注意观察新生儿的皮肤颜色的变化，及时了解黄疸出现时间及消退时间。

4. 注意观察新生儿的精神反应、奶量、活动情况、大小便情况。

5. 鼓励尽早开奶，促使胎粪早排，鼓励婴儿多接触阳光，鼓励并坚持母乳喂养。

6. 不滥用退黄药物。

案例分析

毕某，男，25 天。就诊日期：2018 年 7 月 12 日。

主诉：（家长代诉）面目黄染 22 天。

病史：患儿足月顺产，出生后 3 天即见面目黄染，躯干皮肤黄染且较面部色淡，小便浅黄色，粪便为黄色，每日 2～4 次，夹奶瓣。

检查：精神倦怠，食欲不佳，手足欠温，巩膜呈白色，舌质淡，苔白厚。心、肺、腹未见异常。

试写出诊断、病机分析、治则及推拿处方。

第十四节　惊　风

惊风又称抽风、惊厥。以抽搐伴神昏、两目上视为主要临床特征。多见于 6 岁以下小儿，年龄越小，发病率越高，病情变化越迅速，是古代中医儿科"四大要证"之一。临床上分为急惊风和慢惊风两种,急惊风来势凶急,处理不当可使脑组织和局部机体缺血缺氧,遗留后遗症,严重的可引起窒息,发生呼吸和循环衰竭,因此治疗要及时、果断,必要时要积极抢救。

西医学认为,惊风是中枢神经系统功能紊乱或器质性异常的一种表现,发病原因很多,本节所述为因高热或中枢神经系统感染而引起的惊风。

课堂互动

惊风的主要临床特征是什么?

【病因病机】

急惊风主要因感受风邪或温热疫毒,出现痰、热、惊、风四证,病位在心、肝两经,属实证、热证;慢惊风多由急惊或大病后等因素所致,病情复杂,病位在脾、肾、肝经,多属虚证、寒证。

1.急惊风　小儿体属纯阳,感受风邪,化热极速,风热化火,侵扰心、肝两经,易发一过性高热惊厥,热退后抽搐自止;感受温热疫毒,邪毒内闭,从热化火,炼津成痰,痰蒙心窍,引动肝风,故见神昏、抽搐;小儿神情怯弱,暴受惊恐或乳食积滞,积滞、痰热内壅,清窍蔽塞,气机逆乱,发为惊风。

2.慢惊风　急惊延治,或久痢、久泻、久吐、大病后正气亏损,气血津液耗伤,筋脉失于滋养而致虚风内动。

西医学认为小儿中枢神经系统发育不完善,产伤、高热或炎症刺激,容易促使大脑皮质运动神经元异常放电,导致全身或局部肌肉暂时性的不随意收缩。

知识链接

惊厥持续状态

惊厥持续状态:是指惊厥持续时间超过30分钟或两次惊厥发作间歇期意识不能恢复者。此为惊厥的危重型,可引起高热、缺氧性脑损害、脑水肿,甚至脑疝。

【诊断】

(一)诊断要点

1.多见于6岁以下小儿。

2.发病突然,变化迅猛。

3.以肢体痉挛抽搐、两目上视、意识不清为特征。

(二)临床表现

1.急惊风

(1)高热惊风:急性热病或不明原因的高热致使高热内闭,扰乱神明,引动肝风而发为惊风。患儿体温在39℃以上,初起神情紧张,烦躁不安,项背不适,继则壮热无汗,口渴欲饮,眼红颊赤,神昏谵语,颈项强直,四肢抽搐,牙关紧闭,两目上视,舌质红绛、苔黄,脉数,指纹青紫。

(2)突受惊恐:暴受惊恐后,神情紧张,突然抽搐,惊惕不安,惊叫,面色乍青乍白,睡眠不安,或昏睡不醒,醒时啼哭,四肢厥冷,大便色青,舌苔薄白,脉细数,指纹青紫。

(3)乳食积滞:好发于饱食或过食之后,先见脘腹胀满,呕吐,腹痛,便秘,继而目睛视呆,神昏抽搐,呼吸短促,苔黄腻,脉滑数。兼有痰湿者,喉中痰声辘辘,咯吐不利,呼吸急促,苔白腻等症。

2.慢惊风　起病缓慢,病程长。面色苍白,嗜睡无神,两手握拳,抽搐无力,时作时止,有的在沉睡中突发痉挛,形寒肢冷,纳呆,便溏,舌淡苔白,脉沉无力。

（三）辅助检查

1. 除血、尿、大便常规外，应有选择性地做血电解质测定、肝肾功能、血糖等检查，必要时做脑脊液检查。

2. 惊厥控制后，要有选择性进行脑电图、头颅 X 线、CT、磁共振成像（MRI）等检查。

【鉴别诊断】

癫痫   癫痫是一种由于脑功能异常所致的疾病，以突然昏仆，不省人事，口吐白沫，两目直视，四肢抽搐，发过即苏，醒后如常人为特征。多见于年长儿，一般不发热，有反复发作病史，发作时，先有猪、羊样叫声。脑电图检查可见棘波或尖波、棘慢或尖慢复合波、高幅阵发性慢波等癫痫波形。

【推拿治疗】

以急则治标，缓则治本为基本原则。

（一）急惊风

1. 治则   急则治其标，先以开窍镇惊，然后分别予以清热、导痰、消食以治其本。

2. 处方   掐人中、掐端正、掐老龙、掐十宣、掐威灵、拿仆参、拿合谷、拿曲池、拿肩井、拿百虫、拿承山、拿委中。

3. 方义   掐人中、掐老龙、掐十宣等，醒神开窍；拿合谷、拿委中、拿承山等，止抽搐。

4. 辨证加减

（1）肝风内动，角弓反张：加拿风池、拿肩井、推天柱骨、推脊、按阳陵泉、拿承山。

（2）痰湿内阻：加清肺经、推揉膻中、揉天突、揉中脘、搓摩胁肋、揉肺俞、揉丰隆。

（3）乳食积滞：加补脾经、清大肠、揉板门、揉中脘、揉天枢、摩腹、按揉足三里、推下七节骨。

（4）邪热炽盛：加清肝经、清心经、清肺经、退六腑、清天河水、推脊。

（二）慢惊风

1. 治则   培补元气，息风止搐。急性发作时可按急惊风处理。

2. 处方   补脾经、清肝经、补肾经、按揉百会、推三关、拿曲池、揉中脘、摩腹、按揉足三里、捏脊、拿委中。

3. 方义   补脾经、补肾经、推三关、揉中脘、摩腹、按揉足三里、捏脊，健脾和胃，培补元气；清肝经、按揉百会、拿曲池、拿委中，平肝息风。

4. 加减   脾肾阳虚者，加揉外劳宫、掐揉一窝风；脾虚肝旺者，加按揉目上眶、运太阳、搓摩胁肋。

知识链接

高热惊厥患儿的护理

对高热惊厥患儿的护理，首先应止惊、保持呼吸道通畅，并立即给予降温处置。降温方法和用法都要有严格的尺度，降温不能过快，还要补充大量水分以防虚脱。由于小儿惊厥易兴奋，病室要保持安静，室内光线宜暗，工作人员动作要轻，避免因外界刺激而引起患儿抽搐。

【注意事项】

1. 推拿治疗本病，着重醒神开窍解痉，同时要抓住危及生命的主要矛盾，积极查找病因，中西医结合对症治疗。

2. 在发作时，应使患儿保持头向一侧偏斜，维持呼吸道通畅，避免窒息及误吸。

3. 保持环境安静，避免患儿受不良刺激。

4. 对于发热患儿，尤其既往有惊厥病史者，要注意降温，以防体温过高，再次引发惊厥。

第十五节　遗　尿

遗尿一般是指3周岁以上小儿在睡眠中小便自遗，醒后方觉的一种疾病。又称"尿床"。本病有原发和继发之分，临床上以前者为多见。3岁以下小儿，肾气未盛，脑髓未充，智力未全，控制排尿能力尚未健全；学龄儿童因白天贪玩过度，精神疲劳，夜间熟睡，偶发尿床，这些都不属病态。

遗尿多自幼得病，也有在儿童期发生，可以为一时性，也有持续数月后消失，而后又反复者，有的可持续到性成熟时才消失。遗尿若长期不愈，会妨碍儿童的身心健康，影响智力及体格发育。

【病因病机】

尿液的生成、排泄与肺、脾、肾、三焦、膀胱有密切关系。其病因主要为肾气不足，肺脾气虚，肝经郁热。

1.肾气不足　下元虚冷为遗尿的主要病因。肾为先天之本，主水，藏真阴元阳，开窍于二阴，职司二便，与膀胱互为表里。肾气不足，不能温养膀胱，膀胱气化功能失调，闭藏失职，不能制约水道而成遗尿。

2.脾肺气虚　肺主一身之气，为水之上源，有通调水道，下输膀胱功能；脾为后天之本，属中焦，主运化，喜燥恶湿而制水。肺脾功能正常，则水液得以正常输布排泄。素体虚弱，或久病肺脾俱虚，上虚不能制下，无权约束水道而成遗尿。

以上肺、脾、肾功能失健者，均属虚证。

3.肝经郁热　肝主疏泄，调畅气机，通利三焦。若肝经郁热，郁而化火，或夹湿下注，疏泄失常，影响三焦水道正常通利，迫注膀胱，而成遗尿，其尿臭难闻，此属实证。

西医学认为，原发性遗尿是大脑皮质及皮质下中枢功能失调所致，一般无器质性疾病，但有较明显的家族倾向。如突然受惊，过度疲劳，生活环境的骤变，不恰当的教育等均为导致遗尿的常见因素。继发性遗尿可由精神创伤、泌尿系统或全身性疾病引起。

【诊断】

（一）诊断要点

3 岁以上小儿，睡眠中不经意尿床，轻则数夜一次，重则每夜 1~2 次或更多，且睡眠较深。年长儿童有害羞和紧张心理。

（二）临床表现

1．肾气不足　睡中经常遗尿，多则一夜数次，醒后方觉，面色无华，精神萎靡，记忆力减退，腰膝酸软，小便清长，舌淡苔少，脉沉细。

2．脾肺气虚　睡中遗尿，尿频量少，神疲乏力，面色萎黄，自汗消瘦，食少便溏，舌淡苔白，脉细弱。

3．肝经郁热　睡眠中遗尿，尿量不多，气味腥臊，小便色黄，平素性情急躁，面红唇赤，舌红苔黄，脉数。

课堂互动

说说尿液的生成、排泄主要与哪些脏腑关系密切？

（三）辅助检查

1．尿常规及尿培养　原发性遗尿一般无异常。继发性遗尿，根据病史，可检查尿常规、尿比重、尿糖等。

2．X 线检查　继发性遗尿，注意有无脊柱裂、尿道造影有无畸形或其他异常。

【鉴别诊断】

1．糖尿病　因尿量增多，儿童患者常有遗尿。但多伴有多饮、消瘦、乏力等症状。通过检查尿糖可以确诊。

2．尿崩症　本病在儿童也可表现为遗尿，但饮水量明显多于正常，且尿比重明显下降。做垂体加压素试验或禁水试验可以确诊。

3．泌尿系统感染　常有尿频、尿急、尿痛等膀胱刺激症状，尿常规检查可以确诊。

4．脊柱裂　脊柱 X 线摄片即可以确诊。

5．蛲虫感染　肛周瘙痒，夜间有虫体在肛周排卵。大便镜检虫卵可以确诊。

知识链接

小儿排尿控制

正常排尿机制在婴儿期由脊髓反射完成，以后建立脑干－大脑皮质控制，至 3 岁已能控制排尿。在 1.5~3 岁之间，小儿主要通过控制尿道外括约肌和会阴肌，而非逼尿肌来控制排尿；若 3 岁以后仍然是这种排尿机制，不能控制膀胱逼尿肌收缩，则常表现为白天尿频尿急，偶然尿失禁或夜间遗尿，被称为不稳定膀胱。3 岁小儿常能完全控制排尿，即在脊髓反射弧之上，自主地启动或控制逼尿肌收缩，至 4 岁时绝大多数小儿在白天及夜间都能像成人一样控制排尿，而没有无抑制性的膀胱收缩。最终膀胱控制成熟有赖于膀胱容量及脊髓反射弧的调整，也受到脑下垂体昼夜节律性分泌的影响而使夜间肾脏排泄尿量减少。

【推拿治疗】

遗尿的治疗原则以固涩下元为主。虚者,温补脾肾;肝经郁热者,平肝清热。

（一）脾肺肾虚

1.治则　补益脾肺,温肾固涩。

2.处方　补脾经、补肺经、补肾经、推三关、揉外劳宫、按揉百会、揉丹田、按揉肾俞、擦腰骶部、按揉三阴交、灸关元、灸百会、揉小天心。

3.方义　推三关、揉丹田、补肾经、按揉肾俞、擦腰骶部,温补肾气;补肺经、补脾经,补肺脾气虚;按揉百会、揉外劳宫,温阳升提;按揉三阴交、灸关元、灸百会、揉小天心,温补脾肾、通调水道。

4.加减　食少便溏,加揉板门、捏脊、揉足三里、补大肠。

（二）肝经郁热

1.治则　平肝清热。

2.处方　清肝经、清心经、分手阴阳、清小肠、捣小天心、推箕门、补肾经、清天河水、揉二人上马、揉三阴交、揉涌泉。

3.方义　清肝经、清心经、清小肠,清心火以平肝;补肾经、清天河水、揉二人上马、推箕门、揉涌泉,养阴清热;捣小天心,清热镇惊安神;分手阴阳、揉三阴交,平衡阴阳、调和气血。

4.加减　小便色黄、尿频者,加清补肾经。

【注意事项】

1. 注意对继发性遗尿相关疾病的诊断和综合治疗。

2. 建立良好的医患关系,鼓励患儿树立信心,消除焦虑情绪,战胜疾病。同时请家长配合,不要打骂和歧视小儿。

3. 睡前两小时尽量不要饮水;夜间入睡后,家长要定时叫醒小儿起床排尿;建立合理的生活制度,养成按时排尿习惯。

案例分析

王某,男,6岁。就诊日期:2017年3月17日。

主诉:(家长代诉)夜间尿床3年。

病史:患儿足月顺产,自幼遗尿,每周3~4次。半年前曾患肺炎住院,经治15天痊愈出院。平素睡眠较深,胃纳欠佳,时有偏食,形体稍瘦,动则汗出,大便多稀溏。

检查:精神不振,面色苍白,舌质淡,苔白,脉细。心、肺、腹未见异常。

试写出诊断、病机分析、治则及推拿处方。

第十六节　鼻　室

鼻室是因脏腑虚弱,邪滞鼻窍所致的以长期鼻塞、流涕为特征的慢性鼻病。鼻室一词首见于《素问·五常政大论》:"大暑以行,咳嚏、鼽衄、鼻室。"刘完素《素问玄机原病式》曰"室,塞也"并认为"侧卧则上窍通利而下窍闭塞"乃"阳明之脉左右相交"。鼻室以鼻塞为主要特征,其鼻塞具有交替性、间歇性,重者呈持续性,或伴有鼻涕难擤、头昏、头重等症状,久病者可出现嗅觉减退。好发于气温波动明显以及寒冷季节,常持续数月以上或反复发作。

本病相当于西医学的慢性鼻炎。在儿童中发病率较高,常可诱发鼻窦炎、咽炎、扁桃体炎、腺样体肥大、中耳炎等,近40%的鼻炎患儿存在咳嗽和哮喘等症,严重者可影响小儿记忆、智力、性情和学习。

【病因病机】

本病多因伤风鼻塞反复发作，余邪未清而致。不洁空气、过用血管收缩剂滴鼻等亦可致本病。其病机与肺、脾二脏功能失调及气滞血瘀有关。

1. 肺经蕴热　伤风鼻塞反复发作，邪热伏肺，久蕴不去，致邪热壅结鼻窍，鼻失宣通，气息出入受阻而为病。

2. 肺脾气虚　久病体弱，耗伤肺卫之气，致使肺气虚弱，邪毒留滞鼻窍而为病，或饮食不节，劳倦过度，病后失养，损伤脾胃，致脾胃虚弱，运化失健，湿浊滞留鼻窍而为病。

3. 气滞血瘀　伤风鼻塞失治，或外邪屡犯鼻窍，邪毒久留不去，壅阻鼻窍脉络，气血运行不畅而为病。

西医学认为，慢性鼻炎属于鼻黏膜和黏膜下组织发炎。其病理过程符合炎症一般规律，即局部黏膜充血、水肿，或肥厚，萎缩。

【诊断】

（一）诊断要点

1. 病程持续数月以上或反复发作为特征，疲劳、受寒后症状加重。

2. 鼻塞为主要症状。鼻塞呈间歇性或两鼻孔交替性。以长期持续鼻塞，或间歇性、交替性鼻塞，鼻涕量多为主要症状。

3. 常伴有头昏、记忆力下降、失眠、耳鸣、耳内闭塞。久病者可出现嗅觉减退。

（二）临床表现

1. 肺经蕴热　鼻塞时轻时重，或交替性鼻塞，鼻涕色黄量少，鼻气灼热，下鼻甲红肿，表面光滑、柔软有弹性。常有口干，咳嗽痰黄。舌尖红，苔薄黄，脉数。

2. 肺脾气虚　鼻涕黏稠、白浊，时多时少，遇冷尤盛，鼻塞，嗅觉减退，反复感冒，经常咳嗽，头昏，面色白，气短乏力，纳呆便溏，健忘，注意力不集中，舌质淡、苔薄白，寸脉无力，指纹淡。

3. 气滞血瘀　鼻塞较甚或持续不减，鼻涕黏稠，不易擤出，嗅觉迟钝，伴头昏、耳鸣、记忆力减退等症，舌质紫暗或有瘀点，脉涩，指纹紫滞。

（三）辅助检查

鼻腔检查早期可见鼻黏膜充血，呈红色或暗红色，下鼻甲肿胀，对血管收缩剂敏感。久病下鼻甲肥厚，表面呈桑椹状或结节状，触之质硬，弹性差，对血管收缩剂不敏感。部分患儿鼻中隔偏曲。

【鉴别诊断】

1. 鼻渊　鼻渊可有鼻塞，但以鼻涕量多、质黏稠、脓性为特征。伴头昏、头痛。检查见鼻道内脓性分泌物。

2. 鼻息肉　鼻塞固定于病变侧鼻孔，涕多，检查见鼻腔内赘生物。

3. 腺样体肥大　以长期鼻塞、流涕和闭塞性鼻音（声嚓）为主要特征，入睡鼾声，张口呼吸，睡眠不安，可伴有阵咳及呼吸困难，腺样体面容。鼻咽纤维镜检查：在鼻咽顶部和后壁间见到纵行裂隙分叶状如橘瓣样的腺样体。堵塞后鼻孔 2/3 以上。

知识链接

腺样体肥大

因腺样体增生肥大而引起相应症状者称为腺样体肥大。本病在儿童并不少见。

腺样体是一团表面呈橘瓣样的淋巴组织。因其位于鼻咽顶部与咽后壁处，故又称咽扁桃体。出生后随年龄增长逐渐长大，2~6岁时增殖最旺盛，10岁以后逐渐萎缩。腺样体也是人体重要的免疫器官，有助于防止上呼吸道疾病和调节呼吸。如果腺样体长期反复受到感染、雾霾、粉尘等刺激，就会过度肥大，累及耳（咽鼓管咽口受阻，引起分泌性中耳炎、听力减退和耳鸣）、鼻（并发鼻炎、鼻窦炎，声嘶，睡觉鼾声，呼吸暂停等）、咽喉和下呼吸道（并发咳嗽、哮喘、夜间阵咳），以及颜面（特征性腺样体面容，即颌骨变长，腭骨高拱，牙列不齐，上切牙突出，唇厚，缺乏表情。乃长期张口呼吸，影响面骨和面肌发育所致），称为腺样体肥大。

【推拿治疗】

治疗鼻窒，以通利鼻窍为原则。初期宜祛邪通窍，后期当温补肺气。外邪者，宜疏风宣肺；痰湿者，宜化痰除湿；气虚者，宜补益肺气；血瘀者，宜行气活血。

推拿治疗鼻窒以局部操作为主，无论急性、慢性均宜配合运用，可用于预防鼻窦炎和鼻炎。

（一）肺经蕴热

1. 治则 清热散邪，通利鼻窍。

2. 处方 开天门、推坎宫、揉太阳、按揉耳后高骨，揉按风池、风府，按揉印堂、山根、迎香、鼻通穴（鼻软骨与鼻翼交界处），黄蜂入洞，擦鼻旁、推天柱骨、清肺经、清天河水、顺运内八卦、揉掌小横纹、揉膻中及乳旁、揉乳根、按揉肺俞。

3. 方义 开天门、推坎宫、揉太阳、按揉耳后高骨为头面四大手法，配合揉按风池、风府，共奏祛风散邪之功；按揉印堂、山根、迎香、鼻通、黄蜂入洞、擦鼻旁为鼻部局部操作，近治作用明显，通利鼻窍；推天柱骨、清肺经、清天河水，清热散邪、宣肺通窍；顺运内八卦、揉掌小横纹、揉膻中及乳旁、乳根，宽胸利膈、理气化痰；按揉肺俞，宣肺通利鼻窍。

4. 加减 便秘者，加顺时针摩腹、下推七节骨；恶心呕吐者，加推天柱骨、清胃经；惊惕不安者，加清肝经、掐揉五指节。

（二）肺脾气虚

1. 治则 益气固表，通利鼻窍。

2. 处方 按揉印堂、山根、迎香、鼻通，黄蜂入洞，擦鼻旁、补脾经、补肺经，揉擦肺俞、脾俞，推三关、按揉足三里、捏脊并拿肩井。

3. 方义 按揉印堂、山根、迎香、鼻通，黄蜂入洞，擦鼻旁为鼻部局部操作，近治作用明显，通利鼻窍；补肺经，实卫固表，增强适应季节变化的能力；补脾经，既助运化、生气血，又补土生金；揉擦脾俞，健脾胃、助运化、祛水湿；揉擦肺俞，补益肺气、实卫固表；推三关，补气行气；按揉足三里，健脾益气；捏脊并拿肩井，升提阳气、增强体质。

4. 加减 头痛者，加揉风池、风府；喉中痰鸣者，加揉按天突。

（三）气滞血瘀

1. 治则 行气活血，通利鼻窍。

2. 处方 揉按百会、风府，按揉印堂、山根、迎香、鼻通，黄蜂入洞，擦鼻旁、清肺经、顺运内八卦、搓摩胁肋、揉按肺俞、横擦肺俞、点按膈俞、拿百虫、点揉太冲、擦督脉。

3. 方义 揉按百会、风府，升举清阳、醒神、通利鼻窍；按揉印堂、山根、迎香、鼻通，黄蜂入洞，擦鼻旁为鼻部局部操作，近治作用明显，通利鼻窍；清肺经，清肃肺金、疏风通窍；顺运内八卦，调理气机；搓摩胁肋，疏肝行气；揉按、横擦肺俞，通利肺气；点按膈俞、拿百虫、点揉太冲共奏行气活血之功；擦督脉，温经通络、行气活血。

4. 加减 食欲不振者，加揉板门、掐揉四横纹；耳鸣者，加揉翳风、听宫。

 课堂互动

鼻窒的局部操作手法有哪些？

【注意事项】

1. 积极预防感冒,平素坚持锻炼身体,增强体质。
2. 保持鼻腔清洁,戒除挖鼻等不良习惯。
3. 饮食清淡,忌辛辣、肥甘厚味之品,多食蔬菜、水果、豆类。
4. 气候恶劣,如雾霾、粉尘、油烟重时戴防尘口罩,空调环境应随时换气保湿。
5. 避免长期使用血管收缩类滴鼻剂,鼻涕多时,不可强行擤鼻,以免邪毒入耳。

案例分析

刘某,女,5岁。就诊日期:2016年3月15日。

主诉:鼻塞反复发作2年。

病史:(家长代诉)近2年反复鼻塞不通、流涕、鼻痒、打喷嚏,时有鼻衄,眠时张嘴呼吸,平素易感冒,纳差,易乏力,睡中汗多,大便糊状、每日1~2次,小便可。查体:双下鼻甲肿大,黏膜淡,鼻腔有清稀分泌物,咽稍红。舌质淡红,苔薄白,脉细。

试写出诊断、病机分析、治则及推拿处方。

第十七节 近　视

近视是以看近物清楚而看远物模糊为特征的眼病。本病中医称"能近怯远症",高度近视称"近觑"。

西医学将近视分为真性近视和假性近视,真性近视又称轴性近视,与发育和遗传有关,须借助近视眼镜加以矫正。假性近视又称调节性近视,多发生在青少年时期,因眼调节功能失常引起,此类近视,经休息或治疗后可解除或减轻。

【病因病机】

视力与眼球的结构和感光系统的正常功能关系密切,因先天禀赋不足,后天发育失常,用眼不当,或五脏精气不足等全身因素影响,均可导致睛珠失养、形态异常而发生本病。

1. 先天不足　父母有高度近视,遗传而来,此类较少。

2. 发育异常　在生长发育过程中,眼球前后轴过长,超过屈光系统调节的范围,使平行光线集合焦点落在视网膜前面,形成轴性近视。

3. 脏腑失养　肝肾精血不足,心脾两亏,肺气虚弱,均可导致目窍失养,形成近视。

4. 用眼不当　用眼过度,照明不足,看书写字时姿势不当,体位不正,使睫状肌痉挛,增强晶状体屈光力,形成调节性近视。

知识链接

近视眼的分类

1. 按照近视的程度

(1) 轻度近视:-3.00D以内者,一般眼底无病理性改变。

(2) 中度近视:-3.00~-6.00D者,部分眼底呈豹纹状改变。

(3) 高度近视:-6.00D以上者,又称病理性近视。常引起玻璃体和眼底的退行性病变。

2. 按照屈光成分

(1) 轴性近视:指眼球的前后径比正常眼长的近视眼。其视网膜靠后,远处物体反射的光线进入眼球后聚焦在视网膜前,以致影像模糊。这是最常见的一种近视。

（2）弯曲度性近视：由于角膜或晶状体表面曲率半径变化（减小）造成的近视眼。临床主要见于角膜改变,如圆锥形角膜、角膜葡萄肿等;还有晶状体变化,如圆锥形晶状体、晶状体位前移等。

（3）屈光率性近视：指眼屈光间质的屈光力增强造成的近视眼,临床主要见于晶状体的改变,如糖尿病、白内障早期的晶状体膨隆等。

3.假性近视眼　是由看远时调节未放松所致。它与屈光成分改变的真性近视眼有本质上的不同。又称调节性近视眼。

【诊断】

（一）诊断要点

近视力正常,远视力明显减弱,或视力表检查低于1.0（5.0对数视力表）,并用凹透镜能加以矫正的,即可诊断为近视。

（二）临床表现

1.心阳不足　近视清晰,远视模糊,目中无神,视力减退,视久易于疲劳,或伴有心悸心烦,失眠,多梦,形寒,舌淡、苔白,脉微弱。

2.脾气虚　近视怯远,目视易疲劳,食欲不振,神疲乏力,手足欠温,大便溏薄,舌淡红、苔薄白,脉弱。

3.肝肾亏虚　远视力下降,常眯目视物,目视昏暗,伴有头晕耳鸣,夜寐多梦,腰膝酸软,舌淡红、少苔,脉细。

（三）辅助检查

眼视力检查3个屈光度以下的为轻度近视,3～6个屈光度的为中度近视,6个屈光度以上的为高度近视。临床检眼镜检有助于诊断。

【鉴别诊断】

1.假性近视　是由于用眼过度致使睫状肌持续收缩痉挛,晶状体厚度增加,从而导致视物模糊不清。肌肉放松,缓解疲劳后视力可恢复到正常状态。假性近视若不及时缓解,最终会导致眼轴变大而成为真性近视。

2.病理性近视　是以屈光度进行性加深、眼轴不断增长、眼内容物和视网膜脉络膜组织进行性损害引起视功能障碍为特征的一种眼病。病理性近视发生较早,进展快,常伴有眼底改变,视力不易矫正,又称为变性近视。

【推拿治疗】

推拿治疗以疏通局部气血,通络明目为原则,根据临床分型加以温补心阳,或补益脾气,或滋补肝肾。

1.治疗原则　养血安神,益气定志,调节视力。

2.取穴　以足太阳膀胱经、足阳明胃经、足少阳胆经为主。

3.手法　按揉法、拿法、抹法。

4.操作程序

（1）患者仰卧位,医者坐于床头处,用两手拇指面沿小儿两眼眶做轻快柔和的"∞"形按揉,5～6遍。

（2）医者以患儿睛明穴为起点,用两手拇指面向上按揉攒竹、印堂、鱼腰、阳白、丝竹空、太阳、百会,向下按揉承泣、四白等穴,每穴1～2分钟。

（3）医者用双手拇指分抹上下眼眶,由内向外反复分抹3分钟左右。

（4）医者用拇指、示指提拿患儿两侧耳垂，用示指、中指夹住患儿两耳，摩擦耳部3分钟。

（5）医者用两手拇指或中指手勾揉风池穴，以有酸胀感向眼部传导为宜。

（6）医者用两手拇指或示指、中指指面按揉头部两侧足少阳胆经循行路线。

（7）医者用两手拇指面按揉合谷、养老、光明穴各1～2分钟。

5．辨证加减

（1）心阳不足：加揉翳风、按风池、推天柱骨，益气定志；按揉心俞、肾俞、命门，养血安神。

（2）脾气虚：加分推风门、按揉脾俞、揉胃俞、按揉足三里、揉涌泉，健脾益气、滋水涵木。

（3）肝肾亏虚：加按肝俞、肾俞、命门，揉太溪、光明、涌泉，补益肝肾、充养精血。

课堂互动

推拿治疗近视以什么经穴为主？

【注意事项】

1．推拿治疗本病疗效确切，不仅可以治疗假性近视，对真性近视也有一定疗效，近期效果明显。

2．推拿治疗的近视，一般指轻度或中度的近视，多发生于中、小学生，由于用眼不当，眼肌过度紧张，肌肉收缩，晶状体变凸，眼调节功能失常而致的近视。

3．本法不仅用于治疗，且可用于眼的预防保健。

案例分析

李某，女，13岁，学生。就诊日期：2019年8月2日。

主诉：看不清黑板半年。

病史：患者自诉近几个月视力下降明显，老师将其调整到第二排，看黑板仍很吃力，睡眠欠佳。

检查：精神差，双眼轮匝肌压痛（+），双眶下压痛（+），鼻根部压痛（+），视力表测裸眼，左眼0.3、右眼0.2。舌淡红，苔薄，脉弱。

试写出诊断、病机分析、治则及推拿处方。

第十八节　湿　　疹

湿疹是婴幼儿时期临床常见的皮肤疾病，以皮肤表面出现为红斑、丘疹、水疱、渗液糜烂、干燥脱屑，瘙痒为主要特征。好发于额部、眉毛、两颊、耳郭周围及皮肤皱褶等部，常对称分布。2岁内小儿多见，一般在3岁后逐渐减轻或自愈。

本病可呈泛发或局限性，无明显季节性，易反复发作，缠绵难愈，患儿多为过敏体质，常有家族过敏史。中医将小儿湿疹称为"奶癣"，为哺乳期小儿所生之癣疾，又叫"胎癣"。

【病因病机】

本病多由湿热内蕴，或脾虚湿盛，复受风、湿、热邪侵袭，内外邪气相搏，发于肌肤所致。

1．先天因素　先天禀赋异常，孕期母体情志波动异常或喜食辛辣刺激之物，母体湿热火毒之邪遗于小儿，小儿素禀胎火湿热，易形成过敏体质，若有外邪诱发，发为湿疹。

2．后天因素　喂养不当，饮食不节，过食辛辣、肥甘、厚味之品，则脾失健运，水液停滞，湿邪内生。或感受风、湿、热邪,搏结于肌肤,以致血行不畅,营卫失和,腠理毛孔闭郁不畅,发为湿疹。

知识链接

小儿湿疹的日常护理

1. 保湿　是湿疹皮肤护理的基础。很多家长会认为湿疹是由于皮肤太湿造成的,其实湿疹皮肤很怕干,要经常保持滋润才行。挑选润肤产品时,应选择霜、乳膏剂型为宜。

2. 合理使用激素　对于中、重度湿疹来说,合理选用外用激素药膏是必要的,但不可盲目乱用,需要及时到正规医院就诊。在医生的指导下短期、规范地使用这类药物,不随意停药或减药。

3. 清洁　沐浴或擦洗水温不宜过高;擦洗不宜过频,一般夏季出汗多,可以每天洗;秋冬季节2～3天洗一次为宜;时间不宜过长,每次沐浴时间控制在5分钟左右,最多不超过10分钟;沐浴擦干皮肤后,即刻使用保湿剂、润肤剂。患儿贴身衣物以纯棉、宽松为宜,避免剧烈搔抓和摩擦。

【诊断】

(一)诊断要点

1. 疹子特征　多为细粒红色丘疹。轻者浅红斑片,伴少量脱屑;重者红斑、丘疹融合成片;亦有水疱者,溃后渗出大量浆液;或结痂脱屑。

2. 部位　皮损多对称分布于额部、眉间、面颊、耳郭周围及皮肤皱褶部,严重者蔓延到胸背及四肢。

3. 伴随症状　瘙痒,遇热尤甚。患儿多在枕上或母亲怀抱蹭擦,或手抓,或烦躁,或哭闹,或食卧难安。

(二)临床表现

1. 湿热浸淫　发病较快,皮损潮红、灼热,多见丘疹、丘疱疹、水疱,瘙痒剧烈,抓破后糜烂、渗出明显。伴小便短少、哭闹不宁、纳差,舌红苔黄腻,脉滑,指纹紫。

2. 脾虚湿蕴　发病较缓,皮损以丘疹或丘疱疹为主,皮疹色暗或有鳞屑,少许渗出,瘙痒明显。伴大便稀溏、纳差,舌淡苔腻,脉濡,指纹红。

3. 血虚风燥　病程较久,反复发作,皮损色暗红或色素沉着,皮疹干燥、脱屑,皮肤粗糙,瘙痒难忍。伴口干,夜寐不安,大便干结,舌淡少苔,脉细数,指纹淡。

课堂互动

说说小儿湿疹的出疹特点。

(三)辅助检查

1. 血常规　可伴有外周血液中嗜酸性粒细胞增多。

2. 过敏原检测　食物和吸入性过敏原检测,帮助确定过敏原。

【鉴别诊断】

1. 婴儿脂溢性皮炎　新生儿头皮部的灰黄色或黄色油腻鳞屑,常结痂。

2. 接触性皮炎　皮肤或黏膜接触某些物质如化纤衣物、化妆品、药物等,而发生的急性炎性反应。有明显的刺激物或致敏物接触史,皮损边缘较清晰,多局限于接触部位,皮疹一般为红斑,重者为丘疹、水疱,严重者表皮糜烂,甚至坏死。

【推拿治疗】

湿疹的治疗原则以祛除湿邪为主。根据临床辨证，予以祛风、清热、养血。

（一）湿热浸淫

1.治则　清热利湿，祛风止痒。

2.处方　清补脾经、清肺经、推三关、清天河水、揉列缺、拿风池、拿肩井、拿血海、擦膈俞。

3.方义　清补脾经、清肺经，健脾助运化湿；清天河水，清热透疹；推三关，发散湿邪；揉列缺、拿风池、拿肩井，祛风散邪；拿血海、擦膈俞，养血祛风止痒。

4.加减　小便短少者，加清小肠；渗液较多者，加推箕门。

（二）脾虚湿蕴

1.治则　健脾祛湿，祛风止痒。

2.处方　清补脾经、清补肺经、清大肠、清小肠、推三关、清天河水、推箕门、拿血海、揉脾俞、顺运内八卦、按揉足三里。

3.方义　补脾经，健脾助运；补肺经，强卫表；清脾经，祛水湿；清肺经，清肃肺金；清大肠、清小肠、推箕门，化积滞、渗湿浊；清天河水，清透湿邪；推三关，发散湿邪；拿血海，养血祛风止痒；揉脾俞、顺运内八卦、按揉足三里，健脾和胃、助运水湿。

4.加减　食少便溏者，加揉板门、捏脊。

（三）血虚风燥

1.治则　养血、祛风、止痒。

2.处方　补脾经、清肺经、清天河水、横擦膈俞、拿血海、揉二人上马、揉三阴交。

3.方义　补脾经，健脾养血；清肺经、清天河水，清肃肺金、清热除烦；横擦膈俞、拿血海，养血祛风止痒；揉二人上马、揉三阴交，滋阴养血润燥。

4.加减　大便干、小便少者，加推下七节骨、推箕门。

【注意事项】

1. 饮食宜清淡、易消化，禁食辛辣刺激性食物。

2. 保持皮肤清洁，避免不良刺激，防止患儿搔抓和摩擦。

3. 积极寻找过敏原，观察、记录、确定引起湿疹的过敏物质，及时去除或尽量避免接触。

案例分析

李某，男，5 个月。就诊日期：2018 年 1 月 22 日。

主诉：（其母代诉）皮肤表面反复出现散在红疹 2 个月有余。

病史：家长代述，患儿出生后以母乳喂养为主。2 个月前患儿母亲吃螃蟹后，患儿开始全身起疹子，多发于手足背，后蔓延至胸部及头面，表现为突出皮肤表面的散在红色疹子，无渗出，随后用中药外洗，症状稍有缓解，但依旧有红疹。其后始终反复发作难以痊愈。

检查：患儿面颊、耳郭、颈部周围一直瘙痒、泛红及干燥脱屑，脘腹胀满，夜卧不宁，大便溏，小便黄，乳食差，手足心凉，指纹紫，苔腻质红。

试写出诊断、病机分析、治则及推拿处方。

第十九节　小儿肌性斜颈

小儿肌性斜颈，又称先天性肌性斜颈，俗称歪头。是指一侧胸锁乳突肌纤维化并挛缩而引起的颈部偏斜。以患儿头歪向患侧，颈前倾，颜面旋向健侧，颈部向患侧活动受限为临床特征，是小儿常见的一种畸形。

小儿斜颈除极个别因颈椎畸形引起的骨性斜颈、视力障碍的代偿姿势性斜颈和颈部肌肉麻痹导致的神经性斜颈外，一般是指一侧胸锁乳突肌发生纤维挛缩导致的肌性斜颈。本病早期发现，及时推拿治疗，效果较好。如婴幼儿期未合理治疗，随年龄增长畸形加重，其疗效也随之降低，给患儿身心健康带来不良影响。

知识链接

胸锁乳突肌的结构与功能

胸锁乳突肌起于胸骨柄前面、锁骨内 1/3 上缘，止于颞骨乳突外面、上项线外 1/3，由副神经及颈 2、颈 3 神经前支支配。总体上，这块肌肉形成一个较宽的并且通常是清晰可见的肌肉薄板，在颈部前外侧的表面展开，并斜向前下方走行。两侧胸锁乳突肌在皮下形成清晰可见的圆隆状纺锤形团块，它们各自源于胸骨的肌腱，构成胸骨上切迹的边缘。

单侧胸锁乳突肌收缩引起具有三种成分的复合运动：头向对侧旋转，颈向同侧屈曲和颈椎后伸运动。这一运动可使视线上移，并转向收缩肌肉的对侧。头部的这一位置是典型的先天性斜颈，通常是由一侧肌肉异常缩短引起。双侧胸锁乳突肌同时收缩的作用随着颈部其他肌肉的收缩状态而变化，具体为如果颈椎可以活动，双侧胸锁乳突肌收缩可使颈椎前突增加、头部后伸以及颈椎在胸椎上前屈；相反，如果椎前肌群收缩使颈椎板直并保持固定，那么双侧胸锁乳突肌收缩可产生颈椎在胸椎上的前屈以及头部的前屈。

【病因病理】

胸锁乳突肌肿物大体标本像软的纤维瘤，切片呈白色。显微镜下可见肌肉组织减少，肌肉横纹消失，其间有小圆细胞浸润，纤维细胞增生。肌纤维发育不够成熟，有颗粒性变化及空泡形成，纤维细胞成熟而转化为结缔组织，肌肉与肌腱分界线消失。电镜下见受累的肌肉退变，间质胶原沉积明显增加。由于肌肉被非特异性纤维组织代替，患侧胸锁乳突肌发生纤维性挛缩，造成头面不对称和颈椎结构性侧弯等畸形。其病因不明，目前有以下几种学说：

1. 供血不足　胸锁乳突肌血供不充分，血液循环只有一个血管分支自肌肉背部中间进入，血管痉挛会引起肌肉缺血性变化。胎位不正时，阻碍一侧胸锁乳突肌血运供给，引起该肌缺血性改变。临床上有 30%~40% 的病例为臀位产，有力地支持这一学说。

2. 与损伤有关　斜颈患儿臀位产，难产者占 1/3，有人认为，分娩时一侧胸锁乳突肌因受产道和产钳挤压受伤出血，而引起肌肉纤维化形成挛缩。

3. 先天性畸形　胸锁乳突肌纤维化是本身发育不全的先天性畸形，常与其他畸形同时存在，如先天性髋脱位、先天性马蹄足。但家族发病率并不超过正常人群发病率。目前仍依据不足。

课堂互动

小儿肌性斜颈有哪些临床特征？

【诊断】

（一）诊断要点

1. 部分有胎位不正、难产或产伤史。

2. 头歪向患侧，颈前倾，颜面旋向健侧，颈部向患侧活动受限。

现多样,可伴有智力低下、惊厥、听觉和视觉障碍、行为异常等,是小儿时期致残的主要疾病之一。若未早期治疗,可造成永久性残疾。

中医儿科学中没有脑性瘫痪这一病名。根据其临床的表现,属于"五迟""五软""五硬"的范畴。五迟是指立迟、行迟、发迟、齿迟、语迟而言;五软是指头颈软、口软、手软、脚软、肌肉软而言;五硬是指头颈硬、口硬、手硬、脚硬、肌肉硬而言,属儿科难治之症。

【病因病机】

本病多由先天不足、后天失养或脑部损伤等因素所致。

1.先天不足　父母精血亏虚或近亲通婚,导致胎儿禀赋不足,精血亏损,不能充养髓脑,脑部发育不全;或其母孕期受惊吓或抑郁悲伤,扰动胎气,以致胎育不良。先天者,责之于肝肾不足,肾精亏虚,不能化生气血,导致筋骨失养,肌肉萎缩,日久颓废。

2.后天失养　小儿初生,禀气怯弱,护理不当,致生大病,损伤脑髓,由经络而累及四肢百骸,五官九窍。后天者,责之于脾脏,因护理不当,或饮食失调,或大病久病伤脾,运化失责,使筋骨肌肉失于濡养,痰浊内生闭窍,髓海失养而致空虚。

3.产伤及其他因素　分娩中产程过长或产钳使用不当引起脑组织缺氧,脑细胞变性坏死;或因脑部外伤,瘀血内阻或邪毒内侵、高热久病后,正虚邪盛,营血耗散,病及脑窍而生。

西医学认为脑性瘫痪的原因很多,分产前、产时和产后因素。产前原因多是胚胎早期发育中的异常或脑部先天性发育畸形,造成早产、围生期脑缺血缺氧,也可伴有其他的先天性疾病;产后常见原因是颅内出血、缺氧、惊厥、核黄疸、中枢神经系统感染等。

课堂互动

说说小儿脑性瘫痪的诊断要点有哪些?

【诊断】

(一)诊断要点

1.出生后或婴儿期发病,病情稳定,非进行性。

2.中枢性瘫痪,如单瘫、偏瘫、截瘫等。

3.主动活动减少,反应迟钝,有的语言表达不明,口齿不清,智力低下。

4.患儿发育及运动迟缓,与年龄不符,如独立行走较迟,易跌倒,部分因颈部支持力较弱而使头部不稳。

5.反射异常,原始反射延迟消失,保护性反射减弱或不出现。如坐位时,向各方向推患儿,患儿不会用手支撑。

6.肌张力异常及姿势异常。

(二)临床表现

1.肝肾不足　发育迟缓,五迟,神志不清,精神呆滞,面色无华,可伴有鸡胸、龟背,病久者肌肉萎缩不用,动作无力,舌淡,苔薄,指纹色淡。

2.脾气虚弱　形体消瘦,五软,智力低下,面色苍白无华,神疲乏力,肌肉萎缩,舌淡,脉沉细无力,指纹色淡。

3.瘀血阻络　神志呆滞,四肢及颈项腰背部肌肉僵硬,动作不协调,舌淡有瘀点,苔腻,脉滑。

(三)辅助检查

1.神经系统检查出现异常反射。

2.CT脑部检查可发现脑实质萎缩,脑回变窄,脑沟增宽,头颅MRI检查可发现大脑运动神经区解剖学异常。

3．脑电图检查以排除癫痫，对诊断有参考价值。

【鉴别诊断】

1．智力低下　本病常有运动发育落后，动作不协调，不灵活，原始反射，调正反应和平衡反应异常，在婴儿早期易被误诊为脑性瘫痪，但其智力落后的症状较为突出，肌张力基本正常，无姿势异常。

2．运动发育迟缓　有些小儿的运动发育稍比正常同龄儿落后，特别是早产儿。但无肌张力和姿势异常，无中枢运动障碍，无神经系统异常反射。运动发育落后的症状在小儿年龄增长和运动训练后，可短期内消失。

3．先天性肌弛缓　患儿生后即有明显的肌张力低下，肌无力，深反射低下或消失。平时易发呼吸道感染，本病有时被误诊为张力低下型脑性瘫痪，但后者腱反射一般能引出。

4．先天性马蹄内翻足　患儿出生时即有双足呈马蹄内翻畸形，但不伴肌痉挛等其他异常。

【推拿治疗】

推拿治疗总的原则是纠正异常姿势，促进各系统正常发育和功能恢复，减轻伤残程度。

1．治则　开窍醒神，健脑益智，濡养筋脉，调气通络。

2．手法　点法、按法、揉法、运法、拿法、擦法、扫散法。

3．操作步骤

（1）头部操作：点按百会、点按四神聪、推坎宫、揉风池、揉哑门、运太阳，扫散法擦头部两侧运动区 5 遍。

（2）四肢部操作：点按肩髃、肩髎、手三里、外关、合谷、伏兔、血海、委中、承山、足三里、三阴交、解溪等穴位，由上而下 3～5 遍。

（3）背部操作：推揉脊柱两侧肌肉，点按华佗夹脊穴 5～10 遍。

（4）最后拿揉四肢部，并配合四肢部的被动活动。

4．方义　按百会、四神聪，健脑益智；按揉足三里、按揉三阴交、揉中脘，补脾益胃；揉外关，调理三焦气机，以助中焦运化；阳明经为多气多血之脉，按揉阳明经穴位可通调经气，濡养筋骨。

5．辨证加减

（1）肝肾不足：加补肾经、按揉肝俞、揉肾俞，滋补肝肾，舒筋壮骨；横擦腰骶部、直擦督脉，温肾养肝。

（2）脾气虚弱：加揉中脘、揉脾俞、揉胃俞、补肾经、补脾经，补益脾胃，益气养血。

（3）瘀血阻络：加揉气海、膻中、关元以培补元气，重点按揉患侧肢体活血通络。

知识链接

推拿在小儿脑瘫康复治疗中应用的禁忌

1．痉挛型　①在痉挛肌群的肌腹部位禁用强刺激手法，否则会加重痉挛。②避免过大幅度、快速活动关节，以防关节脱臼及软组织损伤。③避免快速、大幅度牵拉痉挛肌群，否则会导致痉挛加重。④头面部是患儿的敏感区域，禁用刺激性强的手法，可采用接触面较大的按揉法，轻柔、缓慢地操作，以达到脱敏的效果。

2．肌张力低下的患儿　避免采用过度牵拉而引起的肌肉松弛。

【注意事项】

1．推拿是治疗小儿脑性瘫痪的主要疗法之一，通过调节经络达到康复目的。

2．本病宜早发现，早治疗，年龄越小越易奏效。推拿主要适用于 5 岁以下的患儿。5 岁以上的患儿可配合矫形手法同时进行。

3.全面关怀,综合治疗,长期坚持。推拿疗效与病情的轻重、治疗的早迟及坚持与否有关。还应配合功能训练等现代康复方法、针灸疗法及心理治疗。

案例分析

李某,女,2岁。就诊日期:2018年7月4日。

主诉:(其母代诉)出生2年一直不能行走。

病史:患儿于7个多月早产,生时窒息,置保温箱内3周,经抢救脱险出院。因至今不能正常行走来院就诊。

检查:神志清、精神佳,心肺未见异常。流口水,两下肢僵直、内收呈交叉状,髋关节内旋,踝关节跖屈。关节痉挛,脚尖站立,足底不能踩平,走路时呈剪刀样步态,步幅小,自主运动困难。腱反射亢进,踝阵挛阳性,巴宾斯基征阳性。

试写出诊断、病机分析、治则及推拿处方。

第二十一节　踝关节扭伤

踝关节扭伤包括韧带、肌腱、关节囊等软组织的损伤,是临床上常见的一种损伤,又称踝缝伤筋,可发生于任何年龄。学龄期儿童活动量较大,发病较多。本病约占全身各种关节扭伤的80%左右。临床上分为内翻扭伤和外翻扭伤两类,本节主要讨论踝关节内翻扭伤。

踝关节由胫腓骨下端与距骨组成,关节窝为胫骨下关节面、内踝关节面及腓骨外踝关节面,关节头为距骨滑车。

踝关节的关节囊薄,其两侧较紧张,内侧有较坚强的内侧副韧带(三角韧带),外侧副韧带包括腓距前韧带、跟腓韧带、距腓后韧带,但相对较薄。在胫骨与腓骨下端之间有一个很坚固的胫腓韧带,因此踝关节以背伸、跖屈为主,仅有小幅度的稍向两侧的内翻及微小的外翻活动。由于上述解剖特点,临床上多见内翻扭伤,强力外翻常造成骨折。

【病因病理】

本病的发生是由于外伤等因素,使踝部的经脉受损,气血运行不畅,经络不通,气滞血瘀而致。

踝关节扭伤多在行走、跑步、跳跃或下楼梯、下坡时突然踩空,或骑车跌倒,体育运动足跖屈着地时,足部受力不稳,致使踝关节过度内翻或外翻而发生。踝关节处于跖屈时,因距骨可向两侧轻微活动,使踝关节不稳定,可引起损伤。内翻损伤时,一般损伤外侧的腓距前韧带和跟腓韧带;外翻姿势时,由于三角韧带比较坚强,较少发生损伤,损伤比较严重的,可引起胫腓韧带撕裂、内踝撕脱性骨折。

课堂互动

踝关节内翻损伤时,一般损伤哪些韧带?

【诊断】

(一)诊断要点

1.有踝关节扭伤史。

2.踝部明显肿胀疼痛,不能着地行走或尚可勉强行走但疼痛加剧,伤处有明显压痛、局部皮下瘀血。

（二）临床表现

1.疼痛　受伤踝关节外侧或内侧骤然疼痛，行走或关节活动时疼痛加剧。

2.皮下瘀血　韧带或关节囊撕裂后，则毛细血管破裂出血，出血多时，瘀斑立即出现，一般伤后1～2日瘀血青紫尤为明显。

3.肿胀　肿胀是损伤部位出血、组织液渗出的具体表现，多见于踝关节前外侧和足背部。

4.跛行　出血积聚于关节间隙，或关节内有筋肉组织嵌顿，致使行走时疼痛，足跟部不敢着地，即使勉强行走，也只能以足外缘着地。

5.活动障碍与压痛　主动或被动活动明显受限，受伤局部压痛明显。

（三）辅助检查

X线检查　X线摄片以排除骨折和脱位。

【鉴别诊断】

踝部骨折　有踝关节扭伤史，局部肿胀明显，疼痛剧烈，踝关节功能活动丧失，不能行走。骨折处严重压痛，在屈膝位沿小腿纵轴方向，叩击足底时，踝部疼痛加重，有时可触及异常活动或骨擦音。X线摄片可确诊。

【推拿治疗】

1.治则　活血化瘀，消肿止痛。

2.处方　解溪、丘墟、昆仑、太溪、承山、阳陵泉。

3.手法　揉法、按法、摇法、摩法、搓法。

4.操作程序

（1）患儿仰卧，医者一手固定足部，另一手大鱼际着力，在踝关节周围进行轻柔缓和的揉摩，时间为2～3分钟。

（2）医者以拇指按揉解溪、丘墟、昆仑、太溪、承山、阳陵泉，力量由轻到重，每穴操作半分钟。

（3）医者一手握住足跖部，另一手握住足跟部、拇指按在伤处，两手稍用力向下牵引，同时进行轻度内翻和外翻。时间为1～3分钟。

（4）医者一手托住足跟，一手握住足跖部，同时用力，在拔伸的同时将踝关节尽量背伸，然后做环转运动。时间为1～3分钟。

（5）医者以拇指和其余四指相对用力，自上向下，反复拿揉1～3分钟，然后两手掌相对用力。横搓下肢1分钟。

知识链接

踝关节扭伤的"RICE"原则

踝关节扭伤后应遵循"RICE"原则，"R"是指休息，"I"是指冰敷，"C"即加压，"E"是指抬高，这些方式就是为了止痛并减少瘀血和渗出，防止肿胀。在最初24小时内患肢不要负重，疼痛缓解后部分负重，2～3天后可采用推拿、理疗、封闭、外敷消肿止痛化瘀药物。保护踝关节可用绷带固定。

踝关节扭伤后的康复程序为，恢复踝关节的关节活动度；锻炼踝关节的肌力；牵拉踝关节周围肌肉、肌腱，恢复其柔韧性，尤其是跟腱。

【注意事项】

1.推拿治疗单纯的踝关节扭伤效果较好。如损伤早期，韧带损伤较重，需加小夹板外固定；中后期加强踝关节的功能锻炼。

2.手法宜轻柔。

3. 新伤出血期,勿使用手法治疗,局部应冷敷。骨折或严重脱位者,禁用本法。

4. 肿胀明显者,施手法后嘱患者抬高伤肢休息,以利肿胀消退。后期配合活血通络的中药熏洗,效果更好。

案例分析

李某,男,7岁。就诊日期:2020年11月9日。

主诉:右脚扭伤2天。

病史:2天前下楼时右足突然踏空,内翻位着地,当时右踝部疼痛、肿胀,不能行走。

检查:右踝关节外侧肿胀瘀血,疼痛拒按,踝关节活动受限。X线片示:未见异常。

试写出诊断、病机分析、治则及推拿处方。

第二十二节　桡骨头半脱位

小儿桡骨头半脱位又称"掉胳膊""肘脱环",是指肘关节在伸直时腕部受到牵拉,桡骨头脱离了正常位置而引起一系列临床表现,多见于5岁以下小儿。该病是临床中常见的肘部损伤,左侧比右侧多见,由于它不具备半脱位的全部体征,X线片也不能显示半脱位的改变,从病理上讲只是关节囊或韧带被嵌顿,所以也称"桡骨小头假性脱位";也有的学者从病因的特点出发,称之为"牵拉肘"。

【病因病理】

5岁以下小儿,因桡骨头上端发育尚不健全,桡骨头与桡骨颈的直径几乎相等,有时桡骨头还小于桡骨颈,肘关节囊与环状韧带松弛而薄弱。小儿在肘关节伸直时,若过度牵拉小儿前臂,如穿衣、走路跌倒时幼儿前臂在旋前位被用力向上提拉,使肱桡关节间隙加大,桡骨头易从包绕桡骨颈的环状韧带中滑脱,关节内负压骤增,关节囊和环状韧带被吸入肱桡关节间隙,阻碍桡骨小头回复原位,即形成桡骨头半脱位。

知识链接

桡骨头

桡骨头是指桡骨上端,而桡骨头半脱位的描述是Fournier于1671年首先提出的。其受伤机制一直存在争议。多数学者认为,桡骨头与桡骨颈的直径基本相同、环状韧带相对松弛是其发病的解剖学因素。1972年Metha通过尸体解剖发现,小儿桡骨头、颈比例与成人相同。1916年Stone指出,桡骨头在前方明显突出于桡骨颈,而外侧及后侧则不明显,当前臂旋前时,受到纵向牵拉,易使桡骨头脱出环状韧带,而环状韧带边缘滑向关节间隙,嵌入肱桡关节内,导致桡骨头半脱位状态。

【诊断】

(一)诊断要点

1. 有牵拉患肢损伤史。

2. 患肘特殊体位　肘关节半屈位,前臂旋前位,一般局部无肿胀、畸形。

3. 桡骨头处压痛明显。

(二)临床表现

伤后患儿立即哭闹,主诉肘部疼痛,拒绝别人抚摸,不肯举手及持物。伤肘保持半屈位,前臂处于旋前位。检查患侧肘关节，多无肿胀、畸形，肘前外侧桡骨头处有压痛。被动屈伸或旋转肘关节时疼痛加重。肩部及锁骨均正常。

（三）辅助检查

本病 X 线检查常无明显异常改变。但有明显外伤史的患儿，宜做 X 线检查，以排除桡骨头、桡骨颈、肱骨髁上骨折。

【鉴别诊断】

1. 肱骨髁上无移位骨折　有跌仆史，肘部肿胀、疼痛，活动受限，肱骨髁上有明显压痛，肘三角正常，X 线检查可发现骨折线。

2. 桡骨头骨折　有外伤史，肘部疼痛，肘外侧肿胀明显，桡骨头局部压痛，肘关节屈伸活动及前臂旋转活动受限，旋转时桡骨头局部疼痛加重，肘关节正、侧位 X 线摄片有助诊断。

【推拿治疗】

1. 治则　理筋整复。

2. 手法　按法、拔伸法、屈伸法。

3. 操作程序　行手法复位，不需麻醉。家长抱患儿于坐位，并固定其伤肢上臂。医者面向患儿，一手握患儿伤肢肘部，以拇指将桡骨头向外后方按压，另一手握伤肢腕部，稍用力拔伸牵引前臂进行旋后、过伸，然后缓缓将患侧肘关节屈曲至最大限度，常有轻微的弹响声或弹跳感觉，表示已复位（图 5-2）。伤肘疼痛即刻消失，前臂可上举，手能握物，显示手法复位成功。

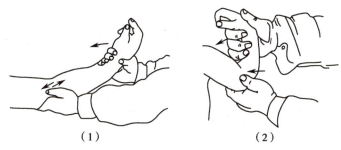

（1）　　　　　　　　　　　（2）

图 5-2　小儿桡骨头半脱位复位手法

【注意事项】

1. 手法治疗小儿桡骨头半脱位，效果明显，一般复位后，患儿肘部疼痛立即消失，停止哭闹，肘关节屈伸自如，一般不需要固定及药物治疗。

2. 桡骨头半脱位 1～2 天后尚未整复，或经用不当按揉，局部肿胀疼痛者，术后不能立即恢复正常，在肘关节桡侧用轻柔的揉法或热敷 2～3 天，并用三角巾屈肘 90° 悬吊前臂置于胸前 1 周。

3. 对于习惯性半脱位的患儿，嘱家长避免用力牵拉患臂，养成穿衣时先穿患侧，后穿健侧，脱衣服时先脱健侧，后脱患侧的习惯，预防复发。

课堂互动

桡骨头半脱位的患儿治愈后应注意什么？

案例分析

王某，女，3 岁。就诊日期：2017 年 6 月 1 日。

主诉：（家长代诉）右肘牵拉后疼痛，不能活动半小时。

病史：上午10时许患儿不慎跌倒，家长用力牵拉患儿右腕后小儿突然哭叫，随之其右肘关节呈旋前位，肘关节微屈，诉右肘疼痛，不敢活动，故来医院急诊。

检查：发育正常，右肘关节半屈曲、旋前位，右肘外侧轻度肿胀，右手不能举起与握物，桡骨小头处压痛（+），无明显畸形。X线检查：右肘关节正侧位片未见异常。

试写出诊断、病机分析、治则、治疗步骤。

第二十三节　臂丛神经损伤

臂丛神经损伤可由多种原因引起，本节主要介绍小儿因产伤致臂丛神经或神经根受损伤而引起的上肢麻痹，亦称为产伤麻痹或产瘫。

【病因病理】

产妇顺产时，由于助产人员过急过猛侧向屈曲牵拉小儿头部及上肢以娩出肩部时，使一侧颈部和肩部过度分离，造成臂丛的牵引和撕裂损伤，这类损伤占臂丛神经损伤的大部分。臀位产时，向侧方用力牵拉躯干和颈部使头部娩出时，可造成臂丛神经拉伤。难产或滞产时受产钳挤压或外力牵拉，均可损伤神经引起麻痹。第5、6颈神经损伤可致上臂麻痹；第8颈神经与第1胸神经损伤可引起前臂麻痹；臂丛神经束损伤则产生全臂麻痹。

知识链接

臂丛神经根的功能

臂丛神经，是由第5～8颈神经的前支及第1胸神经前支的一部分组成。

1. C_5神经根　主要组成腋神经，支配三角肌，主管肩外展；主要组成肩胛上神经，支配冈上肌、冈下肌，主管肩上举；独立组成肩胛背神经，支配肩胛提肌。

2. C_6神经根　主要组成肌皮神经，支配肱二头肌，主管屈肘。

3. C_7神经根　主要组成桡神经，支配上肢伸肌群，主管肘、腕、指的伸直。

4. C_8神经根　主要组成正中神经，支配掌长肌、拇长屈肌、指深屈肌等指屈肌群，主管手指屈曲；独立组成肩胛下神经，支配肩胛下肌。

5. T_1神经根　主要组成尺神经，支配手内在肌、骨间肌和蚓状肌，主管拇指对掌、对指，手指内收、外展、掌指关节屈曲及指间关节伸直；独立组成臂及前臂内侧皮神经。

【诊断】

（一）诊断要点

1. 分娩过程中有臂丛神经损伤史。

2. 出生后一侧或双侧上肢下垂，肌力较弱，皮肤感觉异常或活动障碍。

（二）临床表现

临床上最常见的是上臂麻痹，其次为前臂麻痹，亦有损伤严重的全臂麻痹。

1. 上臂麻痹　主要表现为腋神经及肩胛上神经麻痹，三角肌、冈上肌、冈下肌、小圆肌、部分胸大肌、旋后肌等不同程度受累，故主要表现为患肢下垂、肩关节不能外展及上举、肘部微屈和前臂旋前。

2. 前臂麻痹　主要表现为正中神经麻痹，由于症状不明显，往往在出生后相当长时间才被发现，手的大、小鱼际肌肉均萎缩，手指不能屈曲，拇指不能对掌；尺神经麻痹，小指处于外展位，手指不能内收与外展;常有臂部感觉障碍。

3. 全臂麻痹 患儿出生后即可发现上臂、前臂或全臂不能自主运动,锁骨上窝可能因出血而有肿胀,常发现上肢有内收肌、内旋肌的肌痉挛;肱骨头有半脱位和肩峰下垂现象,并可出现前臂桡侧部感觉消失。

课堂互动

小儿臂丛神经损伤的诊断要点是什么?

(三)辅助检查

1. 肌电图检查 肌电图检查颈后最深部肌肉是脊横肌和横突间肌。凡肌电图显示去神经性纤维颤动电位,表示脊神经后支的运动神经纤维损伤,为椎间孔内臂丛损伤;凡显示无正常电位,表示椎间孔外臂丛损伤;凡受神经根支配的任何肌肉存在主动运动,即显示肌肉主动收缩电位,表示不完全性神经根损伤。

2. 组胺潮红试验 主要用于确定臂丛牵拉伤的部位,可分为神经节前和神经节后损伤。以上两种类型的运动和感觉麻痹征象相同,但神经节后损伤(椎间孔外神经根损伤)时轴索反射可丧失(阴性),神经节前损伤(椎间孔内神经根损伤)时轴索反射可能存在(阳性)。

【鉴别诊断】

1. 脊髓灰质炎后遗症 无产伤史,多见于1～5岁小儿,有瘫痪前驱期症状。以不规则、不对称的肢体瘫痪,后期骨骼畸形为特征。常见于四肢,以下肢瘫痪最多。

2. 大脑性瘫痪 多呈痉挛性,可表现为痉挛性双下肢瘫、偏瘫、四肢瘫,运动障碍,共济失调等症状,伴有反应迟钝,语言表达不明,口齿不清,智力低下。

3. 感染性多发性神经根炎 绝大多数急性起病,运动障碍常从下肢开始,向上发展,瘫痪肢体远端重于近端。受累肢体腱反射减弱或消失并伴有肌肉萎缩。四肢麻痹呈对称性,两侧受累程度相似。

【推拿治疗】

1. 治则 通经活络,行气活血。

2. 处方 掐揉五指节、掐揉老龙、按揉大椎、揉秉风、按揉天宗、揉肩髃、拿肩井、按揉曲池、揉手三里、拿揉合谷、拿极泉。并做肩、肘、腕关节的摇、屈伸活动。搓患肢,捻患肢五指。

3. 方义 掐揉上肢部穴位能通经活络;摇动及屈伸各关节能行气活血,促使臂部肌肉、神经的康复,从而改善肢体麻痹。

4. 操作程序

(1)患儿取坐姿,医者以拇指自大椎循肩井、天宗、肩贞、肩髃等部位行按揉法,往返操作5分钟,拿肩井3～5次。

(2)按揉肩髃、臂臑、曲池、手三里、外关、合谷等,上下往返5分钟。

(3)用示指、中指、环指摩中府、云门,并转向极泉处,往返1～2分钟。

(4)医者左手拇指、示指固定患儿肩、肘、腕关节近端,右手做适当的屈、伸、摇被动运动各5～10次。

(5)医者两手掌夹住患肢从上至下轻轻搓揉2～3遍,用拇指、示指揉捻患肢五指2～3遍。

【注意事项】

1. 臂丛神经损伤往往合并臂丛周围出血,最后粘连瘢痕化。早期使用手法治疗可预防粘连,阻止瘢痕化发生的挛缩畸形,并可刺激周围神经功能尽快恢复,约半数患儿经保守治疗可完全康复。

2. 注意局部保暖,抱起患儿时动作要轻柔,以免发生肩关节脱位。

3. 手法治疗宜轻柔,切忌粗暴过重。做被动运动时,动作要缓和,切忌硬扳强拉。

4. 可配合在患处行中药湿热敷。

5. 5岁以后的残余畸形多需手术矫正。

案例分析

杨某,女,8个月。就诊日期:2018年5月18日。

主诉:(其母代诉)左上肢下垂无力8个月。

病史:患儿是臀位足月助产儿,出生时因臀位助产后出胎头困难,曾被助产士牵拉左上肢。出生后即发现其左上肢下垂无力,没有任何活动,曾多处求医,疗效不显,今来我院就诊。

检查:左上肢下垂无力,活动障碍,左侧肩关节不能外展及上举。X线示:未见异常。

试写出诊断、病机分析、治则及推拿处方。

（刘世红　潘道友　闫方杰　曾　妙　朱霜菊　黄　纬　陈　玲　申莉鑫）

复习思考题

1. 简述风热感冒的临床表现及推拿处方。

2. 试分析"湿"在泄泻发病中的意义。

3. 简述适宜推拿治疗的小儿腹痛的诊断要点。

4. 简述脾胃不和型厌食证的推拿治疗。

5. 如何对小儿夜啼进行辨证推拿治疗?

6. 试述积滞与疳证的临床特征及两者之间的关系。

7. 简述小儿肌性斜颈的病因病理、治疗原则及操作步骤。

8. 简述推拿治疗近视的临床操作程序。

9. 试述功能性腹痛与器质性腹痛的鉴别要点。

案例分析答案

课堂互动答案

扫一扫,测一测

小儿保健推拿，一方面用于预防疾病和强健身体，另一方面用于治疗疾病和巩固疗效。其应用范围较广，适用于任何年龄的健康儿童及患病后小儿，可以起到保健、防病、治病的目的。据观察，5岁以内的儿童保健作用最为显著。保健推拿能使儿童增进食欲，精神饱满，增强抵抗力，减少疾病的发生，使小儿健康地发育成长。推拿保健经济简便，无副作用，儿童、家长都乐于接受。下面介绍几种常用的小儿保健推拿方法。

1. 健脾和胃保健法

处方：补脾经200～500次、摩腹3～5分钟、捏脊3～5遍、按揉足三里50～100次。

加减：纳差者，加揉板门200次；腹胀者，加运内八卦200次；夜啼者，加揉小天心200次。

注意事项：一般在清晨或饭前进行，每周推拿2～3次，10～15次为1个疗程。1个疗程结束后停止推拿2～4周，再做下一个疗程。急性传染病期间可暂停，待病愈后再进行。

2. 安神保健推拿法

处方：拍心俞50次、拍厥阴俞50次、按揉心俞30次、抚背50～100遍、猿猴摘果30次、揉百会30次。

加减：内热者，加运内劳宫100次。

注意事项：睡前或下午进行治疗，每日1次，6次为1个疗程，可连续2个疗程；拍击穴位要虚掌，动作轻柔而有节奏，拍后继揉。用于小儿突见异物，或听非常之声等受惊吓后，面色时青、梦中呓语、夜卧不安等。

3. 健脾保肺推拿法

处方：补脾经200～500次、摩囟门100次、分推八道（沿1～2、2～3、3～4、4～5肋间隙分推，两侧各四道）各50次、揉膻中100次、揉手足心各50次、拿肩井3次。

加减：伤食者，加揉板门200次、摩腹3～5分钟。

注意事项：一般在清晨进行，每日1次，连续5次为1个疗程，休息2天后进行下一疗程，推2～3个月；用于易感冒咳嗽的小儿。

4. 眼视力保健推拿法

处方：开天门、推坎宫各30遍，睛明、攒竹、鱼腰、丝竹空、瞳子髎、承泣等穴位各按揉30秒，太阳穴揉摩1～2分钟，心俞、膈俞、肝俞、脾俞、肾俞等穴位各按揉1分钟，光明穴按揉1分钟。

注意事项：本法适用于各年龄阶段少年儿童眼视力保健，可以指导家长及少儿作为日常眼保健操作方法，但要指导小儿养成良好用眼及卫生习惯。

5. 小儿耳部保健推拿法

处方：依次按揉耳门、听宫、听会、翳风各64次，运耳后高骨64次，搓揉耳郭64次、下拉耳垂10次，力度适中，双凤展翅16次，猿猴摘果8次，"鸣天鼓"36次。令患儿转头，折耳向前，轻敲耳背6次，搓擦耳根，透热为度。一侧操作完毕转头到另一侧同法操作。

注意事项:操作过程中手温不能过低,需搓热双手,手法轻柔。搓擦时应适度,不得搓破皮肤,可涂适量按摩油。配合听力训练效果更佳。

6. 小儿鼻部保健推拿法

处方:开天门36次,推坎宫36次,揉太阳36次,掐揉山根8次,按揉印堂、睛明、迎香、巨髎各64次,示指中指分别放于鼻两侧,擦鼻旁,透热为度,最后黄蜂入洞1分钟。

注意事项:鼻部保健可以配合中药雾化;季节变化适时增减衣物,清晨可以用棉签盐水洗鼻。如有花粉、灰尘等过敏者,尽量避开过敏原。日常擤鼻涕时需擤一边,再到另一边,不要用力过猛,以免鼻充血。

（潘道友　曾　妙）

附录二
小儿推拿流派

　　所谓"推拿流派"，是指世袭相传的、有其自身特色和风格的关于推拿操作与运用的群体，在一定区域有较大影响力。小儿推拿源远流长，不同地域的小儿推拿医家对《小儿按摩经》的理解不同，对小儿推拿穴位、手法、理论等方面认识不同，逐步形成了不同的小儿推拿流派。目前国内发展比较充分、影响较大的小儿推拿流派有山东地区的推拿三字经流派、孙重三推拿流派及张汉臣推拿流派，北京地区的小儿捏脊流派，上海地区的海派儿科推拿和湖南地区的刘开运儿科推拿流派。

　　推拿三字经流派以山东青岛市中医院已故老中医李德修为代表，李德修是清末胶东著名推拿名医徐谦光的第四代传人，他继承了清代徐氏推拿学派之精华并有所发展，著有《李德修小儿推拿技法》一书。该派学术特点非常明显：第一，偏重望诊及五脏辨证，李德修潜心于望诊，患者入室，举目一视，即能说出病情；第二，取穴少而精，善用独穴；第三，推拿时间长，手法频率高；第四，以清法见长；第五，手法操作简单，两穴联推；第六，以推拿代替药物。

　　该派常用穴仅三十有余，其手法亦较其他学派简单，归纳起来只有推、拿、揉、捣、分合、运六种。主张取穴少而精，还强调用"独穴"治病。所谓"独穴"，就是在一定的情况下，只取一个穴位多推久推，以得效为度。在辨证上主张祛邪为先，重视小儿纯阳之体，取穴少而多用清法。认为小儿虽然"稚阴稚阳"，抵抗力不足，但是"纯阳之体"生机旺盛，易趋康复。因小儿患病临床多表现为实证或虚中夹实之证，纯虚者较为少见，所以论治小儿，实证用清法，虚中带实亦多用清法。在处方取穴上，因小儿具有"脾常不足""肺脏娇嫩""肝常有余"等生理病理特点，根据木能克土，"木火刑金"之理，临床取穴常常首选平肝穴，治疗呼吸道疾病喜取平肝、清肺、清天河水、运八卦、一窝风等，治疗消化道疾病常用平肝、清胃、清天河水、清大肠、运八卦、清板门、揉外劳宫等。

　　孙重三推拿流派以山东中医学院（现山东中医药大学）附属医院已故老中医孙重三为代表。孙重三20岁时拜老中医林椒圃为师，以林氏的推拿手法为基础，又精研了《小儿推拿广意》《幼科推拿秘书》《厘正按摩要术》等专著，集众家之长于一体，结合个人的临床实践，编著有《小儿推拿疗法简编》《通俗推拿手册》等书。该派学术特点为：第一，首重"天人合一"的整体观念，诊病强调闻诊和望诊，辨证论治；第二，临床注重手穴、体穴相配，相辅相成，擅长应用林椒圃的"十三大手法"。孙重三将开天门、推坎宫、运太阳和揉耳后高骨归为"四大手法"。

　　该流派常用的穴位有70多个，手法以按、摩、掐、揉、推、运之法最常用，搓、摇多做辅助，手法轻巧、柔和、渗透，并继承了林氏"十三大手法"——摇肘肘、打马过天河、黄蜂入洞、水底捞月、飞经走气、按弦走搓摩、二龙戏珠、苍龙摆尾、猿猴摘果、擦脐及龟尾并擦七节骨、赤凤点头、凤凰展翅、按肩井等。在取穴上，该派多用手穴加体穴，治疗呼吸道疾病常用"四大手法"（开天门、推坎宫、运太阳、运耳后高骨）及二扇门、肩井、风池、肺俞、运内八卦、膻中、按弦走搓摩；治疗消化道疾病多取推脾土、分腹阴阳、运内八卦、清大肠、推上三关、天门入虎口、推天柱骨、足三里、摩腹、拿肚角、揉脐及龟尾、推七节骨。

张汉臣推拿流派以山东青岛大学附属医院已故老中医张汉臣为代表。张汉臣少年时即随师学习中医内科，后拜民间艾老太太为师学习小儿推拿，著有《小儿推拿学概要》和《实用小儿推拿》。该派主要学术特点为：第一，重视望诊，其内容多而翔实，尤以望面色和望鼻最有特色；第二，在治则上是以治本为主，严守"补虚扶弱"或"补泻兼治"的法则。把小儿推拿概括为"一掌四要"："一掌"即掌握小儿无七情六欲之感，只有风、寒、暑、湿、燥、火、伤食之证的生理特点。"四要"包括一要辨证细致，主次分明；二要根据病情，因人制宜；三要取穴精简，治理分明；四要手法熟练，刚柔相济。

该流派选用的穴位有70多个，但常用的仅10余个。手法有推、揉、运、分、捏等。在辨证上该流派注重扶正，祛邪亦不忘扶正，认为小儿"稚阴稚阳"，"邪之所凑，其气必虚"，在治病过程中必须时时顾护正气。在处方选穴上，该流派选穴配伍较多，且常首选补肾水，治疗呼吸道疾病善用小天心、一窝风、补肾、清板门、清天河水、逆运八卦、揉二马、揉掌小横纹等，治疗消化道疾病常用补肾水、揉二马、补脾土、揉小天心、揉一窝风、逆运八卦、推四横纹、清板门、清大肠、清天河水、挤捏神阙。此外，该流派善于与现代医学结合研究小儿推拿，对治疗消化道疾病之首选穴补脾土进行了实验研究，结果证明推补脾土使胃酸度明显增加，对胃蠕动以及对蛋白质的消化均有明显的促进作用。

小儿捏脊流派以北京地区已故捏积（脊）专家冯泉福为代表。冯泉福为冯氏捏积术的第四代传人，其弟子李志明根据其学术思想编著《小儿捏脊》一书，并将捏脊疗法的主治范围扩大，通治小儿诸病。小儿捏脊流派具有以下特点：第一，学术上强调"督脉通，诸脉通"。通过捏拿小儿的脊背，振奋督脉的阳气，推动全身气血的运行，调整全身的阴阳之气，从而达到治疗疾病的作用。第二，运用捏脊疗法治疗积证。在捏脊的同时，配合服用"消积散"及外敷"冯氏化痞膏"（此二方均为冯氏家传）。第三，手法上细分为"捏脊八法"，即捏、拿、推、捻、提、放、按、揉。

该流派认为捏脊手法亦分补泻，捏脊从长强穴开始至大椎穴结束为补法，反之则为泻法；若捏一遍补法接着再捏一遍泻法，补泻法交叉进行则为平补平泻法。捏脊，因其长于治疗儿科积聚一类疾病，又称为"捏积"，故该流派对小儿积证有其独到见解，将积证分为4型，即乳积、食积、痞积和疳积，并进一步将疳积划分为脾疳、疳痢、疳肿胀、疳嗽、眼疳和牙疳五类，紧紧围绕脾失健运的病机关键，对四积五疳的成因和证候，进行了概括和阐述，形成了冯氏四积五疳学说。他指出捏脊疗法旨在通过捏拿患者督脉，达到经络的良性感传，加之刺激膀胱经上有关的俞穴，恢复受损之脏腑，疏通阻滞之气血，从而使停滞之食物得以运行消化。小儿捏脊流派在北京地区影响颇大，冯泉福有"捏积冯"之美称。

海派儿科推拿以上海地区小儿推拿名家金义成为代表。金义成对推拿发展史、历代推拿文献颇有研究，以儿科推拿见长，著有《小儿推拿》《小儿推拿图解》《海派儿科推拿图谱》等书。海派儿科推拿学术特色在于兼收并蓄，着重创新。主要表现在：第一，手法除了继承传统的小儿推拿八法，还融入了上海的一指禅推拿、㨰法推拿、内功推拿三大成人推拿流派的手法。第二，穴位应用更加广泛，临床应用范围扩大。第三，理论上根据"通则不痛、不痛则通"的原理，以痛为腧，通过在痛点的治疗，达到祛除病痛的目的。

该流派手法融合传统小儿推拿八法及成人三大推拿流派手法，合称为"推拿十六法"。在治法的运用上，除了传承"汗、吐、下、温、和、清、补、消"八法之外，提出了"通"法的应用，揭示推拿能使"寒热咸和"，具有"开达抑遏""疏通气血""开关利气"的功用。在临证时强调"痛则通""不痛则不通"，根据"通则不痛、不通则痛"原理，而寻求病症异常的反应点，以痛为腧，通过在痛点的治疗，达到祛除病痛的目的。在理论上，基于推拿以手法为防治病症的主要手段，加之小儿特定穴位有点、线、面之特点，且穴位和部位同用，因而提出了"穴部"的观点。此外，对于小儿推拿对象的界定，金义成根据其个人经验特别指出，小儿推拿穴位和复式操作法的应用，主要是针对

6 周岁以下的儿童,对 3 周岁以下的效果更佳。对于 6 周岁以上的儿童,其取穴和手法可相应采取类似成人推拿的方法。

刘开运推拿流派以湖南地区推拿名家刘开运为代表。刘开运出身中医世家,苗汉后裔,御医后代,家族业医三四百年,祖传中医、草医、推拿三套绝技,熔汉、苗医药于一炉,独树一帜,尤其擅长儿科推拿,其推拿流派主要学术特点是:第一,辨证取穴,归经施治。第二,五经为主,配穴精当。刘开运根据五行生克制化之理,确定其补母、泻子、抑强、扶弱的治疗原则,以作为指导临床推拿治疗时取穴主补主泻的依据,临床具体运用中尤以推五经多用。第三,注重体质,补泻制宜。第四,开阖相配,通调阴阳。

该流派在手法上以推揉为主,拿按为次,兼以摩、运、搓、摇、掐、捏,称为"刘氏小儿推拿十法"。临床上刘氏往往将揉法与掐、按相结合,形成复合手法,其常用形式有三种:揉中加按法、揉按法、掐后加揉法。肺俞、膻中、乳根、乳中、中脘、足三里、涌泉等穴部多用揉按或揉中加按法,偏重于止咳、平喘、止呕、止泻、止痢;百会、人中、承浆、四横纹、一窝风等穴部多用掐后加揉法,偏重于止痉、止痛、醒神;龟尾、神阙等穴部多单施揉法,主要用于消化系统疾病的治疗。在临床操作过程中,该流派把开窍及关窍作为小儿推拿的常式,在每个小儿疾病、病证当中都必须操作的套路[开窍即小儿推拿当中的"头部三法"(开天门、推坎宫、推太阳)及推拿手部的总筋、阴阳穴,关窍即拿按肩井]。

总之,明清时期以来,由于时代的发展和历代小儿推拿医家对《小儿按摩经》的理解、发挥不同,所以也就对小儿推拿包括穴位、手法、操作方法有了不同的认识和理解,乃至形成小儿推拿的不同流派。他们不仅丰富了小儿推拿理论体系,还对小儿推拿的理论和临床及小儿保健继续向前发展起到了促进和推动作用。

（潘道友　曾　妙）

附录三
实训指导及实训考核方案

第一节　小儿推拿手法实训指导及考核方案

一、常用推拿手法操作指导

【实训目的】

1. 掌握小儿常用推拿手法，推、揉、摩、按、捏、掐、捣、运等15种手法的操作要领和临床运用。通过在人体进行正确的实际操作，准确把握手法力度、频率与技巧。

2. 熟悉上述手法操作注意事项。

【实训场地与器材】

实训室；秒表、推拿介质、按摩床、方凳、摄像机、电脑、投影仪；教案文件资料。

【实训内容与操作步骤】

（一）教师示范操作、讲解并录像

1. 推法

（1）直推法

1）拇指直推——推大肠经：①术者一手持受术者示指，暴露桡侧缘，另一手用拇指螺纹面吸定示指指尖，示指与中指夹住受术者腕关节。②以肘关节为支点，通过前臂摆动，以手腕带动拇指，沿示指桡侧缘直线推向虎口为补；反之为清。③推100～300次，要求均匀、轻柔、着实，每分钟150～250次。

2）示指、中指指面直推——推三关：①术者一手持受术者手腕，另一手示、中指并拢，用指面吸定腕横纹；②以肘关节为支点，通过前臂摆动，手腕带动示指、中指，沿前臂桡侧推向肘横纹；③推100～300次，要求均匀、轻柔、着实，每分钟150～250次。

（2）旋推法

推拇指螺纹面：①术者一手持受术者手，固定并暴露受术者拇指螺纹面，用另一手拇指螺纹面着力在受术者拇指螺纹面；②拇指主动运动，做顺时针方向的环旋移动，不带动皮下组织；③要求轻快、均匀、着实，每分钟150～200次。

（3）分推法

1）一（"←．→"）字分推法

分推坎宫：①术者用两手拇指螺纹面或其桡侧缘沿受术者两侧眉梢做分推，其余四指轻放在头部两侧固定助力；②通过前臂摆动带动拇指向两侧推动；③要求舒适柔和，推20～50次。

分推膻中：①术者用两手拇指螺纹面或其桡侧缘稍用力附着于受术者膻中；②通过前臂摆动带动拇指向两旁分推至乳头；③推50～100次。

2）八（"╱·╲"）字分推法

分推腹阴阳：①术者用两手拇指螺纹面附着于受术者剑突下；②通过前臂摆动，用手腕带动拇指，沿其肋弓边缘向两旁分推；③推 100～200 次。

分推肩胛骨：①术者用两手拇指螺纹面附着于受术者肩胛骨内侧缘上端；②通过前臂摆动带动拇指分推至肩胛下角；③推 50～100 次。

（4）合推法

合推手阴阳：①术者用双手拇指螺纹面着力，吸定于受术者腕横纹两端；②拇指主动运动，向中间（总筋）方向直线推动合拢；③推 20～50 次。

2. 揉法

（1）指揉法

1）一指揉法

拇指揉——揉板门：①术者一手持受术者手，另一手拇指指腹吸定于大鱼际平面；②通过前臂摆动，带动腕和掌指从而带动皮下组织做轻柔缓和的环旋运动；③揉 50～100 次。

中指揉——揉小天心：①术者一手持受术者手，使其掌心朝上，另一手中指端吸定于小天心；②通过前臂摆动，带动腕和掌指从而带动皮下组织做轻柔缓和的环旋运动；③揉 100～300 次。

揉太阳穴：①术者两手中指端吸定于受术者太阳穴；②通过前臂摆动，带动腕和掌指从而带动皮下组织，做轻柔缓和的环旋运动；③揉 30～50 次。

2）二指揉法

示指、中指揉天枢：①术者用中指、示指螺纹面吸定于受术者两侧天枢穴；②通过前臂摆动，带动腕和掌指从而带动皮下组织做轻柔缓和环旋运动；③揉 50～100 次。

3）三指揉法

示指、中指、环指揉脐与天枢：①术者用中指、示指、环指螺纹面分别同时置于脐和两侧天枢穴；②通过前臂摆动，带动腕和掌指从而带动皮下组织做轻柔缓和协同环旋运动；③揉 100～300 次。

（2）鱼际揉法

揉颊车：①术者用大鱼际置于受术者颊车穴；②通过前臂摆动，带动大鱼际处皮下组织做轻柔缓和环旋运动；③揉 30～50 次。

（3）掌根揉法

揉中脘：①术者用掌根置于受术者胸骨下端剑突与脐连线中点；②通过前臂摆动，带动腕和掌根部，从而带动皮下组织做轻柔缓和环旋运动；③揉 100～300 次。

3. 按法

（1）指按法

拇指按——按环跳：①术者拇指伸直，手握空拳，示指中节桡侧轻贴拇指指间关节掌侧，起支持作用，以协同助力置于环跳穴。②前臂垂直用力，带动拇指指面向下逐渐按压，持续一定时间，按而留之，然后放松，再逐渐用力向下按压，如此一按一松反复操作；再配合揉法。③按揉 5～10 次。

中指按——按颊车：①术者用中指端置于受术者颊车穴。②以掌指关节为支点，指面向下逐渐按压，持续一定时间，按而留之，然后放松，再逐渐用力向下按压，如此一按一松反复操作；再配合揉法。③按揉 3～5 次。

（2）掌按法

按环跳：①术者用掌根置于受术者环跳穴；②前臂垂直用力，带动掌根向下逐渐按压，持续一定时间，按而留之，然后放松，再逐渐用力向下按压，如此一按一松反复操作，配合揉法；③操作可按一定比例：一按两揉、两按一揉等。

4. 摩法

（1）指摩法

摩腹：①术者用手指指面贴附于受术者腹部；②臂部放松，通过肩、肘、腕关节协调运动，带动五指在腹部做顺时针或逆时针环形摩擦；③摩3～5分钟。

（2）掌摩法

摩腹：①术者用手掌面贴附于受术者腹部；②臂部放松，通过肩、肘、腕关节协调运动，带动手掌在腹部做顺时针或逆时针环形摩擦；③摩3～5分钟。

5. 掐法

（1）掐人中：①术者拇指伸直，手握空拳，拇指指甲着力，吸定在受术者人中穴；②拇指垂直，逐渐用力，缓缓掐之；③掐3～5次。

（2）掐五指节：①术者拇指伸直，手握空拳，拇指指甲着力，分次吸定在受术者手背五个手指第一指间关节；②拇指垂直，逐渐用力，缓缓从拇指到小指逐一掐之；③掐后继揉3～5次。

（3）掐小天心：①术者拇指伸直，手握空拳，拇指指甲着力，吸定在受术者小天心穴；②拇指垂直，逐渐用力，缓缓掐之；③掐后继揉3～5次。

6. 捏法

（1）拇指后位捏法：①术者用拇指桡侧吸定并顶住被操作者龟尾穴两旁皮肤，示指、中指前按，拇指、示指、中指三指同时用力提捏住皮肤；②腕关节稍发力，双手同时协调操作，使指关节做连续不断、灵活轻巧地提捻受术部位皮肤，交替向前捻动；③从龟尾到大椎，反复练习，直到熟练。

（2）拇指前位捏法：①术者手握空拳状，拳眼向前，两手拇指伸直前按，示指屈曲，用示指中节桡侧缘顶住受术者龟尾穴两旁皮肤，拇指、示指同时用力捏住皮肤；②腕关节稍发力，双手同时协调操作，使指关节连续不断、灵活轻巧地提捻受术部位皮肤，交替捻动向前；③从龟尾到大椎，反复练习，直到熟练。

7. 运法

（1）拇指运法：①术者用拇指螺纹面贴附在受术者手掌；②前臂稍发力，通过腕关节带动拇指指腹在受术部位表面做弧形或环形推动，不带动皮下组织；③在受术者手掌练习，运内八卦，运80～100次。

（2）中指运法：①以中指螺纹面贴附在受术部位表面；②前臂稍发力，通过腕关节带动中指指腹在受术部位表面做弧形或环形推动，不带动皮下组织；③在受术者面部练习，运太阳20～50次。

8. 拿法

拿颈项：①术者用拇指和示指、中指或用拇指和其余四指指面相对置于受术者颈项部；②腕掌自然蓄力，拇指与其余手指相对用力由轻到重提拿；③在受术者颈项风池穴操作练习，拿1～3次为一组，可操作多组。

9. 搓法

搓一侧上肢：①受术者坐位，术者用双手掌夹住其一侧上肢；②以肘关节为支点，两掌相对用力快速搓揉；③操作从近端至远端紧搓慢移，反复练习。

10. 擦法

（1）小鱼际擦法：擦腰骶部，①受术者仰卧位，术者小鱼际蘸油性介质贴于腰骶部；②以肩关节或肘关节为支点，前臂或上臂主动运动使小鱼际在腰骶部做横向较快速往返直线摩擦移动；③擦至局部发热为度。

（2）大鱼际擦法：擦上肢，①受术者仰卧位，术者大鱼际蘸油性介质贴于其前臂远端；②以肩关节或肘关节为支点，前臂或上臂主动运动使大鱼际由远端向肘关节较快速往返直线摩擦移动；③擦至局部发热为度。

（3）掌擦法：擦背部，①受术者俯卧位，术者全掌蘸油性介质位于其背部头端；②以肩关节为支点,上臂主动运动使手掌由头端沿脊柱方向较快速往返直线摩擦移动;③擦至局部发热为度。

11. 捻法

捻手指:①术者以拇指螺纹面与示指螺纹面或桡侧缘捏住受术者手指指根;②术者拇指、示指面相对用力,由指根向指尖做快速捻动;③反复练习,直到熟练,操作时要辅以介质。

12. 摇法

摇颈部:①受术者坐位,术者一手置于其枕后,一手置于其下颌;②两手协同运动,使颈部做缓和环形旋转运动;③操作时动作应和缓、平稳、协调,在生理活动范围内运动,练习5~10次。

13. 捣法

捣小天心:①术者用中指指端着力于受术者小天心穴;②前臂主动运动,通过腕关节的屈伸运动,带动中指端有节奏地叩击穴位;③练习10~20次。

14. 捏挤法

捏挤天突:①受术者平卧或坐位,术者两手拇指和示指捏住天突穴;②拇指、示指相对用力向中间捏挤;③操作使受术者局部皮肤呈现为小米粒大小的紫红色或紫黑色。

15. 刮法

刮大椎:①受术者卧位或坐位,术者用右手拇指桡侧或示指、中指螺纹面或手握汤匙、铜钱、玉环等边缘光滑器具置于受术者大椎穴侧;②蘸润滑液由上向下直线刮动;③操作至受术者局部皮肤紫红色为度。

(二)学生分组练习、同步视频

将学生分成二人一组,在教师的指导下、视频的带领下,按照操作内容,取坐位或卧位,在人体相应穴位使用推拿介质练习手法。每组学生互换角色,体会手法的力度、频率、柔韧度等要领。教师巡回指导,及时发现问题予以纠正。

【注意事项】

1. 严格按照手法要领规范操作。
2. 初练推法手法时,教师用秒表计时,使学生达到小儿推拿操作频率的要求。
3. 修剪指甲,以防伤及皮肤。
4. 保持室内温度,以防身体暴露受凉。
5. 强刺激手法操作训练,应用力恰当,结合介质运用,防止局部受伤。
6. 不断揣摩,逐渐使手法均匀、柔和、平稳,从而达到渗透的基本要求。

【体会与建议】

学生及时记录操作训练的体会,对教学提出合理的建议。

附:推拿手法实训考核方案

项目	项目总分	评分要点	得分
推法	20	手的基本形态:拇指伸直,余指握空拳或自然伸直(4分) 着力部位:拇指螺纹面或桡侧面(4分) 发力部位:前臂(4分) 操作方法:单方向直线推动(4分) 掌握程度:熟练流畅(4分)	
揉法	20	手的基本形态:拇指伸直,虎口打开,余指固定(4分) 着力部位:拇指或示、中指指腹(4分) 发力部位:前臂(4分) 操作方法:环旋运动(4分) 掌握程度:熟练流畅(4分)	

续表

项目	项目总分	评分要点	得分
摩法	20	手的基本形态：全掌打开，腕关节自然伸直（4分） 着力部位：掌面或食中环三指指面（4分） 发力部位：前臂（4分） 操作方法：环旋摩擦（4分） 掌握程度：熟练流畅（4分）	
按法	10	手的基本形态：拇指伸直，手握空拳或全掌打开，腕关节背伸（2分） 着力部位：拇指指腹或全掌（2分） 发力部位：前臂（2分） 操作方法：垂直向内发力（2分） 掌握程度：熟练流畅（2分）	
捏法	10	手的基本形态：手指自然伸直，拇指稍内收，腕关节掌屈（2分） 着力部位：拇指和示、中指指腹或拇指与示指桡侧缘（2分） 发力部位：腕部（2分） 操作方法：提捻（2分） 掌握程度：双手协调，走行顺畅（2分）	
运法	10	手的基本形态：拇指伸直稍内收，余指自然伸直（2分） 着力部位：拇指或中指螺纹面（2分） 发力部位：前臂（2分） 操作方法：旋转推运（2分） 掌握程度：熟练流畅（2分）	
捣法	10	手的基本形态：手指屈曲内收（2分） 着力部位：中指指端或指间关节突（2分） 发力部位：前臂（2分） 操作方法：有节律击打（2分） 掌握程度：捣击准确，节奏感强（2分）	

二、复式操作法实训指导

【实训目的】

1. 掌握复式操作法的操作方法。

2. 熟悉复式操作法人体操作注意事项。

【实训场地与器材】

实训室；秒表、推拿介质、按摩床、方凳、摄像机、电脑、投影仪；教案文件资料。

【实训内容与操作步骤】

（一）教师示范操作、讲解并录像

1. 黄蜂入洞

（1）受术者端坐位。

（2）术者站其侧前方，一手扶其头部，另一手示指、中指的指端在受术者两鼻孔下缘处，以腕关节带动着力部做反复揉动20～50次。

2. 揉耳摇头

（1）受术者端坐位。

（2）术者用两手拇指、示指螺纹面捻揉两耳垂 20～30 次，再双手捧住其头做颈部轻摇动 10～20 次。

3．猿猴摘果

（1）受术者端坐位。

（2）术者以两手示指、中指夹住患儿两耳尖向上提 10～20 次，再捏其耳垂向下扯 10～20 次，如猿猴摘果状。

4．双凤展翅

（1）受术者端坐位。

（2）术者立于其后，用示指、中指夹住其两耳向上提 3～5 次，再用一手或两手拇指端按、掐眉心、太阳、听会、人中、承浆、颊车诸穴，每穴按、掐 3～5 次。

5．摇肔肘

（1）受术者端坐位。

（2）术者先以左手拇指、示指、中指托住受术者肘尖，再以右手拇指、示指插入其虎口，同时用中指按乾宫，然后屈受术者之手上下摇之，摇 20～30 次。

6．苍龙摆尾

（1）受术者端坐位。

（2）术者用右手握受术者示指、中指、环指，左手自总筋至肘部来回搓揉；然后用拇指、示指、中指托住其肘尖，右手持受术者三指左右摇动如摆尾状，摇 25～30 次。

7．飞经走气

（1）受术者端坐位。

（2）术者先右手握住受术者左手四指，再用左手四指，从曲池起，按之，跳之，至总筋，反复数次，术者再以拇指、中指拿住其阴池、阳池二穴不动，然后右手将受术者左手四指向上往外，一伸一屈，连续搓 20～30 次。

8．二龙戏珠

（1）受术者端坐位。

（2）术者用左手持受术者右手，使其掌心向上，前臂伸直，用右示指、中指自受术者总筋处，以两指头交互向前按之，直至曲池为一遍，按 20～30 遍。

9．凤凰展翅

（1）受术者端坐位。

（2）术者用两手示指、中指固定患儿腕部，两手拇指掐受术者精宁、威宁穴，上下摇动如凤凰展翅之状，摇 20～30 次。

10．赤凤点头

（1）受术者端坐位。

（2）术者用左手托受术者之肘，右手捏其中指上下摇之，如赤凤点头状，摇 20～30 次。

11．运土入水

（1）受术者端坐位。

（2）术者一手握住其示指、中指、环指、小指，使其掌心向上；另一手拇指桡侧缘自其脾土穴，沿掌缘，经小天心、掌小横纹，推运至小指端肾水穴止，运 100～300 次。

12．运水入土

（1）受术者端坐位。

（2）术者一手握住其示指、中指、环指、小指，使其掌心向上；另一手拇指桡侧缘自其肾水穴，沿掌缘，经掌小横纹、小天心，推运至大指端脾土穴止，运 100～300 次。

13. 水底捞明月

（1）受术者端坐位。

（2）术者持受术者左手四指，使其掌心向上，再以右手示指、中指固定患儿拇指，然后用拇指自患儿小指尖，推至小天心处，再转入内劳宫为一遍，推30～50遍。

14. 打马过天河

（1）①受术者端坐位，暴露前臂皮肤，肘关节微屈。②术者站于其前方，以一手捏住其四指，使其掌心向上，另一手拇指螺纹面先运内劳宫穴，然后屈其四指向上，以左手握住，再以示指、中指的指端自内关、间使、循天河向上一起一落打至洪池为一次，打10～20次。

（2）①受术者端坐位，暴露前臂皮肤，肘关节微屈。②术者站于其前方，以一手捏住其四指，将掌心向上，另一手拇指、中指自内关循天河向上弹至洪池为一次，操作10～20次。

15. 开璇玑

（1）受术者仰卧位。

（2）术者先用两手拇指自其璇玑穴沿胸肋自上而下，分推至季胁部，再从胸骨下端鸠尾穴，向下直推至脐，然后由脐向左、右推摩其腹部，最后，从脐直推至小腹部，各法均操作50～100次。

16. 按弦走搓摩

（1）受术者坐位。

（2）术者立其身后，以两手掌从受术者两肋搓摩至肚角处，操作50～100次。

17. 揉脐及龟尾并擦七节骨

（1）先令受术者仰卧，再俯卧。

（2）术者一手揉脐，另一手揉龟尾，揉毕再令其俯卧，自龟尾推至七节骨为补，反之为泻。

18. 总收法（肩井穴）

（1）受术者端坐位。

（2）术者以左手中指，掐按受术者肩井穴，再用右手拇指、示指、中指，拿住受术者示指和环指，使其上肢伸直并屈摇之，摇20～30次。

（二）学生分组练习、同步视频

将学生分成二人一组，在教师的指导下、视频的带领下，按照操作内容，取坐位或卧位，在人体练习手法，每组学生互换角色，体会复式手法操作时患儿适宜体位、医者适宜站姿与手法在人体操作的治疗顺序、方法、要领及注意事项等。教师巡回指导，及时发现问题予以纠正。

【体会与建议】

学生及时记录操作训练的体会，对教学提出合理的建议。

附：复式操作法实训考核方案

项目	项目总分	评分要点	得分
黄蜂入洞	10	受术部位：两鼻孔下缘（2分） 施术部位：示、中指指腹（2分） 操作手法：揉法（2分） 手法力度：力量适中（2分） 掌握程度：熟练流畅（2分）	
打马过天河	20	受术部位：内劳宫、前臂内侧正中（4分） 施术部位：拇指螺纹面和示、中指指腹（4分） 操作手法：运法、弹打（4分） 手法力度：力量适中（4分） 掌握程度：熟练流畅（4分）	

续表

项目	项目总分	评分要点	得分
水底捞明月	20	受术部位：手掌尺侧缘、小天心、内劳宫（4分） 施术部位：拇指螺纹面（4分） 操作手法：推法（4分） 手法力度：力量适中（4分） 掌握程度：熟练流畅（4分）	
飞经走气	10	受术部位：前臂桡侧、五指、阴池穴和阳池穴（2分） 施术部位：四指指腹、手掌（2分） 操作手法：按法、屈伸法（2分） 手法力度：力量适中（2分） 掌握程度：熟练流畅（2分）	
按弦走搓摩	10	受术部位：两侧胁肋部（2分） 施术部位：双掌（2分） 操作手法：搓法（2分） 手法力度：力量适中（2分） 掌握程度：熟练流畅（2分）	
揉脐及龟尾并擦七节骨	20	受术部位：脐、龟尾穴、七节骨（4分） 施术部位：中指指端、拇指指腹（4分） 操作手法：揉法、推法（4分） 手法力度：力量适中（4分） 掌握程度：熟练流畅（4分）	
按肩井	10	受术部位：肩井穴、上肢（2分） 施术部位：拇指端、全掌（2分） 操作手法：按法、摇法（2分） 手法力度：力量适中（2分） 掌握程度：熟练流畅（2分）	

第二节　小儿推拿穴位实训指导及考核方案

【实训目的】

1. 掌握每个穴位的定位、手法操作。

2. 熟悉穴位的临床功效。

【实训场地与器材】

实训室；滑石粉、按摩床、方凳、被褥；投影仪、电脑、摄像机；教案文件资料。

【实训内容与操作步骤】

一、教师示范操作、讲解并录像

（一）头面颈项部穴位手法操作

第一组：开天门、推坎宫、揉太阳、揉印堂、揉迎香、揉耳后高骨

（1）操作体位与顺序：受术者取仰卧位，术者坐于受术者头顶端。术者双手两拇指自眉心交

替直推至前发际,再用两拇指自眉心沿两侧眉梢做分推,其余四指轻放在头部两侧固定,分推坎宫,然后用两手中指端揉太阳,接着用右手中指端揉印堂,再用两拇指指端桡侧揉迎香,最后用两拇指或中指指端揉耳后高骨。

(2)操作次数与要求:推法、揉法分别做 30~50 次;要求动作连贯,一气呵成,操作用力均匀,轻快柔和,达到渗透;以滑石粉为介质。

第二组:掐人中、掐山根、按颊车、推囟门、按揉百会

(1)操作体位与顺序:受术者取仰卧位,术者坐于受术者头顶端。术者用拇指掐人中、掐山根;用两手拇指间关节背侧按颊车;两拇指自前发际交替推至囟门边缘;用掌心按揉百会。

(2)操作次数与要求:掐、按 3~5 次,推 30~50 次;强刺激手法切忌突然暴力,要将受术者视为小儿来操作,缓缓用力。

第三组:推天柱骨、揉桥弓、拿风池

(1)操作体位与顺序:受术者取坐位,术者位于受术者背面站立位。术者一手固定其头部,另一手示指、中指直推,从受术者颈后发际正中至大椎穴成一直线,推天柱骨。用拇指、示指桡侧上下往返,揉一侧胸锁乳突肌,揉桥弓。用拇指、示指或拇指、中指相对用力,拿揉风池。

(2)操作次数与要求:拿 5~10 次,推 50~100 次,揉 3~5 分钟。小儿推拿,拿法多与揉法结合,很少单独应用。

(二)胸、腹部穴位手法操作

第一组:按揉天突、揉膻中、揉乳旁、揉乳根、分推八道、搓摩胁肋

(1)操作体位与顺序:受术者取仰卧位,术者站立于受术者右手床边。术者用中指按揉天突、揉膻中,用两手拇指揉乳旁、揉乳根,然后一字("←.→")分推膻中;再沿着第一与第二、第二与第三、第三与第四、第四与第五两侧肋间隙分推,一边四个间隙,两侧共八道,分推八道;最后用两手掌从受术者两侧腋下搓摩至天枢处,搓摩胁肋。

(2)操作次数与要求:按揉 10~30 次,搓摩 50~100 次,分推 50~100 次。搓摩胁肋是从上往下,单方向搓摩。

第二组:揉中脘、摩腹、分推腹阴阳、揉脐、揉天枢、揉丹田、拿肚角

(1)操作体位与顺序:受术者取仰卧位,术者站立于受术者右手床边。术者用示指、中指两指揉中脘,用手掌或四指摩腹;用两手拇指桡侧从受术者剑突下,沿两侧肋弓边缘,呈八字"↙•↘"分推腹阴阳;用示指、中指两指揉脐;用示指、中指分别按在天枢穴揉天枢;用示指、中指两指揉丹田,用两手拇指和示指拿肚角。

(2)操作次数与要求:摩 3~5 分钟、揉 50~100 次,八字分推 50~100 次,拿 3~5 次。拿肚角,注意穴位的位置,由脐旁向两侧深处腹直肌,一拿一松为一次拿捏。

(三)腰背部穴位手法操作

第一组:拿肩井、揉大椎、揉风门、推脊

(1)操作体位与顺序:受术者取俯卧位,术者站立于受术者左手床边。拿受术者两侧肩井;中指揉大椎;用两拇指揉风门;用示指、中指指面推脊,从大椎直推至龟尾。

(2)操作次数与要求:拿 3~5 次,推 20~30 次,揉 20~30 次。从大椎推至龟尾,是单方向操作。

第二组:揉肺俞、揉脾俞、揉肾俞、揉龟尾

(3)操作体位与顺序:受术者取俯卧位,术者站立于受术者左手床边。术者用两手拇指分别依次揉肺俞、揉脾俞、揉肾俞,用一手拇指或中指揉龟尾。

(4)操作次数与要求:揉 50~100 次,揉的力量不宜过大,注意与成人有别。

第三组:分推肩胛骨、捏脊、推上七节骨

(1)操作体位与顺序:受术者取俯卧位,术者站立于受术者左手床边。术者用两手拇指沿受

术者两侧肩胛骨内侧缘呈八字分推。从受术者龟尾穴始,沿脊柱,到大椎穴,分别做拇指在前位捏脊、拇指在后位捏脊。术者用拇指螺纹面或示指、中指螺纹面,从受术者龟尾穴向上直推至第四腰椎,推上七节骨。

(2)操作次数与要求:分推肩胛骨50～100次,捏脊5～10遍,推上七节骨50～100次。捏脊还可练习"捏三提一"法。

(四)上肢部穴位手法操作

第一组:补脾经、清胃经、补大肠、清肝经、清心经、清肺经、清小肠、补肾经

(1)操作体位与顺序:术者与受术者相对而坐。术者左手持受术者左手,捏住其被操作的手指,术者右手示指、中指卡住其腕关节,用拇指螺纹面或桡侧缘直推,补脾经、清胃经、补大肠、清小肠。然后,术者左手拇指、示指相对用力,依次捏住受术者示指、中指、环指、小指末节指间关节,使其指尖向上,暴露出受术指螺纹面,术者与其穴位相对,用右手拇指螺纹面直推,清肝经、清心经、清肺经、补肾经。

(2)操作次数与要求:推100～200次。注意老师操作时手法的握持姿势,按轻快柔和、平稳着实要求练习。用滑石粉为介质。

第二组:揉肾顶、揉肾纹、掐揉四横纹、揉掌小横纹、推小横纹、掐揉总筋、揉板门、揉内劳宫、掐揉小天心

(1)操作体位与顺序:术者与受术者,相对而坐。术者左手持受术者左手,捏住其被操作的手指,右手依次揉、掐揉诸穴。

(2)操作次数与要求:揉30～50次;掐揉法,掐1次继揉之3次。操作用力均匀,轻柔。掐时忌暴力,勿伤皮肤;用滑石粉为介质。

第三组:掐十宣、掐老龙、掐端正、掐五指节、掐揉二扇门、掐精宁、掐威灵、掐揉一窝风、揉二人上马、揉外劳宫、运内八卦。

(1)操作体位与顺序:术者与受术者相对而坐。术者左手持受术者左手,捏住其被操作的手指,用右手依次掐诸穴;用另一手拇指揉外劳宫、掐揉一窝风、揉二人上马;然后术者用左手示指、中指卡住受术者腕关节,使其手心向上,术者用拇指做顺时针方向运内八卦;最后术者用两手示指、中指夹住术者手掌,使其掌心向下,术者用两拇指桡侧掐揉受术者中指指间关节两侧二扇门;用中指或拇指揉一窝风。

(2)操作次数与要求:揉、运100～300次,掐3～5次;要求动作连贯,用力均匀,轻快柔和,达到渗透;用滑石粉为介质。

第四组:推三关、清天河水、推六腑、揉膊阳池

(1)操作体位与顺序:术者与受术者相对而坐。术者一手握受术者手腕,用另一手示指、中指指面从其手腕向肘部沿前臂桡侧推三关。接着用示指、中指指面从其腕横纹推向肘横纹做清天河水;再用示指、中指蘸水自总筋处,一起一落弹打,直至洪池,同时一面用口吹气随之做弹打河水。用示指、中指指面沿前臂尺侧自肘部推向手腕推六腑;用拇指螺纹面揉膊阳池。

(2)操作次数与要求:推50～100次;揉30～50次,要求动作连贯,用力均匀,轻快柔和,达到渗透;用滑石粉、清洁凉水为介质。

(五)下肢部穴位手法操作

第一组:推箕门、揉百虫、揉膝眼、揉足三里、揉前承山、揉三阴交、拿委中、揉丰隆、拿后承山

(1)操作体位与顺序:受术者取仰卧位,术者在受术者左手侧取坐位操作。术者先用示指、中指指面沿受术者膝关节内侧缘向腹股沟直推箕门;再用拇指和示指、中指对称提拿百虫,用拇指端按揉百虫;再用拇指、示指分别按揉内、外膝眼;用拇指端按揉足三里、揉前承山、揉丰隆;用拇指或示指端按揉三阴交;最后用拇指、示指拿委中、拿后承山。

（2）操作次数与要求：按揉 10～20 次，拿 3～5 次，推 50～100 次；要求动作连贯，用力均匀，轻快柔和，达到渗透；用滑石粉为介质。

第二组：揉解溪、掐大敦、拿仆参、掐昆仑、揉涌泉

（1）操作体位与顺序：受术者取仰卧位，术者在受术者侧方取坐位操作。术者左手托住受术者左脚踝，用右手拇指指腹揉解溪；用拇指指甲掐大敦、掐昆仑。用拇指、示指用力拿仆参，最后用拇指指腹着力，向足趾方向直推涌泉、用拇指指腹按揉涌泉。

（2）操作次数与要求：揉 50～100 次，拿 3～5 次，推 100～300 次；要求动作连贯，用力均匀，轻快柔和，达到渗透；用滑石粉为介质。

二、学生分组练习

将学生分成二人一组，在教师的指导下，视频带领下，按照操作内容，取坐位或卧位，在人体相应穴位使用推拿介质练习手法，每组学生互换角色，体会手法的力度、频率、柔韧度。教师巡回指导，发现问题及时予以纠正。

【注意事项】

1. 学生在操作前应仔细观察老师的手法示范，尤其是推法手法的要领。
2. 时刻将推拿的对象视为小儿，按照小儿推拿手法的要求操作。

【体会与建议】

记录实训体会及对该堂课的建议。

附：头面胸腹部穴位实训考核方案

项目	项目总分	评分要点	得分
开天门	10	受术部位：印堂到前发际（2分） 施术部位：拇指指腹（2分） 操作手法：推法（2分） 手法力度：力量适中（2分） 掌握程度：熟练流畅（2分）	
推坎宫	10	受术部位：眉头到眉梢成一横线（2分） 施术部位：拇指指腹（2分） 操作手法：推法（2分） 手法力度：力量适中（2分） 掌握程度：熟练流畅（2分）	
掐山根	10	受术部位：印堂之下、两目内眦之间（2分） 施术部位：拇指指甲（2分） 操作手法：掐法（2分） 手法力度：力量适中（2分） 掌握程度：熟练流畅（2分）	
揉太阳	10	受术部位：太阳穴（2分） 施术部位：拇指或中指端（2分） 操作手法：揉法（2分） 手法力度：力量适中（2分） 掌握程度：熟练流畅（2分）	

续表

项目	项目总分	评分要点	得分
揉耳后高骨	10	受术部位：耳后高骨（2分） 施术部位：中指指端（2分） 操作手法：揉法（2分） 手法力度：力量适中（2分） 掌握程度：熟练流畅（2分）	
分推腹阴阳	10	受术部位：腹（2分） 施术部位：双手拇指指腹（2分） 操作手法：推法（2分） 手法力度：力量适中（2分） 掌握程度：熟练流畅（2分）	
摩腹	10	受术部位：腹（2分） 施术部位：掌面或指面（2分） 操作手法：摩法（2分） 手法力度：力量适中（2分） 掌握程度：熟练流畅（2分）	
摩丹田	10	受术部位：脐下2～3寸之间（2分） 施术部位：拇指或示中环三指指腹（2分） 操作手法：摩法（2分） 手法力度：力量适中（2分） 掌握程度：熟练流畅（2分）	
揉脐	10	受术部位：脐（2分） 施术部位：拇指或中指指端（2分） 操作手法：揉法（2分） 手法力度：力量适中（2分） 掌握程度：熟练流畅（2分）	
拿肚角	10	受术部位：脐下2寸，旁开2寸大筋（2分） 施术部位：拇指、示中指指腹（2分） 操作手法：拿法（2分） 手法力度：力量适中（2分） 掌握程度：熟练流畅（2分）	

附：腰背及下肢部穴位实训考核方案

项目	项目总分	评分要点	得分
推天柱骨	20	受术部位：项后发际正中至大椎穴（4分） 施术部位：拇指指腹（4分） 操作手法：推法（4分） 手法力度：力量适中（4分） 掌握程度：熟练流畅（4分）	
推七节骨	20	受术部位：第四腰椎至尾骨端（4分） 施术部位：拇指桡侧缘（4分） 操作手法：推法（4分） 手法力度：力量适中（4分） 掌握程度：熟练流畅（4分）	

续表

项目	项目总分	评分要点	得分
捏脊	10	受术部位：脊柱（2分） 施术部位：拇指和示中指（2分） 操作手法：捏法、拿法、提法（2分） 手法力度：力量适中（2分） 掌握程度：熟练流畅（2分）	
推箕门	10	受术部位：大腿内侧，膝上缘至腹股沟（2分） 施术部位：示中指指腹（2分） 操作手法：推法（2分） 手法力度：力量适中（2分） 掌握程度：熟练流畅（2分）	
按揉百虫	10	受术部位：膝关节内侧上2寸肌肉丰厚处（2分） 施术部位：拇指或中指指端（2分） 操作手法：揉法（2分） 手法力度：力量适中（2分） 掌握程度：熟练流畅（2分）	
按揉足三里	20	受术部位：足三里穴（4分） 施术部位：拇指指腹（4分） 操作手法：揉法（4分） 手法力度：力量适中（4分） 掌握程度：熟练流畅（4分）	
按揉涌泉	10	受术部位：涌泉穴（2分） 施术部位：拇指或中指指端（2分） 操作手法：摩法（2分） 手法力度：力量适中（2分） 掌握程度：熟练流畅（2分）	

附：上肢部穴位实训考核方案

项目	项目总分	评分要点	得分
推脾经	10	受术部位：拇指螺纹面或拇指末节桡侧缘（2分） 施术部位：拇指指腹（2分） 操作手法：推法（2分） 手法力度：力量适中（2分） 掌握程度：熟练流畅（2分）	
清肝经	10	受术部位：示指末节螺纹面（2分） 施术部位：拇指指腹（2分） 操作手法：推法（2分） 手法力度：力量适中（2分） 掌握程度：熟练流畅（2分）	
补肺经	10	受术部位：环指末节指腹（2分） 施术部位：拇指指腹（2分） 操作手法：推法（2分） 手法力度：力量适中（2分） 掌握程度：熟练流畅（2分）	

续表

项目	项目总分	评分要点	得分
补肾经	10	受术部位：小指末节螺纹面（2分） 施术部位：拇指指腹（2分） 操作手法：推法（2分） 手法力度：力量适中（2分） 掌握程度：熟练流畅（2分）	
补大肠	10	受术部位：示指桡侧缘，指尖至虎口一直线（2分） 施术部位：拇指指腹或桡侧缘（2分） 操作手法：揉法（2分） 手法力度：力量适中（2分） 掌握程度：熟练流畅（2分）	
掐揉四横纹	10	受术部位：掌面示中环小指第一指间关节横纹（2分） 施术部位：拇指甲（2分） 操作手法：掐法、揉法（2分） 手法力度：力量适中（2分） 掌握程度：熟练流畅（2分）	
揉二扇门	10	受术部位：掌背中指根两侧凹陷处（2分） 施术部位：拇指桡侧缘或示中指指腹（2分） 操作手法：揉法（2分） 手法力度：力量适中（2分） 掌握程度：熟练流畅（2分）	
推三关	10	受术部位：前臂桡侧，阳池至曲池（2分） 施术部位：拇指指腹或示中指指腹（2分） 操作手法：推法（2分） 手法力度：力量适中（2分） 掌握程度：熟练流畅（2分）	
清天河水	10	受术部位：前臂正中，总筋至洪池（2分） 施术部位：拇指指腹或示中指指腹（2分） 操作手法：推法（2分） 手法力度：力量适中（2分） 掌握程度：熟练流畅（2分）	
退六腑	10	受术部位：前臂尺侧，肘尖至阴池（2分） 施术部位：拇指指腹或示中指指腹（2分） 操作手法：推法（2分） 手法力度：力量适中（2分） 掌握程度：熟练流畅（2分）	

第三节　常见病症推拿治疗实训指导及考核方案

【实训目的】

1. 熟悉适宜小儿推拿治疗的病种，肺系疾病、脾胃疾病及杂病的诊断要点、辨证分型、鉴别诊断；依据病案进行诊断，拟定证型、治则及推拿处方。

2．掌握上述适宜小儿推拿病症的推拿方法。

3．熟悉病症治疗过程中患儿适宜体位、医者适宜站姿与手法在人体操作的治疗顺序。

【实训场地与器材】

实训室；秒表、滑石粉、按摩床、方凳、被褥；电脑、投影仪；适宜病种病案文本资料。

【实训内容与操作步骤】

（一）小儿推拿辨证思维训练

1．课前教师根据临床常见的小儿脾胃疾病、肺系疾病、小儿杂病等病种发放相关病案资料。学生就病案进行预习，检索学习相关知识。

2．课中学生针对病案，按每六人一组开展讨论。10分钟后，每组派一人汇报，就该病案提出诊断、分型、治则和推拿处方。汇报完毕，其余学生进行必要补充，发表意见。

3．教师对小组病案进行分析总结，就讨论中存在的问题进行点评。

（二）小儿推拿病症手法操作治疗训练

1．按照师生共同拟定的治则和推拿处方，教师示范操作治疗全过程。

2．学生二人一组，分别扮演医生与患儿，在人体穴位进行手法治疗操作训练；然后互换角色，进行同样操作。

3．教师巡回指导，及时纠正错误。

4．教师就操作训练中发现的典型问题进行讲评。一组病案讨论分析、治疗训练完毕，进行下一组讨论训练。

【注意事项】

1．治疗中按照先头面，次上肢，再胸腹，最后下肢的顺序操作。

2．手法轻快柔和，平稳着实；强刺激手法宜最后操作。

3．医者的指甲须修剪圆滑，长短适宜，以不触痛患儿皮肤为宜。

4．学生除需注意教师治疗手法动作示范外，一些操作中起固定握持动作的手势也需注意。

5．时刻将推拿的对象视为小儿，遵循小儿推拿手法操作要求。

【体会与建议】

学生记录实训体会及对该堂课的建议。

附：常见病症推拿治疗实训考核方案

项目	项目总分	评分要点	得分
诊断	20	诊断错误扣20分 诊断不清或病名书写错误酌情扣5～10分	
辨证分型	10	分型错误扣10分 分型不准确酌情扣3～5分	
推拿治则	5	推拿治则错误或不完善扣1～5分	
处方拟定	10	处方不完整，有较多选穴或程序遗漏酌情扣3～7分	
治疗操作	50	穴位定位准确（10分） 手法选用熟练（10分） 操作过程娴熟（20分） 介质使用规范（10分）	
整体情况	5	着装整洁、仪表端庄，精神面貌好，有较好医患沟通交流（每项 如有不足，酌情扣1～2分）	

（潘道友　刘世红　黄　纬　尹建康）

附录四
小儿推拿歌诀选

1. 调护歌

养子须调护,看承莫纵弛,乳多终损胃,食壅即伤脾,
衾厚非为益,衣单正所宜,无风频见日,寒暑顺天时。

(《小儿推拿广意》)

2. 保生歌

欲得小儿安,常带饥与寒,肉多必滞气,生冷定成疳。
胎前防辛热,乳后忌风参,保养常如法,灾病自无干。

(《幼科推拿秘书》)

3. 小儿无患歌

孩童常体貌,情志自殊然,鼻内干无涕,喉中绝没涎。
头如青黛染,唇似点珠鲜,脸方花映竹,颊绽水浮莲。
喜引方才笑,非时手不宜,纵哭无多哭,虽眠未久眠。
意同波浪静,性若镜中天,此候俱安吉,何愁疾病缠。

(《小儿推拿方脉活婴秘旨全书》)

[按]《秘传推拿妙诀》中"看小儿无患"歌同此。

4. 论色歌

眼内赤者心实热,淡红色者虚之说。
青者肝热浅淡虚,黄者脾热无他说,
白面混者肺热侵,目无精光肾虚诀。
儿子人中青,多因果子生,
色若人中紫,果食积为痞。
人中现黄色,宿乳蓄胃成,
龙角青筋起,皆因四足惊。
若然虎角黑,水扑是其形,
赤色印堂上,其惊必是人。
眉间赤黑紫,急救莫沉吟,
红赤眉毛下,分明死不生。

(《按摩经》)

5. 面部五位歌

面上之症额为心,鼻为脾土是其真,
左腮为肝右为肺,承浆属肾居下唇。

(《按摩经》)

173

6. 命门部位歌

中庭与天庭,司空及印堂,额角方广处,有病定存亡。

青黑惊风恶,体和润泽光,不可陷兼损,唇黑最难当。

青甚须忧急,昏暗亦堪伤,此是命门地,医师妙较量。

面眼青肝病,赤心、黄脾、白肺、黑肾病也。

(《按摩经》)

7. 面色图歌

额印堂、山根:

额红大热燥,青色有肝风,

印堂青色见,人惊火则红。

山根青隐隐,惊遭是两重,

若还斯处赤,泻燥定相攻。

年寿:

年上微黄为正色,若平更陷夭难禁,

急因痢疾黑危候,霍乱吐泻黄色深。

鼻准、人中:

鼻准微黄赤白平,深黄燥黑死难生,

人中短缩吐因痢,唇反黑候蛔必倾。

正口:

正口常红号曰平,燥干脾热积黄生,

白主失血黑绕口,青黄惊风尽死形。

承浆、两眉:

承浆青色食时惊,黄多吐逆痢红形,

烦躁夜啼青色吉,久病眉红死症真。

两眼:

白睛赤色有肝风,若是黄时有积攻,

或见黑睛黄色现,伤寒病症此其踪。

风池、气池、两颐:

风气二池黄吐逆,躁烦啼叫色鲜红,

更有两颐胚样赤,肺家客热此非空。

两太阳:

太阳青色惊方始,红色赤淋萌孽起,

要知死症是何如,青色从兹生入耳。

两脸:

两脸黄为痰实咽,青色客忤红风热,

伤寒赤色红主淋,二色请详分两颊。

两颐、金匮、风门:

吐虫青色滞颐黄,一色颐间两自详,

风门黑疝青惊水,纹青金匮主惊狂。

辨小儿五色受病症:

面黄青者,痛也。色红者,热也。色黄者,脾气弱也。色白者,寒也。色黑者,肾气败也。

哭者,病在肝也。汗者主心,哭者主脾而多痰,啼者主肺有风,睡者主肾有亏。

(《按摩经》)

8. 察色验病生死诀

面上紫，心气绝，五日死。面赤目陷，肝气绝，三日死。面黄四肢重，脾气绝，九日死。面白鼻入奇论，肺气绝，三日死。胸如黄熟豆，骨气绝，一日死。面黑耳黄，呻吟，肾气绝，四日死。口张唇青，毛枯，肺绝，五日死。大凡病儿足跗肿，身重，大小便不禁，目无转睛，皆死。若病将愈者，面黄目黄，有生意。

（《按摩经》）

［按］《秘传推拿妙诀》"看色断生死诀"同此。

9. 汤氏歌

山根若见脉横青，此病明知两度惊，
赤黑因疲时吐泻，色红啼夜不曾停。
青脉生于左太阳，须惊一度见推详，
赤是伤寒微燥热，黑青知是乳多伤。
右边赤脉不须多，有则频惊怎奈何？
红赤为风抽眼目，黑沉三日见阎罗。
指甲青兼黑暗多，唇青恶逆病将瘥，
忽惊鸦声心气急，此病端的命难过。
蛔虫出口有三般，口鼻中来大不堪，
如或白虫兼黑色，此病端的命难延。
四肢疮痛不为祥，下气冲心兼滑肠，
气喘汗流身不热，手拿胸膈定遭殃。

（《按摩经》）

10. 治法捷要歌

人间发汗如何说，只在三关用手诀，
再掐心经与劳宫，热汗立止何愁雪，
不然重掐二扇门，大汗如雨便休歇。
若治痢疾并水泻，重推大肠经一节，
侧推虎口见工夫，再推阴阳分寒热。
若问男女咳嗽诀，多推肺经是法则，
八卦离起到乾宫，中间宜乎轻些些。
凡运八卦开胸膈，四横文掐和气血，
五脏六腑气候闭，运动五经开其塞。
饮食不进儿着吓，推动脾土就吃得，
饮食若进人事瘦，曲指补脾何须怯。
若还小便兼赤涩，小横纹与肾水节，
往上推去为之清，往下退来为补诀。
小儿若着风水吓，多推五指指之节，
大便闭塞久不通，盖因六腑有积热，
小横肚角要施工，更掐肾水下一节。
口出臭气心经热，只要天河水清切，
上入洪池下入掌，万病之中多去得。
若是遍身不退热，外劳宫上多揉擦，
不问大热与大炎，更有水里捞明月。
天门虎口肐肘诀，重揉顺气又生血，

黄蜂入洞医阴症，冷气冷痰俱治得，
阳池穴掐止头疼，一窝风掐肚痛绝。
威灵总心救暴亡，精宁穴治打逆咽，
男女眼若往上撑，重重多揉小心穴，
二人上马补肾经，即时下来就醒豁。
男左三关推发热，退下六腑冷如铁，
女右三关退下凉，推上六腑又是热。
病症虚实在眼功，面部详观声与色，
寒者温之热者清，虚者补之实者泄。
仙人传下救孩童，后学殷勤当切切。
古谓痘科治法难，惟有望闻并问切。
我今校订无差讹，穴道手法细分别，
画图字眼用心详，参究其中真实说。
非我多言苦叮咛，总欲精详保婴诀，
更述一篇于末简，愿人熟诵为口诀，
诸人留意免哭儿，医士用心有阴德。

（《秘传推拿妙诀卷下》）

[按]《小儿推拿广意》同此歌。《幼科推拿秘书》"推拿小儿总诀歌"同此诀。

11. 各穴用法总歌

心经一掐外劳宫，三关之上慢从容，
汗若不来揉二扇，黄蜂入洞有奇功。
肝经有病人多痹，推补脾土病即除，
八卦大肠应有用，飞金走气也相随。
咳嗽痰涎呕吐时，一经清肺次掐离，
离宫推至乾宫止，两头重实中轻虚。
饮食不进补脾土，人事瘦弱可为之，
屈为补兮清直泄，妙中之妙有玄机。
小水赤黄亦可清，但推肾水掐横纹，
短少之时宜用补，赤热清之得安宁。
大肠有病泄泻多，侧推大肠久按摩，
分理阴阳皆顺息，补脾方得远沉疴。
小肠有病气来攻，横纹板门推可通，
用心记取精灵穴，管教却病快如风。
命门有病元气亏，脾土大肠八卦为，
侧推三关真火足，天门肘免灾危。
三焦有病生寒热，天河六腑神仙诀，
能知取水解炎蒸，分别阴阳掐指节。
膀胱有病作淋疴，补水八卦运天河。
胆经有病口作苦，重推脾土莫蹉跎。
肾经有病小便涩，推动肾水即清澈，
肾脉经传小指尖，依方推掐无差忒。
胃经有病食不消，脾土大肠八卦调，
胃口凉时心作哕，板门温热始为高。

心经有热发迷痴，天河水过作洪池，
心若有病补上膈，三关离火莫推迟。
肝经有病人闭目，推动脾土效即速，
脾若热时食不进，再加六腑病除速。

12. 手法治病歌

水底明月最为凉，清心止热此为强。
飞金走气能行气，赤凤摇头助气良。
黄蜂入洞最为热，阴症白痢并水泻，
发汗不出后用之，顿教孔窍皆通泄。
大肠侧推到虎口，止吐止泻断根源，
疟痢羸瘦并水泻，心胸痞满也能痊。
掐肺经络节与离，推离往乾中要轻，
冒风咳嗽并吐逆，此筋推掐抵千金。
肾水一纹是后溪，推下为补上为清，
小便闭塞清之妙，肾经虚损补为能。
六腑专治脏腑热，遍身潮热大便结，
人事昏沉总可推，去火浑如汤泼雪。
总筋天河皆除热，口中热气并刮舌，
心惊积热火眼攻，推之即好真妙诀。
五经运通脏腑塞，八卦开通化痰逆，
胸膈痞满最为先，不是知音莫与泄。
四横纹和上下气，吼气肚痛掐可止。
二人上马清补肾，小肠诸病俱能理。
阴阳能除寒与热，二便不通并水泻，
诸病医家先下手，带绕天心坎水诀。
人事昏迷痢疾攻，疾忙急救要口诀。
天门双掐到虎口，肘肘重揉又生血。
一掐五指节与离，有风被喝要须知。
小天心能生肾水，肾水虚少推莫迟。
板门专治气促攻，扇门发热汗宜通。
一窝风能治肚痛，阳池穴上治头疼。
精灵穴能医吼气，威灵促死可回生。

（《幼科推拿秘书》）

13. 手法同异多寡宜忌辨明秘旨歌

小儿周身穴道，推拿左右相同。
三关六腑要通融，上下男女变通。
脾土男左为补，女补右转为功。
阴阳各别见天工，除此俱该同用。
急惊推拿宜泄，痰火一时相攻，
自内而外莫从容，攻去痰火有用。
慢惊推拿须补，自外而内相从，
一切补泄法皆同，男女关腑异弄。

（《幼科推拿秘书》）

法虽一定不易，变通总在人心，
本缓标急重与轻，虚实参乎病症。
初生轻指点穴，二三用力方凭，
五七十岁推渐深，医家次第神明。
一岁定须三百，二周六百何疑，
月家赤子轻为之，寒火多寡再议。
年逾二八长大，推拿费力支持，
七日十日病方离，虚诳医家谁治。
禁用三关手法，足热二便难通，
渴甚腮赤眼珠红，脉数气喘舌弄。
忌用六腑手法，泄青面㿠白容，
脉微呕吐腹膨空，足冷眼青休用。
小儿可下病症，实热面赤眼红，
腹膨胁满积难通，浮肿疟腮疼痛。
小便赤黄壮热，气喘食积宜攻，
遍身疮疥血淋漓，腹硬肚痛合用。
不可下有数症，凶陷肢冷无神，
不时自汗泄频频，气虚干呕难忍。
面白食不消化，虚疾潮热肠鸣，
毛焦神困脉微沉，烦躁鼻塞咳甚。

（《幼科推拿秘书》）

14. 用汤时宜秘旨歌

春夏汤宜薄荷，秋冬又用木香，
咳嗽痰吼加葱姜，麝尤通窍为良；
加油少许皮润，四六分做留余，
试病加减不难知，如此见功尤易。
四季俱用葱姜煎汤，加以油麝少许推之。

（《幼科推拿秘书》）

15. 推拿代药赋

前人忽略推拿，卓溪今来一赋。寒热温平，药之四性，推拿揉掐，性与药同。用推即是用药，不明何可乱推。推上三关，代却麻黄肉桂；退下六腑，替来滑石羚羊。水底捞月，便是黄连犀角；天河引水，还同芩柏连翘。大指脾面旋推，味似人参白术，泻之则为灶土石膏；大肠侧推虎口，何殊诃子炮姜，反之则为大黄枳实。涌泉右转不揉，朴硝何异；一推一揉右转，参术无差。食指泻肺[1]，功并桑皮桔梗；旋推止嗽，效争五味冬花。精威拿紧，岂羡牛黄贝母。肺俞[2]重揉，漫夸半夏[3]南星。黄蜂入洞，超出防风羌活；捧耳摇头，远过生地木香。五指节轮揉，乃祛风之苍术；足拿大敦鞋带，实定掣之钩藤。后溪推上，不减猪苓[4]泽泻。小指补肾，焉[5]差杜仲地黄。涌泉左揉，类夫砂仁藿叶[6]。重揉手背，同乎白芍川芎。脐风灯火十三，恩符再造。定惊元宵十五，不啻仙丹。病知表里虚实，推合重症能生。不谙推拿揉掐，乱用便添一死。代药五十八言，自古无人道及，虽无格致之功，却亦透宗之赋。

（《幼科铁镜》）

16. 推拿代药骈言

推拿纯凭手法，施治须查病情。宜按宜摩，寓有寒热温平之妙；或揉或运，同一攻补汗下之功。推上三关，温能发表；退下六腑，凉可除烦。推五经则补泻兼施，运八卦则水火既济。开气机以防气闭，丹凤摇头；止寒嗽而涤寒痰，黄蜂入洞。术施神阙，宛然导滞温脾；水取天河，不亚清心凉膈。往来寒热，分阴阳则汤代柴胡；消化迟延，运脾土则功逾术附。飞经走气，重在流通；按弦搓摩，何愁结滞。主持温性，传双凤展翅之神；驱逐寒邪，作二龙戏珠之势。急惊者，肝风暴动，掐揉合谷，自无痰壅气促之虞；慢惊者，脾土延虚，推运昆仑，致免肢冷腹疼之苦。虽牙关紧闭，推横纹便气血宣通；纵人事昏沉，掐指节而神情活泼。宜左宜右，能重能轻，举手之劳，可回春于顷刻；得心之处，调气息于临时。与其用药有偏，或益此而损彼；何如按经施术，俾兼顾而并筹。即无虑肌肉筋骨之伤，便可免针灸刀圭之险。可以平厥逆，定抽搐，原凭手上工夫。非惟止吐，醒昏迷，不费囊中药石。运土入水而泄泻止，运水入土而痢疾瘳。一掐一揉，自称妙诀，百发百中，尤胜仙丹。莫谓不抵千金，视为小道；果尔能参三昧，定是知音。

（《推拿捷径》）

17. 推拿三字经

小婴儿，看印堂，五色纹，细心详。色红者，
心肺恙，俱热症，清则良，清何处，心肺当，
退六腑，即去恙。色青者，肝风张，清则补，
自无恙，平肝木，补肾脏。色黑者，风肾寒，
揉二马，清补良，列缺穴，亦相当。色白者，
肺有痰，揉二马，合阴阳，天河水，立愈恙。
色黄者，脾胃伤，若泻肚，推大肠，一穴愈，
来往忙。言五色，兼脾良，曲大指，补脾方，
内推补，外泻详。大便闭，外泻良，泻大肠，
立去恙，兼补脾，愈无恙。若腹疼，窝风良，
数在万，立无恙。流清涕，风感伤，蜂入洞，
鼻孔强。若洗皂，鼻两旁，向下推，和五脏，
女不用，八卦良。若泻痢，推大肠，食指侧，
上即上，来回推，数万良。牙痛者，骨髓伤，
揉二马，补肾水，推二穴，数万良。治伤寒，
拿列缺，出大汗，立无恙。受惊吓，拿此良，
不醒事，亦此方。或感冒，急慢恙，非此穴，
不能良。凡出汗，忌风扬，霍乱病，暑秋伤。
若止吐，清胃良，大指根，震艮连，黄白皮，
真穴详。凡吐者，俱此方，向外推，立愈恙。
倘肚泻，仍大肠，吐并泻，板门良，揉数万，
立愈恙，进饮食，亦称良。瘟疫者，肿脖项，
上午重，六腑当，下午重，二马良，兼六腑，
立消亡。分男女，左右手，男六腑，女三关，
此二穴，俱属凉，男女逆，左右详。脱肛者，
肺虚恙，补脾土，二马良，补肾水，推大肠，
来回推，久去恙，或疹痘，肿脖项，仍照上，
午别恙。诸疮肿，明此详，虚喘嗽，二马良
兼清肺，兼脾良。小便闭，清膀胱。补肾水，
清小肠，食指侧，推大肠，尤来回，轻重当。
倘生疮，辨阴阳，阴者补，阳清当。紫陷阴，
红高阳，虚歉者，先补强，诸疮症，兼清良。

疮初起，揉患上，左右旋，立消亡。胸膈闷，
八卦详，男女逆，左右手，运八卦，离宫轻。
痰壅喘，横纹上，左右揉，久去恙。治歉症，
并痨伤，歉弱者，气血伤。辨此症，在衣裳，
人着袷，伊着棉，亦咳嗽，名七伤，补要多，
清少良。人穿袷，他穿单，名五痨，肾水伤，
分何脏，清补良，在学者，细心详。眼翻者，
上下僵，揉二马，捣天心，翻上者，捣下良，
翻下者，捣上强，左捣右，右捣左。阳池穴，
头痛良，风头痛，蜂入洞，左右旋，立无恙。
天河水，口生疮，遍身热，多推良。中气风，
男女逆，右六腑，男用良，左三关，女用强。
独穴疗，数三万，多穴推，约三万，遵此法，
无不良。遍身潮，拿列缺，汗出良。五经穴，
肚胀良。水入土，不化谷。土入水，肝木旺。
小腹寒，外牢宫，左右旋，久揉良。嘴唇裂，
脾火伤，眼泡肿，脾胃恙，清补脾，俱去恙，
向内补，向外清，来回推，清补双。天门口，
顺气血，五指节，惊吓伤，不计次，揉必良。
腹痞积，时摄良，一百日，即无恙。上有火，
下有寒，外劳宫，下寒良。六腑穴，去火良，
左三关，去寒恙，右六腑，亦去恙。虚补母，
实泻子，曰五行，生克当。生我母，我生子，
穴不误，治无恙。古推书，身手足，执治婴，
无老方，皆气血，何两样，数多寡，轻重当。
吾载穴，不相商，老少女，无不当。遵古推，
男女分，俱左手，男女同，余尝试，并去恙。
凡学者，意会方，加减推，身歉壮，病新久，
细思详，推应症，无苦恙。

（《推拿三字经》）

（刘世红　谢　寒）

附录五
小儿常用中成药简表

（注：方名按笔画升序排序）

一、解 表 剂

方名	主要成分	功用与适应证	用量用法
儿童清热口服液	金银花、板蓝根、蝉蜕、石膏、滑石、黄芩、大黄、赤芍、广藿香、羚羊角	清热解毒，解肌退热。用于内蕴伏热，外感时邪引起的高热不退，烦躁不安，咽喉肿痛，大便秘结等症	口服，1～3 岁每次 10ml，4～6 岁每次 20ml，周岁以内酌减；4 小时一次，热退停服
九味羌活颗粒	羌活、防风、苍术、细辛、川芎、地黄、白芷、黄芩、甘草	解表，散寒，除湿。用于外感风寒夹湿导致的恶寒发热，无汗，头痛且重，肢体酸痛	用姜汤或开水冲服，1 岁以内每次 2～3g，1～3 岁每次 4～6g，4～7 岁每次 6～9g，8～12 岁每次 10～12g；每日 2～3 次
小儿感冒颗粒（冲剂）	广藿香、菊花、连翘、大青叶、板蓝根、地黄、地骨皮、白薇、薄荷、石膏	疏风解表，清热解毒。用于小儿风热感冒，发热重，头胀痛，咳嗽痰黏，咽喉肿痛；流感等	开水冲服，1 岁以内每次 2～3g，1～3 岁每次 4～6g，4～7 岁每次 6～9g，8～12 岁每次 10～12g；每日 2 次
小儿感冒散	羌活、荆芥穗、防风、炒苍术、白芷、葛根、川芎、苦杏仁、地黄、黄芩、甘草、人工牛黄	发汗解肌，清热透表。用于脏腑积热，外感风寒致发热头痛，恶寒无汗，口渴，咽痛鼻塞，咳嗽痰多，体倦	温开水冲服，1 岁以内每次 0.25～0.5g，2～3 岁每次 0.5～0.75g，3 岁以上每次 1～1.5g，每日 2 次
小儿清感灵片	羌活、荆芥穗、防风、炒苍术、川芎、白芷、葛根、黄芩、地黄、人工牛黄、苦杏仁、甘草	发汗解肌，清热透表。用于外感风寒所致头痛发热，恶寒无汗，口渴咽痛，鼻塞，咳嗽痰多等	口服，1 岁以内每次 1～2 片，1～3 岁每次 2～3 片，3 岁以上每次 3～5 片；每日 2～3 次
小儿宝泰康颗粒（冲剂）	连翘、生地黄、柴胡、玄参、蒲公英、贝母、桑叶、板蓝根、紫草、桔梗、莱菔子、甘草	解表清热，止咳化痰。用于小儿风热外感，症见发热，流涕，咳嗽，脉浮等	温开水冲服，1 岁以内每次 2.6g，1～3 岁每次 4g，3～12 岁每次 8g；每日 3 次
小儿退热口服液	大青叶、连翘、金银花、板蓝根、黄芩、柴胡、重楼、栀子、淡竹叶、牡丹皮、地龙、白薇	疏风解表，解毒利咽。用于小儿风热感冒，发热恶风，头痛目赤，咽喉肿痛，疖腮，喉痹	口服，1 岁以内每次 5ml，1～5 岁每次 10ml，5～10 岁每次 20～30ml；每日 3 次

续表

方名	主要成分	功用与适应证	用量用法
小儿柴桂退热颗粒	柴胡、桂枝、葛根、浮萍、黄芩、白芍、蝉蜕	发汗解表，清里退热。用于小儿外感发热，头身痛，流涕，口渴，咽红，溲黄，便干等	开水冲服，1岁以内每次2.5g，1～3岁每次5g（1袋），4～6岁每次7.5g，7～14岁每次10g；每日4次，3天为一个疗程
小儿解表颗粒	金银花、连翘、牛蒡子、蒲公英、黄芩、防风、紫苏叶、荆芥穗、葛根、牛黄	宣肺解表，清热解毒。用于风热感冒，恶寒发热，头痛咳嗽，鼻塞流涕，咽喉痛痒	开水冲服，1～2岁每次4g，每日2次；3～5岁每次4g，每日3次；6～14岁每次8g，每日2～3次
小儿清热灵	柴胡、黄芩、黄连、白屈菜、牛黄、射干、板蓝根、北寒水石、重楼、菊花、蝉蜕、麝香、天竺黄、冰片、珍珠、紫荆皮	清热解毒，利咽止咳。用于感冒发热，咽喉肿痛，咳嗽气喘，神烦惊搐	口服，6个月以内每次半片，7～10个月每次1片，1～2岁每次1片半，2～3岁每次2片，3岁以上每次3～5片；每日2次
小儿金丹片	朱砂、橘红、川贝母、胆南星、前胡、玄参、清半夏、大青叶、木通、桔梗、荆芥穗、羌活、西河柳、地黄、枳壳、赤芍、钩藤、葛根、牛蒡子、天麻、甘草、防风、冰片、水牛角浓缩粉、羚羊角粉、薄荷脑	祛风化痰，清热解毒。用于小儿感冒发热，头痛，鼻塞流涕，咳嗽气促，咽喉肿痛，高热惊风	口服，每次1～2片，每日2～3次，周岁以内酌减
小儿紫草丸	紫草、金银花、西河柳、升麻、羌活、菊花、地丁、青黛、雄黄、制乳香、制没药、玄参、石决明、朱砂、琥珀、冰片、浙贝母、核桃仁、牛黄、甘草	透疹解毒。用于麻疹初起，疹毒内盛不透，发热咳嗽，小便黄少	口服，8岁以上每次1丸，8岁以下酌减，周岁以内每次半丸，每日2次
小儿至宝丸（锭）	紫苏叶、广藿香、薄荷、羌活、白附子、白芥子、川贝母、槟榔、山楂、神曲、麦芽、琥珀、冰片、天麻、钩藤、僵蚕、蝉蜕、全蝎、雄黄、滑石、牛黄、胆南星、朱砂、茯苓、陈皮	疏风镇惊，化痰导滞。用于小儿风寒感冒，停食停乳，发热鼻塞，咳嗽痰多，呕吐泄泻，惊惕抽搐	口服，每次1丸，每日2～3次
小青龙冲剂	麻黄、桂枝、白芍、细辛、半夏、干姜、五味子、炙甘草	解表化饮，止咳平喘。用于外感风寒，水饮内停，咳喘痰稀	口服，每次1袋，每日3次。连服14日为1个疗程
双黄连口服液	金银花、黄芩、连翘	辛凉解表，清热解毒。用于风热感冒引起的发热，咳嗽，咽痛及病毒或细菌感染而致的呼吸道、肺部疾病	口服，1岁以内每次5～10ml，1～3岁每次10～15ml，3岁以上每次15～20ml，每日3次
午时茶颗粒（冲剂）	苍术、柴胡、羌活、防风、白芷、川芎、广藿香、前胡、连翘、陈皮、山楂、枳实、麦芽（炒）、甘草、桔梗、六神曲、紫苏叶、厚朴、红茶	祛风解表，化湿和中。用于外感风寒，内停食积所致恶寒发热，咳嗽，腹胀吐泻	开水冲服，每次1袋，每日1～2次

续表

方名	主要成分	功用与适应证	用量用法
六一散	滑石粉、甘草	清暑利湿。用于感受暑湿所致的身热烦渴,小便黄少,或泄泻;外用治痱子	温开水调服或包煎服,每次6~9g,每日2~3次;外用,扑撒患处
鸡苏散	滑石、甘草、薄荷	疏风解暑。用于暑湿证兼微恶风寒,头痛头胀,咳嗽不爽者	温开水调服或包煎服,每次6~9g,每日2~3次
金银花露	金银花	清热解暑。用于暑热烦渴,小儿痱毒,疮疖痈肿等	口服,每次30~60ml,每日2~3次
宝咳宁颗粒	紫苏叶、桑叶、前胡、浙贝母、麻黄、桔梗、天南星、陈皮、苦杏仁、黄芩、青黛、天花粉、山楂、枳壳、甘草、人工牛黄	清热解表,止嗽化痰。用于小儿外感风寒、内热停食引起的头痛身热,咳嗽痰盛,气促作喘,咽喉肿痛,烦躁不安	温开水冲服,每次2.5g,每日2次,周岁以内酌减
娃娃宁	白术、天竺黄、茯苓、僵蚕、钩藤、甘草、薄荷、朱砂、党参、琥珀	解热镇惊,祛风止搐。用于感冒发热,惊风痉挛,呕吐,绿便,脾胃虚弱等	口服,6个月~1周岁每次1袋,6个月以内酌减,每日2~3次
桑菊感冒片	桑叶、菊花、薄荷、连翘、桔梗、杏仁、芦根、甘草	疏风清热,宣肺止咳。用于风热感冒初起,头痛,咳嗽,咽痛	口服,1岁以内每次1~2片,1~3岁每次2~3片,3~5岁每次3~5片,每日2~3次
夏桑菊颗粒	夏枯草、野菊花、桑叶	清肝明目,疏风散热,除湿痹,解疮毒。用于风热感冒,头痛目赤,眩晕耳鸣,咽喉肿痛,疔疮肿毒等症,并可作清凉饮料	口服,每次3~6g,每日3次
柴胡口服液	柴胡	解表退热。用于外感发热,症见身热面赤,头痛身楚,口干而渴	口服,1岁以内每次5~10ml,1~3岁每次10~15ml,3~5岁每次15~20ml,每日3次
柴连口服液	柴胡、连翘、广藿香、麻黄、肉桂、桔梗	解表宣肺,化湿和中。用于感冒属风寒或风寒夹湿证,症见恶寒发热,头痛鼻塞,咳嗽咽干或兼脘闷恶心等	饭后半小时口服,3岁以内每次2.5~5ml,3岁以上每次5~10ml,每日3次
银翘解毒丸	金银花、连翘、薄荷、牛蒡子、荆芥、淡豆豉、桔梗、淡竹叶、甘草	辛凉解表,清热解毒。用于风热感冒及呼吸道传染病初期,发热头痛,咳嗽,口干,咽喉疼痛	温开水送服,1岁以内每次1/3丸,1~2岁每次1/2丸,每日2~3次
银翘片	金银花、连翘、荆芥、淡豆豉、牛蒡子、桔梗、薄荷、芦根、淡竹叶、甘草	辛凉解表,清热解毒。用于风热感冒,发热头痛,咳嗽口干,咽喉疼痛	口服,1岁以内每次1~2片,1~3岁每次2~3片,3岁以上每次3~5片,每日2次
银翘解毒颗粒	金银花、连翘、荆芥穗、淡豆豉、牛蒡子、桔梗、淡竹叶、薄荷油、甘草	辛凉解表,清热解毒。用于风热感冒,发热头痛,咳嗽口干,咽喉疼痛	温开水冲服,每次3~6g,每日2次

续表

方名	主要成分	功用与适应证	用量用法
感冒退热颗粒	大青叶、板蓝根、连翘、拳参	清热解毒，疏风解表。用于上呼吸道感染、急性扁桃体炎、咽喉炎属外感风热，热毒壅盛证，症见发热，咽喉肿痛	开水冲服，每次1～2袋，每日3次
感冒清热颗粒（冲剂）	荆芥穗、薄荷、防风、柴胡、紫苏叶、葛根、桔梗、苦杏仁、白芷、苦地丁、芦根	疏风散寒，解表清热。用于风寒感冒，头痛发热，恶寒身痛，鼻流清涕，咳嗽咽干	开水冲服，每次1袋，每日2次
藿香正气软胶囊	广藿香油、苍术、紫苏叶油、陈皮、厚朴、白芷、茯苓、大腹皮、生半夏、甘草浸膏	解表化湿，理气和中。用于胃肠型感冒，头痛昏重，脘腹胀痛，呕吐泄泻	口服，3岁以内每次1～2粒，3岁以上每次2～3粒，每日2次
藿香正气丸（水）	广藿香、紫苏叶、白芷、白术、陈皮、半夏、厚朴、大腹皮、桔梗、茯苓、甘草、生姜、大枣	解表化湿，理气和中。用于外感风寒，内伤湿滞至头痛恶寒，胸膈痞闷，脘腹胀满，呕吐泄泻	口服，每次3～6g，（水剂：每次2.5～5ml），每日2次

二、祛痰、止咳、平喘剂

方名	主要成分	功用与适应证	用量用法
儿童清肺口服液	麻黄、苦杏仁、石膏、甘草、桑白皮、瓜蒌皮、黄芩、板蓝根、法半夏、浙贝母、橘红、紫苏子、葶苈子、紫苏叶、细辛、薄荷、枇杷叶、白前、前胡、石菖蒲、天花粉、青礞石	清肺，化痰，止咳。用于面赤身热，咳嗽痰多，咽痛	口服，1岁以内每次5ml，每日2次，1～3岁每次10ml，每日3次，4～7岁每次10ml，每日4次，8～12岁每次20ml，每日3次
小儿咳喘灵口服液（颗粒）	麻黄、苦杏仁、石膏、瓜蒌、板蓝根、金银花、甘草	宣肺，清热，止咳，祛痰，平喘。用于发热或不发热，咳嗽有痰，气促及上呼吸道感染引起的咳嗽等	口服，2岁以内每次5ml，3～4岁每次7.5ml，5～7岁每次10ml（颗粒：开水冲服，2岁以内每次1g，3～4岁每次1.5g，5～7岁每次2g），每日3～4次
小儿止嗽金丹（丸）	槟榔、苦杏仁、胆南星、川贝母、紫苏子、桔梗、玄参、麦冬、桑白皮、瓜蒌子、知母、竹茹、紫苏叶、天花粉、甘草	解热润肺，化痰止嗽。用于外感风热引起的咳嗽痰盛，口干舌燥，腹满便秘	口服，每次0.6g（丸剂：每次1丸，周岁以内酌减），每日2次
小儿化痰止咳颗粒（冲剂）	桔梗流浸膏、桑白皮流浸膏、盐酸麻黄碱、吐根酊	祛痰镇咳。用于小儿咳嗽，咳痰，支气管炎	开水冲服，1岁每次半袋，2～5岁每次1袋，6～10岁每次1～2袋，周岁以内依次递减，每日3次
小儿止咳糖浆	甘草流浸膏、桔梗流浸膏、橙皮酊、氯化铵	祛痰，镇咳。用于小儿感冒引起的咳嗽	口服，1岁以内每次5ml，1～3岁每次5～10ml，3岁以上每次10～15ml，每日3～4次

续表

方名	主要成分	功用与适应证	用量用法
小儿百部止咳糖浆	百部、黄芩、桑白皮、知母、麦冬、桔梗、苦杏仁、天南星、枳壳、陈皮、甘草。	清肺，止咳，化痰。用于小儿肺热咳嗽，百日咳，痰多黄稠	口服，2岁以内每次5ml，2岁以上每次10ml，每日3次
小儿宣肺止咳颗粒	麻黄、竹叶、防风、西南黄芩、桔梗、白芥子、苦杏仁、南葶苈子、马兰、黄芪、山药、山楂、甘草	宣肺解表，清热化痰。用于小儿外感咳嗽及痰热壅肺所致的咳嗽痰多、痰黄黏稠、咳痰不爽	温开水冲服，1岁以内每次1/3袋，1～3岁每次2/3袋，4～7岁每次1袋，8～14岁每次1袋半，每日3次，3天为1个疗程
小儿清热止咳颗粒（口服液）	麻黄、苦杏仁、石膏、甘草、黄芩、板蓝根、北豆根	清热，宣肺，平喘，利咽。用于小儿外感，邪毒内盛，发热恶寒，咳嗽痰黄，气促喘息，口干音哑，咽喉肿痛	开水冲服，1～2岁每次2～3g，3～5岁每次3～6g，6～14岁每次6～9g（口服液：1～2岁每次3～5ml，3～5岁每次5～10ml，6～14岁每次10～15ml），每日3次
小儿清肺止咳片	紫苏叶、菊花、葛根、枇杷叶、川贝母、苦杏仁、苏子、桑白皮、前胡、射干、栀子、黄芩、知母、板蓝根、人工牛黄、冰片	清热解表，止咳化痰。用于内热肺火，外感风热引起的身热咳嗽，气促痰多，烦躁口渴，大便干燥	口服，1岁以内每次1～2片，1～3岁每次2～3片，3岁以上每次3～5片，每日2次
小儿清肺化痰颗粒	麻黄、石膏、苦杏仁、前胡、黄芩、紫苏子、葶苈子、竹茹	清热化痰，止咳平喘。用于小儿肺热感冒引起的呼吸气促，咳嗽痰喘，喉中作响	开水冲服，周岁以内每次3g，1～5岁每次6g，5岁以上每次9～12g，每日2～3次
小儿肺热咳喘口服液	麻黄、苦杏仁、石膏、甘草、金银花、黄芩、连翘、板蓝根、鱼腥草、知母、麦冬	清热解毒，宣肺止咳，化痰平喘。用于热邪袭于肺卫致发热汗出，恶风，咳嗽痰黄兼喘息，口干而渴等；儿童感冒，发烧，反复咳嗽	口服，1岁以内每次5ml，每日2次，1～3岁每次10ml，每日3次，4～7岁每次10ml，每日4次，8～12岁每次20ml，每日3次
小儿肺炎散	朱砂、人工牛黄、冰片、生石膏、天麻、川贝母、黄连、法半夏、胆南星、桑白皮、甘草	清热解毒，清火祛痰，止咳定喘。用于小儿肺热咳嗽，喘息痰盛	口服，每次0.6～0.9g，3周岁以内酌减，每日2次
小儿肺闭宁片	麻黄、苦杏仁、石膏、黄芩、桔梗、葶苈子、紫苏子、海浮石、旋覆花、橘红、细辛、前胡、枳壳、川贝母、人参、麦冬、五味子、大枣、甘草	宣肺解毒，化痰定喘。用于哮喘性支气管炎，支气管肺炎	口服，1岁以内每次2片，2岁每次3片，3岁每次4片，4岁以上者酌增，每日2次
小儿牛黄清肺片	半夏、茯苓、黄芩、石膏、川贝母、百部、胆南星、白前、冰片、人工牛黄	清热，化痰，止咳。用于内热咳嗽，支气管炎，百日咳，肺炎	口服，周岁以内每次2片，1～3岁每次2～4片，每日2次
小儿麻甘颗粒	麻黄、黄芩、桑白皮、紫苏子、苦杏仁、地骨皮、石膏、甘草	平喘止咳，利咽祛痰。用于小儿肺炎喘咳，咽喉炎症	口服，1岁以内每次0.8g，1～4岁每次1.6g，4岁以上每次2.5g，每日4次，重症加倍或遵医嘱

续表

方名	主要成分	功用与适应证	用量用法
川贝枇杷糖浆	川贝母流浸膏、桔梗、枇杷叶、薄荷脑、杏仁	清热宣肺，化痰止咳。用于风热犯肺或肺热咳嗽	口服，每次2～8ml，每日2次
止咳橘红口服液	橘红、陈皮、半夏、茯苓、款冬花、瓜蒌皮、紫菀、麦冬、知母、桔梗、地黄、石膏、苦杏仁、苏子、甘草	清肺，止咳，化痰。用于痰热阻肺引起的咳嗽痰多，胸满气短，咽干喉痒	口服，每次5～10ml，每日2～3次
止咳化痰颗粒	桔梗、苦杏仁、百部、盐酸麻黄碱	润肺祛痰，止咳定喘。用于伤风咳嗽，慢性支气管炎及支气管哮喘	温开水冲服，1～2岁每次2～3g，3～5岁每次3～6g，6～14岁每次6～9g，每日3次
牛黄清肺散	水牛角浓缩粉、人工牛黄、茯苓、川贝母、白前、沉香、黄芩、百部、清半夏、胆南星、石膏、冰片	清肺化痰，消炎止咳。用于肺热咳嗽，痰涎壅盛，胸满喘促	口服，2～5岁每次1g，每日2次，2岁以下、5岁以上酌情加减
半夏露颗粒（糖浆）	生半夏、枇杷叶、远志、款冬花、桔梗、麻黄、甘草、陈皮、薄荷油	止咳化痰。用于咳嗽痰多，支气管炎	开水冲服，每次7g，每日4次（糖浆：每次2～8ml，每日3次）
百合固金丸	百合、生地黄、熟地黄、麦冬、玄参、川贝母、当归、白芍、桔梗、甘草	养阴润肺，化痰止咳。用于肺肾阴虚，干咳少痰，咽干喉痛	口服，每次3～6g，每日2～3次
枇杷叶膏	枇杷叶	清肺润燥，止咳化痰。用于肺热燥咳，痰少咽干	口服，每次9～15g，每日2次
急支糖浆	鱼腥草、金荞麦、四季青、麻黄、紫菀、前胡、枳壳、甘草	清热化痰，宣肺止咳。用于急性支气管炎，感冒咳嗽，慢性支气管炎急性发作等呼吸系统疾病	口服，1岁以内每次5ml，1～3岁每次7ml，7岁每次10ml，7岁以上每次15ml，每日3～4次
复方鲜竹沥液	鲜竹沥、鱼腥草、枇杷叶、桔梗、生半夏、生姜、薄荷油	清热化痰，止咳。用于痰热咳嗽，痰黄黏稠	口服，6个月以内每次3ml，6个月～1岁每次5ml，1～2岁每次5～10ml，3～5岁每次10～15ml，每日2～3次
复方百部止咳糖浆（颗粒）	百部、苦杏仁、桑白皮、麦冬、知母、黄芩、陈皮、甘草、制天南星、炒枳壳、桔梗	清肺止咳。用于肺热咳嗽，痰黄黏稠及百日咳	口服，1岁以内每次5ml，1～3岁每次7ml，7岁以上每次10～15ml（颗粒：周岁以内每次3g，1～5岁每次6g，5岁以上每次9～15g），每日2～3次
复方桔梗枇杷糖浆	桔梗流浸膏、枇杷流浸膏、氯化铵、愈创木酚甘油醚、盐酸异丙嗪、枸橼酸、橙皮酊	祛痰，镇咳，平喘。用于咳嗽，痰多，支气管炎	口服，1～6个月每次2ml，6个月～1岁每次3ml，1～2岁每次5ml，2～4岁每次8ml，4～7岁每次10ml，每日3次

续表

方名	主要成分	功用与适应证	用量用法
复方罗汉果止咳颗粒（冲剂）	罗汉果、枇杷叶、桑白皮、白前、百部、桔梗	清热泻肺，镇咳祛痰。用于肺热、肺燥咳嗽	开水冲服，3 岁以内每次 5g，3 岁以上每次 10g，每日 3 次
复方枇杷止咳颗粒	川贝母、枇杷叶、桔梗、薄荷脑	止咳祛痰。用于伤风咳嗽	开水冲服，1～2 岁每次 2～3g，3～5 岁每次 3～6g，6～14 岁每次 6～9g，每日 3 次
消咳喘糖浆	满山红	止咳平喘，祛痰。用于慢性支气管炎及感冒、咳喘等	口服，每次 5～10ml，每日 3 次
润肺膏	莱阳梨清膏、党参、黄芪、紫菀、百部、川贝母	润肺益气，止咳化痰。用于肺虚气弱，胸闷不畅，久咳痰嗽，气喘自汗等症	口服或开水冲服，每次 9～15g，每日 2 次
桂龙咳喘宁胶囊	桂枝、龙骨、白芍、牡蛎、黄连、法半夏、瓜蒌皮、苦杏仁、大枣、生姜、炙甘草	止咳化痰，降气平喘。用于外感风寒，痰湿阻肺引起的咳嗽气喘，痰涎壅盛；急（慢）性支气管炎、支气管哮喘等	口服，1 岁以内每次 1 粒，2 岁每次 2 粒，3～7 岁每次 3 粒，8 岁以上每次 5 粒，每日 2～3 次
羚贝止咳糖浆	紫菀、茯苓、麻黄、知母、金银花、陈皮、半夏、前胡、远志、平贝母、罂粟壳、山楂、羚羊角	宣肺化痰，止咳平喘。用于小儿肺热咳嗽及痰湿咳嗽	口服，1 岁以内每次 2～4ml，1～3 岁每次 5～10ml，4～6 岁每次 10～15ml，7～12 岁每次 15～20ml，15 岁以上每次 20～30ml，每日 3 次，饭前 30 分钟服用
羚羊清肺颗粒	浙贝母、炙桑白皮、前胡、麦冬、天冬、天花粉、地黄、玄参、石斛、桔梗、枇杷叶、苦杏仁金果榄、金银花、大青叶、栀子、黄芩、板蓝根、牡丹皮、薄荷、甘草、熟大黄、陈皮、羚羊角粉	清肺利咽，除瘟止嗽。用于肺胃热盛，感受时邪，身热头晕，四肢酸楚，咳嗽痰盛，咽喉肿痛，鼻衄咳血，口干舌燥等症	开水冲服，每次 3～6g，每日 3 次
蛇胆川贝散	蛇胆汁、川贝母	清肺，止咳，祛痰。用于肺热咳嗽，痰多。急性支气管炎、肺炎	口服，6 个月每次 0.05g，1～3 岁每次 0.1～0.15g，4～7 岁每次 0.15～0.3g，8～14 岁每次 0.3～0.4g，每日 2 次
蛇胆川贝液	蛇胆汁、平贝母	祛风止咳，除痰散结。用于风热咳嗽，痰多气喘，胸闷，咳痰不爽或久咳不止	口服，6 个月以内每次 3ml，6 个月～1 岁每次 5ml，1～2 岁每次 5～10ml，3～5 岁每次 10～15ml，每日 2 次
蛇胆陈皮散	蛇胆汁、陈皮	理气化痰，调中和胃。用于痰浊阻肺，胃失和降，咳嗽，痰多，呕逆	口服，每次 0.3～0.6g，每日 2～3 次
蛇胆陈皮化痰散	陈皮、蛇胆汁、朱砂、地龙、琥珀、僵蚕	祛风化痰，消热安神。用于痰热发狂，神志不宁，咳痰喘促	用开水或清茶送服，4 岁以内每次 0.3g，4～12 岁酌增，12 岁以上每次 0.6g，每日 2～3 次

方名	主要成分	功用与适应证	用量用法
寒喘丸	清半夏、大枣、麻黄、射干、细辛、款冬花、紫菀、五味子、干姜	止嗽定喘,发散风寒。用于咳嗽痰盛,哮喘不止,咽喉不利,夜卧不宁	口服,每次2～4g,每日2次
鲜竹沥	鲜竹沥	清热化痰。用于小儿痰热咳嗽	口服,6个月以内每次3ml,6个月～1岁每次5ml,1～2岁每次5～10ml,3～5岁每次10～15ml,每日2次
橘红痰咳颗粒	化橘红、苦杏仁、百部、水半夏、白前、茯苓、五味子、甘草	理气祛痰,润肺止咳。用于感冒、咽喉炎引起的痰多咳嗽,气喘	开水冲服,1岁以内每次2～3g,1～3岁每次4～6g,4～7岁每次6～9g,8～12岁每次10～12g,每日3次
黛蛤散	青黛、蛤壳	清肝利肺,降逆除烦。用于肝肺实热,头晕耳鸣,咳嗽吐衄,肺痿肺痈,咽膈不利,口渴心烦	口服,每次6g,每日1次,布包随处方入煎剂

三、清热解毒剂

方名	主要成分	功用与适应证	用量用法
一清颗粒	黄连、大黄、黄芩	清热泻火解毒。用于火毒血热所致身热烦躁,目赤口疮,咽喉、牙龈肿痛,大便秘结及咽炎,扁桃体炎,牙龈炎见上述症状者	开水冲服,1岁以内每次1/2袋,1～3岁每次2/3袋,3岁以上每次1袋(7.5g),每日3～4次
儿童回春丸	黄连、水牛角浓缩粉、羚羊角、人中白、淡豆豉、大青叶、荆芥、羌活、葛根、地黄、川木通、赤芍、黄芩、前胡、玄参、桔梗、柴胡、西河柳、升麻、牛蒡子	清热解毒,透表豁痰。用于急惊风,伤寒发热,小便带血,麻疹隐现不出而引起身热咳嗽;赤痢、水泻、食积、腹痛	口服,1岁以内每次服1丸,1～2岁每次服2丸,3～4岁每次服3丸,5～7岁每次服5丸,每日2～3次
小儿清热宁颗粒	羚羊角粉、牛黄、金银花、黄芩、柴胡、板蓝根、水牛角浓缩粉、冰片	清热解毒。用于外感温邪,脏腑实热引起的内热高烧,咽喉肿痛,咳嗽痰盛,大便干燥	开水冲服,1～2岁每次4g,每日2次;3～5岁每次4g,每日3次;6～14岁每次8g,每日2～3次
小儿清热片	黄芩、黄连、黄柏、栀子、大黄、龙胆、灯心草、钩藤、薄荷油、雄黄、朱砂	清热解毒,祛风镇惊。用于小儿风热,烦躁抽搐,发热口疮,小便短赤,大便不利	口服,每次2～3片,每日1～2次,周岁以内酌减
小儿退热颗粒	大青叶、板蓝根、金银花、连翘、柴胡、黄芩、栀子、牡丹皮、淡竹叶、重楼、白薇、地龙	清热解毒。用于外感风热引起的感冒发热及上呼吸道感染	温开水冲服,5岁以内每次5g,5～10岁每次10～15g,每日3次

续表

方名	主要成分	功用与适应证	用量用法
小儿热速清颗粒	柴胡、黄芩、板蓝根、大黄、葛根、金银花、连翘、水牛角	清热，解毒，利咽。用于风热感冒，发热头痛，咽喉红肿，鼻塞流黄涕，咳嗽，便秘	口服，1 岁以内每次 1/4～1/2 袋，1～3 岁每次 1/2～1 袋，3～7 岁每次 1～1 袋半，7～12 岁每次 1 袋半～2 袋，每日 3～4 次
小儿双清颗粒	人工牛黄、羚羊角、水牛角浓缩粉、厚朴、板蓝根、连翘、拳参、石膏、莱菔子、荆芥穗、薄荷脑、冰片	清热解毒，表里双解。用于小儿外感属表里俱热证，见发热，流涕，咽红，口渴，便干，溲赤，舌红，苔黄者；急性上呼吸道感染见上述证候者	开水冲服，1 岁以内每次 1/2～1 袋，1～3 岁每次 1～1.5 袋，4～6 岁每次 1.5 袋～2 袋，7 岁以上每次 2～2.5 袋，每日 3 次；重症者于服药后 2 小时加服一次
小儿清咽颗粒	玄参、蒲公英、牛蒡子、薄荷、蝉蜕、板蓝根、连翘、牡丹皮、青黛	清热解表，解毒利咽。用于小儿外感风热引起的发热头痛，咳嗽音哑，咽喉肿痛	开水冲服，1 岁以内每次 3g，1～5 岁每次 6g，5 岁以上每次 9～12g，每日 2～3 次
小儿咽扁颗粒	金银花、射干、金果榄、桔梗、玄参、麦冬、人工牛黄、冰片	清热利咽，解毒止痛。用于肺实热引起的咽喉肿痛，咳嗽痰盛，咽炎	开水冲服，1～2 岁小儿每次 4g，每日 2 次；3～5 岁每次 4g，每日 3 次；6～14 岁每次 8g，每日 2～3 次
六神丸	牛黄、麝香、冰片、雄黄、珍珠、蟾酥	清热解毒，消肿止痛。用于治疗白喉，咽喉肿痛，单双乳蛾，喉风，烂喉丹痧，小儿热疖，痈疡疔疮，乳痈发背，无名肿毒	化服或含服，1 岁以内每次 1 粒，4～8 岁每次 5～6 粒，9～15 岁每次 8 粒，每日 1～2 次
牛黄解毒丸（片）	牛黄、雄黄、生石膏、冰片、大黄、黄芩、桔梗、甘草	清热泻火解毒。用于火热毒邪上扰，目赤肿痛，咽干咳嗽，牙龈肿痛，口舌生疮等	口服，每次 3g，每日 2 次
五福化毒丸	水牛角浓缩粉、连翘、青黛、黄连、牛蒡子（炒）、玄参、地黄、桔梗、芒硝、赤芍、甘草	清热解毒，凉血消肿。用于血热毒盛，小儿疮疖，痱毒，咽喉肿痛，口舌生疮，牙龈出血，疳腮	口服，水蜜丸每次 2g，大蜜丸每次 1/3～1/2 丸，每日 2～3 次
北豆根片	北豆根总生物碱	清热解毒，消肿利咽。用于火毒内结所致的咽喉肿痛；急性咽炎、扁桃体炎	口服，每次 30～60mg，每日 3 次
利咽解毒颗粒	板蓝根、金银花、连翘、薄荷、牛蒡子、焦山楂、桔梗、大青叶、僵蚕、玄参、黄芩、地黄、天花粉、大黄、浙贝母、麦冬	清肺利咽，解毒退热。用于外感风热所致的咽痛，咽干，喉核红肿，发热恶寒；急性扁桃体炎、急性咽炎	开水冲服，每次 6g，每日 3～4 次
连翘败毒片（丸）	桔梗、白芷、天花粉、大黄、浙贝母、紫花地丁、蒲公英、玄参、连翘、栀子、木通、蝉蜕、金银花、防风、白鲜皮、赤芍、黄芩、甘草	清热解毒，消肿止痛。用于疮疖溃烂，灼热发烧，流脓流水，丹毒疱疹，疥癣疼痒	口服，每次 2～4 片（丸剂：每次 2～6g），每日 2 次

续表

方名	主要成分	功用与适应证	用量用法
板蓝根颗粒（冲剂）	板蓝根	清热解毒，凉血利咽，抗病毒等。用于小儿风热感冒，病毒性感冒，咽喉肿痛	口服，每次5～10g，每日3～4次
金银花颗粒	金银花、忍冬藤	清热解毒。用于发热口渴，咽喉肿痛，热疖疮疡	温开水冲服，每次5～10g，每日3～4次
柴黄颗粒	柴胡、黄芩提取物	清热解毒。用于上呼吸道感染，感冒发热	口服，每次1/2～1袋，每日2次
复方板蓝根颗粒	板蓝根、大青叶	清热解毒，凉血。用于风热感冒，咽喉肿痛；流行性乙型脑炎，肝炎，腮腺炎	口服，1岁以内每次1/2袋，1～3岁每次2/3袋，3岁以上每次1袋（15g），每日3次
复方金银花颗粒	金银花、连翘、黄芩	清热解毒，凉血消肿。用于风热感冒，咽炎，扁桃体炎，目痛，牙痛及痈肿疮疖	开水冲服，每次5～10g，每日2～3次
复方公英片	蒲公英、板蓝根	清热解毒。用于上呼吸道感染	口服，1岁以内每次1～2片，1～3岁每次2～3片，3岁以上酌增，每日3次
银黄颗粒（口服液）	金银花提取物、黄芩提取物	清热解毒，消炎。用于急、慢性扁桃体炎，急、慢性咽喉炎，上呼吸道感染	温开水冲服，每次1～2袋，每日2次（口服液：1岁以内每次5～10ml，1～3岁每次10～15ml，3岁以上每次15～20ml，每日2～3次）
羚羊清肺散	羚羊角粉、赤芍、板蓝根、连翘、金银花、知母、天花粉、琥珀、甘草、朱砂、石膏、冰片、栀子、芦根、水牛角浓缩粉、川贝母、桔梗、僵蚕	清热泻火，凉血解毒，化痰息风。用于温热病，高热神昏，烦躁口渴，痉厥抽搐及小儿肺热咳嗽	口服，每次1g，每日2次，周岁以内酌减
清热灵颗粒	大青叶、黄芩、连翘、甘草	清热解毒。用于感冒发热，咽喉肿痛等	开水冲服，1岁以内每次5g，1～6岁每次10g，每日3次；7岁以上每次15g，每日3～4次
清热解毒口服液	石膏、金银花、玄参、地黄、连翘、栀子、甜地丁、黄芩、龙胆、板蓝根、知母、麦冬	清热解毒。用于热毒壅盛所致发热面赤，烦躁口渴，咽喉肿痛等症；流感、上呼吸道感染见上述证候者	口服，1岁以内每次5ml，1～3岁每次10ml，3岁以上每次10～20ml，每日3次
清开灵颗粒	胆酸、珍珠母、猪去氧胆酸、栀子、水牛角、板蓝根、黄芩苷、金银花	清热解毒，镇静安神。用于外感风热时邪、火毒内盛所致高热烦躁，咽喉肿痛，舌质红绛，苔黄，脉数；病毒性感冒，急性扁桃体炎，急性咽炎，急性气管炎等	口服，每次3～6g，每日2～3次

续表

方名	主要成分	功用与适应证	用量用法
清热化毒丸	水牛角浓缩粉、连翘、青黛、黄连、黄芩、天花粉、大黄、龙胆、玄参、桔梗、朱砂、冰片、菊花、茯苓、甘草	清火解毒，消肿止痛。用于小儿身热烦躁，咽喉肿痛，口舌生疮，皮肤疮疖，口臭便秘，疹后余毒未尽	口服，每次1丸，每日2～3次
清火栀麦片	穿心莲、栀子、麦冬	清热解毒，凉血消肿。用于肺胃热盛所致咽喉肿痛，发热，牙痛，目赤	口服，每次1～2片，每日2次
赛金化毒散	冰片、牛黄、黄连、大黄、珍珠、赤芍、川贝母、雄黄、乳香、没药、天花粉、甘草	清热解毒。用于小儿毒火内热，口疮，咽炎，咳嗽、便秘	口服，1～3岁每次0.5g，周岁以内酌减，4岁以上酌增，每日2次
鼻渊片	苍耳子、辛夷、金银花、茜草、野菊花	清热解毒，通鼻窍。用于慢性鼻炎及鼻窦炎	口服，1岁以内每次1～2片，1～3岁每次2～3片，3岁以上每次3～5片，每日3次
鼻渊舒口服液	苍耳子、辛夷、薄荷、白芷、黄芩、栀子、柴胡、细辛、川芎、黄芪、川木通、桔梗、茯苓	清热解毒，疏风排脓，通利鼻窍。用于鼻窦炎，慢性鼻炎；因感冒引起鼻塞不通、流黄稠涕等	口服，每次10ml，每日2～3次，7日为1个疗程

四、祛风除湿剂

方名	主要成分	功用与适应证	用量用法
大蒜素（胶囊）	大蒜素（大蒜中所含的一种杀菌成分，为油状物，现用合成法制得）	抑菌杀虫。用于防治急、慢性菌痢，肠炎，百日咳，肺部和消化道的真菌感染，隐球菌性脑膜炎，肺结核等	口服，每次20～40mg，每日3次
小儿泻速停颗粒	地锦草、儿茶、乌梅、北山楂、茯苓、白芍、甘草	清热利湿，健脾止泻，解痉止痛。用于治疗小儿泄泻、腹痛、纳差。尤适用于秋季腹泻	开水冲服，6个月以内每次0.5～1.5g，6个月～1岁每次1.5～3g，1～3岁每次3～5g，3～7岁每次5～7.5g，7～12岁每次7.5～10g，每日3～4次
小儿泻痢片	葛根、黄芩、黄连、厚朴、白芍、茯苓、焦山楂、乌梅、甘草、滑石粉	清热化湿，止泻止痢。用于湿热泄泻，红、白痢疾等	口服，1岁以内每次1片，2～3岁每次2～3片，4岁以上每次4～6片，每日3次
小儿止泻安颗粒	赤石脂、肉豆蔻、伏龙肝、茯苓、陈皮、木香、砂仁	健脾和胃，利湿止泻。用于小儿消化不良腹泻及脾虚腹泻	开水冲服，1岁以内每次3g，1～2岁每次6g，每日3次；2～3岁每次12g，每日2次
止泻灵片	鸡矢藤、地胆草、伏龙肝、车前草、白术、陈皮、滑石粉、党参、莱菔子、儿茶、五倍子	清热利湿，健脾，涩肠止泻。用于小儿消化不良，单纯性腹泻，急性肠炎等	口服，每次2～4片，每日3次

续表

方名	主要成分	功用与适应证	用量用法
香连丸	黄连（吴茱萸制）、木香	清热燥湿，行气止痛。用于泄泻腹痛，便黄而黏	口服，每次 3～6g，每日 2～3 次
独活寄生丸（颗粒、合剂）	独活、桑寄生、熟地黄、牛膝、细辛、秦艽、茯苓、肉桂、防风、川芎、党参、甘草、当归、白芍、杜仲	养血舒筋，祛风除湿。用于风寒湿痹，腰膝冷痛，屈伸不利	口服，7 岁以上每次 1/2 丸，7 岁以下酌减，每日 2 次（颗粒：每次 5g，每日 3 次；合剂：每次 15～20ml，每日 3 次，用时摇匀）
消风止痒颗粒	防风、蝉蜕、地骨皮、苍术、亚麻子、当归、地黄、木通、荆芥、石膏、甘草	消风清热，除湿止痒。用于丘疹样荨麻疹及湿疹、皮肤瘙痒等	口服，1 岁以内每次 1/3～1/2 袋，1～4 岁每次 2/3～1 袋，5～9 岁每次 1～1.5 袋，10～14 岁每次 1.5～2 袋，15 岁以上每次 2～3 袋，每日 2～3 次
清胃黄连丸	黄连、石膏、桔梗、甘草、知母、玄参、地黄、牡丹皮、天花粉、连翘、栀子、黄柏、黄芩、赤芍	清热解毒祛湿。用于手足口病湿热蒸盛证	口服，1 岁以内每次 1～2g，1～3 岁每次 2～3g，3 岁以上每次 3～5g，每日 2 次
维儿康洗液	金银花、地肤子、黄芪、紫草、白鲜皮、薄荷、冰片、蝉蜕、滑石、甘草、蜂蜜	疏风清热，除湿解毒。用于风热湿毒所致的丘疹性荨麻疹以及痱子的辅助治疗	外用，1～6 岁以 1∶50 兑温开水沐浴，每日 2 次；7～12 岁以 1∶20 兑温开水沐浴，每日 3 次。均可用原液涂搽患部。用于儿童皮肤卫生保健：取本品适量兑温开水，搓揉全身，并用清水冲洗
葛根芩连片	葛根、黄芩、黄连、炙甘草	解肌退热，止泻止痢。用于泄泻痢疾，身热烦渴，下利臭秽	口服，每次 2～4 片，每日 3 次

五、消积导滞剂

方名	主要成分	功用与适应证	用量用法
大山楂丸	山楂、六神曲、麦芽	开胃消食。用于饮食积滞，消化不良，脘腹胀闷	口服，每次 1～2 丸，每日 1～3 次
小儿化食丸	六神曲、山楂、麦芽、大黄等	消食化滞，泻火通便。用于小儿胃热停食，肚腹胀满，恶心呕吐，烦躁口渴，大便干燥	口服，周岁以内每次 1 丸，周岁以上每次 2 丸，每日 2 次
小儿香橘丹	木香、陈皮、茯苓、白术、苍术、扁豆、厚朴、砂仁、神曲、麦芽等	健脾和胃，消食化滞。用于脾胃虚弱，乳食停滞所致的呕吐、腹泻、厌食等证	口服，每次 1 丸，每日 2 次
小儿健脾丸	人参、白术、茯苓、甘草、山药、扁豆、莲子、砂仁、橘皮、半夏、山楂、神曲、麦芽、桔梗、黄连	健脾和胃，消食化滞。用于脾胃气虚而消化不良，饮食积滞，脘腹胀满，不欲饮食	口服，每次 1 丸（3g），每日 2 次

续表

方名	主要成分	功用与适应证	用量用法
小儿消食至宝丹	神曲、桔梗、陈皮、厚朴、焦山楂、麦芽、白术、枳壳、砂仁、豆蔻、甘草、前胡、黄芩、朱砂、栀子	消食健脾，清热安神。用于脾胃虚弱，伤食吐泻，虚烦不安，咳嗽痰喘，身热烦躁	口服，每次1丸，每日1~2次
小儿喜食片	六神曲、枳壳、白术、山楂、麦芽、谷芽、蜂蜜	健脾和胃，消食化积。用于小儿单纯性消化不良，食欲不振，腹泻等	口服，1~3岁每次2~3片，3~5岁每次3~5片，5岁以上酌增，每日3次
小儿增食丸	焦山楂、焦神曲、焦麦芽、鸡内金、槟榔、代代花、枳壳、莱菔子、砂仁、橘红、黄芩	健脾和胃，消食化积。用于饮食积滞，脘腹胀满，不欲饮食	口服，1岁以内每次半丸，1~3岁每次1丸，3~7岁每次1丸半，7~12岁每次2丸，每日2次
启脾丸	人参、白术、茯苓、甘草、陈皮、山药、莲子、山楂、六神曲、麦芽、泽泻	健脾和胃。用于脾胃虚弱，消化不良，腹胀便溏	口服，每次1丸，每日2~3次，3岁以内小儿酌减
肥儿丸	肉豆蔻、木香、六神曲、麦芽、胡黄连、槟榔、使君子仁	健胃消积，驱虫。用于小儿消化不良，虫积腹痛，面黄肌瘦，食少腹胀泄泻	口服，每次1~2丸，每日1~2次，三岁以内小儿酌减
肥儿散	白术、山药、茯苓、鸡内金、山楂、炙甘草	健脾消食，化积。用于脾胃不和引起的脾虚泄泻，疳积腹胀	口服，每次0.5~1g，每日3次。周岁内小儿可酌情减量
保和丸	六神曲、山楂、麦芽、莱菔子、半夏、陈皮、茯苓、连翘	消食化积。用于食积停滞，脘腹胀满，嗳腐吞酸，不欲饮食	口服，每次3~6g，每日2次
娃娃宝	党参、莲子、木香、藿香、茯苓、黄芪、六曲、白扁豆、白芷、甘草	健脾和胃。乳食不节，内伤脾胃引起的脘腹胀满，呕吐泄泻，不思饮食，身体瘦弱	口服，周岁每次1.5g，每日2次。周岁以下酌减
枳实导滞丸	枳实、大黄、黄连、黄芩、六曲、白术、茯苓、泽泻	消积导滞，清利湿热。用于脘腹胀痛，不思饮食，大便秘结，痢疾里急后重	口服，每次3~6g，每日2~3次
香砂枳术丸	木香、枳实、砂仁、白术、荷叶	健脾开胃，行气消痞。用于脾虚气滞，脘腹痞闷，食欲不振，大便溏软	口服，每次3~6g，每日2~3次
健胃消食片	山楂、麦芽、莱菔子、六曲	健胃消导。消化不良，胸膈满闷	口服，每次5~7片，每日2次
婴儿健脾散	白扁豆、山药、鸡内金、白术、川贝母、木香、碳酸氢钠、牛黄	健脾，消食，止泻。用于脾胃气虚而消化不良，乳食不进，面色无华、形体消瘦、腹胀、大便次数增多	口服，1~3岁每次0.5~1g，周岁以内每次0.25g，每日2次
清胃保安丸	白术、六神曲、陈皮、茯苓、砂仁、青皮、厚朴、麦芽、甘草、槟榔、枳壳、枳实、白酒曲、山楂	消食化滞，和胃止呕。用于小儿停食停乳而致的肚腹胀满、呕吐、心烦、口渴、不思饮食	口服，每次1丸，每日2次

六、泻 下 剂

方名	主要成分	功用与适应证	用量用法
一捻金	大黄、牵牛子、槟榔、人参、朱砂	消食导滞，祛痰，通便。用于小儿停乳停食，腹胀便秘，痰盛喘咳	口服，1 岁以内每次 0.3g，1～3 岁每次 0.6g，4～6 岁每次 1g，每日 1～2 次
小儿消疳散	牛黄、大黄、牵牛子、芦荟、天竺黄、僵蚕、甘草、青黛、胡黄连、蝉蜕、鸡内金、朱砂	消疳化积。用于小儿疳积，虚热腹胀，面黄肌瘦，胃热口臭，大便干燥	口服，1～2 岁每次 0.5 包（每包 0.35g），3～4 岁每次 1 包，每日 2 次
化虫丸	玄明粉、大黄、雷丸、胡粉、鹤虱、槟榔、苦楝皮、芜荑、牵牛子、白矾等	杀虫驱虫，消积通便。用于肠道虫证	口服，每次 6～9g，早晨空腹或临睡前用温开水送服，7 岁以上小儿服 1/2 量；3～7 岁服 1/3 量，每日 1～2 次
王氏保赤丹	大黄、黄连、川贝母、制南星、巴豆霜、野荞粉、生姜粉等	清热化痰，消积通便，解毒镇惊。用于小儿乳滞疳积，痰厥惊风，咳喘痰鸣，乳、食减少，吐泻发热，大便秘结等	口服，6 个月以下每次 5 粒，6 个月～2 岁，每超过 1 个月加 1 粒，2～7 岁每超过半岁加 5 粒，7～14 岁每次服 0.15g，每日 1～2 次
清热导滞散	大黄、天竺黄、牵牛子、胡黄连、琥珀、人参	导滞通便，清热定惊。用于食积腹胀，烦躁身热，大便燥结，内热惊风	口服，周岁每次 1 包（0.2g），周岁以下酌减，每日 1～2 次
保婴镇惊丸	大黄、朱砂、甘草	泻热、导滞、镇惊。用于小儿实热便秘，惊风，目赤口疮，小便黄赤	口服，6 岁以下每次 1 丸，周岁减半，每日 1 次
救惊散	大黄、槟榔、人参、牵牛子、茯苓、贝母、天麻、天竺黄、朱砂、冰片	镇惊、清热、通便。用于实火咳嗽，内热便秘，停食发热	口服，10 岁以上每次 2g，5～10 岁每次 1g，5 岁以下酌减，每日 2 次
清宁丸	大黄、绿豆、车前草、茯苓、白术、黑豆、半夏、香附、桑叶、桃枝、牛乳、厚朴、麦芽、陈皮、薏苡仁、知母、侧柏叶等	清热泻火，通利二便。用于咽喉肿痛，口舌生疮，头晕耳鸣，目赤牙痛，腹中胀满，大便秘结，小便赤热	口服，每次 3g，每日 1～2 次
麻仁丸	火麻仁、白芍、杏仁、枳实、厚朴、大黄	润肠通便。用于肠胃燥热便秘	口服，每次 3～6g，每日 2 次

七、补 益 剂

方名	主要成分	功用与适应证	用量用法
人参固本丸	人参、生地黄、熟地黄、山药、茯苓、天冬、麦冬、山茱萸、丹皮、泽泻	气阴双补。用于阴虚气弱，虚劳咳喘，消渴腰痛，耳鸣心悸，潮热盗汗等	口服，每次 3～6g，每日 2 次

续表

方名	主要成分	功用与适应证	用量用法
儿康宁糖浆	党参、黄芪、白术、麦冬、薏苡仁等	益气健脾，和中开胃。用于小儿脾胃虚弱型厌食症	口服，每次10ml，每日4次，4~6瓶（150ml/每瓶）为1个疗程，一般1~2个疗程
十全大补丸（糖浆）	人参、当归、黄芪、熟地黄、茯苓、白术、白芍、川芎、甘草、肉桂	温补气血。用于气血两虚，面色苍白，气短心悸，头晕自汗，体倦乏力，四肢不温等	口服，每次3~6g，（糖浆5ml），每日3次
升血颗粒	皂矾、阿胶、黄芪、大枣、山楂等	补气养血，消积理脾。用于缺铁性贫血	口服。小儿周岁以内一次5g，1~3岁一次10g，3岁以上及成人一次15g；一日3次
六味地黄丸	熟地黄、山茱萸、山药、泽泻、茯苓、丹皮	滋阴补肾。用于肝肾阴虚，虚火上炎，见头晕耳鸣，腰膝酸软，潮热盗汗，手足心热等	口服，每次3~6g，每日2次
四神丸	肉豆蔻、吴茱萸、补骨脂、五味子、大枣、生姜	温脾暖肾，固肠止泻。用于脾肾虚寒所致的久泻、五更泻、腹痛等	口服，每次3~6g，每日1~2次
归脾丸	黄芪、党参、茯苓、白术、当归、远志、龙眼肉、酸枣仁等	益气健脾，补血养心。用于脾虚失摄，见各种出血，贫血，心悸，失眠等	口服，每次3~6g，每日3次
生脉饮口服液	人参、麦冬、五味子	益气，养阴生津。用于气阴两亏，心悸气短，自汗	口服，每次10ml，每日2~3次
龙牡壮骨冲剂	龙骨、牡蛎、龟甲、山药、党参、黄芪、白术、茯苓、甘草、大枣、鸡内金、五味子	健脾补肾，益气滋阴。用于小儿佝偻病为主的营养不良性缺钙症	口服，2岁以下每次1包；2~7岁每次1.5包，7岁以上每次2包，每日3次
补中益气丸	党参、黄芪、白术、升麻、柴胡、当归、陈皮、炙甘草	补中益气，升阳举陷。用于脾胃虚弱，中气下陷引起的体倦乏力、食少腹胀、久泻、脱肛等	口服，每次3~6g，每日2~3次
阿胶补血膏	阿胶、熟地黄、党参、黄芪、枸杞子、白术等	滋阴补血，健脾润肺。用于久病体弱，血亏面黄，乏力多汗，虚劳咳嗽等	口服，每次10~20g，每日2次
附子理中丸	制附子、党参、白术、干姜、甘草	温中散寒。用于脾胃虚寒，脘腹冷痛，呕吐泄泻，四肢欠温，舌淡苔白等	口服，每次3~6g，每日2~3次
龟鹿补肾丸	龟甲胶、鹿角胶、生地黄、熟地黄、山药、泽泻、茯苓、首乌、黄精、玉竹、天冬、当归、川芎、龙眼肉、肉苁蓉、锁阳、巴戟天、狗脊、牛膝、大青盐、芡实、菟丝子、覆盆子、沉香、五味子、党参、白术、木香、陈皮、炙甘草	滋阴补血，益精填髓，强筋壮骨，纳气平喘。用于小儿发育不良、佝偻病，以及肝肾不足，精血亏虚，肾失固摄等引起的诸症	口服，每次2~6g，每日2次，苔厚腻者忌服

续表

方名	主要成分	功用与适应证	用量用法
参术儿康糖浆	白术、茯苓、山楂、山药、白扁豆、六神曲、麦芽、炙黄芪、太子参、蜂王浆、制何首乌、当归等	健脾和胃，益气养血。用于小儿疳积，脾胃虚弱，食欲不振，睡眠不安，多汗	口服，2岁以下每次10～15ml，3～4岁每次20ml，5～6岁每次30ml，平均每日3次
肥儿糖浆	山药、芡实、莲子、党参、薏苡仁、扁豆、山楂、白术、茯苓、麦芽、蛋白干	健脾胃，补虚弱。用于脾胃虚弱引起的食欲不振、消化不良、面黄肌瘦、精神困倦等	口服，2～4岁每次10ml，每日3次，2岁以下，5岁以上酌情加减
金匮肾气丸	肉桂、附子、熟地黄、山茱萸、山药、泽泻、茯苓、丹皮	温肾助阳。用于肾阳虚衰，命火不足，腰膝酸软，四肢逆冷，少腹拘急疼痛，小便不利或夜尿清长等	口服，每次3～6g，每日2次
济生肾气丸	附子、肉桂、熟地黄、山茱萸、山药、泽泻、茯苓、丹皮、牛膝、车前子	温补肾阳，化气行水。用于肾阳不足，肾气虚弱，肾虚水肿，腰膝酸软，小便不利，便溏，畏寒肢冷	口服，每次3～6g，每日2～3次
黄芪口服液	黄芪	补气固表止汗。用于气虚自汗，反复感冒等	口服，每次1/2～1支，每日2次
黄芪生脉饮	黄芪、党参、麦冬、五味子	益气滋阴，养心补肺。用于气阴两虚，心悸气短的各种虚弱性心脏病	口服，每次5～10ml，每日3次。4周为1个疗程
缩泉丸	山药、乌药、益智仁	温脾暖肾，固摄缩泉。用于脾肾阳虚，小便频数，遗尿，流涎等	口服，每次3～6g，睡前服

八、开窍息风剂

方名	主要成分	功用与适应证	用量用法
万氏牛黄清心丸	牛黄、黄连、黄芩、山栀、郁金、朱砂	清热解毒，豁痰开窍，清心安神。用于痰热壅盛，内闭心窍，各种急性热病见高热神昏、谵语烦躁等	口服，每次0.75～1.5g，每日3次
小儿回春丸	牛黄、麝香、胆南星、黄连、钩藤、沉香、天麻、木香、枳壳、天竺黄、川贝母、法半夏、豆蔻等	清热化痰，开窍息风。用于小儿急惊风，痰热咳喘，烦躁神昏等	口服，1岁以下每次1丸，1～2岁每次2丸，3～4岁每次3丸，5岁以上每次4～6丸，每日2次
小儿百效片	大黄、猪牙皂、当归、全蝎、六曲、伏龙肝、天麻、僵蚕、朱砂	清热，镇惊，化滞。用于小儿内热积滞引起的停食，停乳，呕吐乳食，烦躁身热，惊风抽搐，大便秘结	口服，每次1.5g，每日2次
小儿定风散	钩藤、黄芩、僵蚕、琥珀、全蝎、朱砂	镇惊，安神定志。用于小儿惊风，手足抽搐，灼热，惊厥	口服，1～2岁每次1/2包，3～4岁每次1包，周岁以下小儿酌减，每日2次

续表

方名	主要成分	功用与适应证	用量用法
小儿抽风散	蜈蚣、全蝎、蝉蜕、僵蚕、半夏、胆南星、厚朴、朱砂、土鳖虫、钩藤、薄荷、甘草	清热祛风，镇惊安神。用于小儿惊风，神志昏迷，目窜口噤，口眼歪斜，四肢抽搐	口服，1～2 岁每次 0.3～0.6g，3～5 岁每次 0.9～1.2g，每日 2 次
牛黄抱龙丸	牛黄、胆南星、雄黄、琥珀、茯苓、全蝎、朱砂、天竺黄、僵蚕等	清热化痰，镇惊安神。小儿内热痰盛引起的惊风抽搐，咳嗽气促，烦躁不宁，身热昏睡，惊悸夜啼等	口服，周岁以内每次半丸，每日 2 次；1～3 岁每次 1 丸，每日 1～3 次
牛黄清心丸	牛黄、水牛角、羚羊角、黄芩、人参、茯苓、白芍、阿胶等	清心开窍，豁痰定惊，息风安神。用于痰热内阻，肝风内动，惊悸烦躁，头眩肢麻，言语不利等	口服，每次 3g，每日 2 次
牛黄镇惊丸	牛黄、全蝎、僵蚕、珍珠、麝香、朱砂、天麻、钩藤、胆南星、半夏、天竺黄、冰片等	镇惊安神，祛风豁痰。用于小儿高热惊风，抽搐，牙关紧闭，烦躁不安，痰喘气壅等	口服，每次水蜜丸 1g，大蜜丸 1 丸，每日 3 次，3 岁以内小儿酌减
安宫牛黄丸	牛黄、水牛角、郁金、黄芩、黄连、雄黄、栀子、朱砂、冰片、麝香、珍珠	清热解毒、豁痰开窍。主治高热神昏，烦躁，谵妄，喉间痰鸣，四肢抽搐等	口服，每次 1～2g，酌情每日数次
至圣保元丸	胆南星、牛黄、天麻、琥珀、防风、竺黄	清热化痰，镇惊。用于小儿痰热内闭，风热急惊等	口服，每次 1 丸，每日 2～3 次，周岁以内酌减
苏合香丸	苏合香、麝香、安息香、丁香、乳香、冰片、朱砂、水牛角等	温通开窍，辟秽醒神。用于寒凝痰湿，闭塞气机，见风痰壅盛，神昏，不省人事，面白唇青，舌苔白腻	口服，每次 1～2g，每日 1～2 次
小儿惊风片	琥珀、防风、僵蚕、天麻、川贝母、胆南星、白附子、钩藤、天竺黄、冰片、朱砂、全蝎等	镇惊息风，解热化痰。用于小儿高热惊风，身热面赤，烦躁不宁，四肢抽搐，目窜口噤，痰涎壅盛，昏迷不醒	口服，每次 2 片，每日 1 次

（刘世红　申莉鑫）

附录六
儿科常用检验正常值及临床意义

一、血 液 检 查

（一）血常规检查

项目	正常值	临床意义
红细胞计数（RBC）	$(4.0 \sim 5.3) \times 10^{12}/L$ 新生儿：$(6.0 \times \sim 7.0) \times 10^{12}/L$	减少，见于各种贫血，如急性、慢性再生障碍性贫血、缺铁性贫血等 增多，见于缺氧、血液浓缩、真性红细胞增多症、肺气肿等
血红蛋白测定（Hb）	$120 \sim 140g/L$ 新生儿：$180 \sim 190g/L$	减少，见于各种贫血，如急性、慢性再生障碍性贫血，缺铁性贫血等 增多，见于缺氧、血液浓缩、真性红细胞增多症、肺气肿等
白细胞计数（WBC）	$(5 \sim 12) \times 10^9/L$ 新生儿：$(15 \sim 20) \times 10^9/L$	生理性增高，见于剧烈运动、进食后、新生儿 病理性增高，见于急性化脓性感染、尿毒症、白血病、组织损伤、急性出血等 病理性减少，见于再生障碍性贫血、某些传染病、肝硬化、脾功能亢进、放疗化疗等
白细胞分类计数（DC）		
中性杆状核粒细胞（Nst）	$0.01 \sim 0.05$ （1%～5%）	增高，见于急性化脓性感染、大出血、严重组织损伤、慢性粒细胞膜性白血病及安眠药中毒等
中性分叶核粒细胞（Nsg）	$0.50 \sim 0.70$ （50%～70%）	减少，见于某些传染病、再生障碍性贫血、粒细胞缺乏症等
嗜酸性粒细胞（E）	$0.005 \sim 0.05$ （0.5%～5%）	增多，见于牛皮癣、天疱疮、湿疹、支气管哮喘、食物过敏，一些血液病及肿瘤，如慢性粒细胞性白血病、鼻咽癌、肺癌等 减少，见于伤寒、副伤寒早期、长期使用肾上腺皮质激素后
淋巴细胞（L）	$0.20 \sim 0.40$ （20%～40%）	增高，见于传染性淋巴细胞增多症、结核病、疟疾、慢性淋巴细胞白血病、百日咳、某些病毒感染等 减少，见于淋巴细胞破坏过多，如长期化疗、X线照射后及免疫缺陷病等

续表

项目	正常值	临床意义
单核细胞（M）	0.03～0.08 （3%～8%）	增高，见于单核细胞白血病、结核病活动期、疟疾等
嗜酸性粒细胞直接计数（EOS）	（50～300）×10^6/L	增多，见于变态反应性疾病和某些皮肤病，如牛皮癣、天疱疮、湿疹、支气管哮喘、食物过敏；一些血液病及肿瘤，如慢性粒细胞性白血病、鼻咽癌、肺癌等 减少，见于伤寒、副伤寒早期、长期使用肾上腺皮质激素后
血小板计数（PLT）	（100～300）×10^9/L	增高，见于血小板增多症、脾切除后、急性感染、溶血、骨折等 减少，见于再生障碍性贫血、急性白血病、急性放射病、原发性或继发性血小板减少性紫癜、脾功能亢进、尿毒症等
网织红细胞计数（RET）	0.5%～1.5% 新生儿：3%～6%	溶血性贫血、急性失血性贫血时网织红细胞计数显著增多；在缺铁性贫血及巨幼细胞贫血时，网织红细胞计数轻度增多；再生障碍性贫血时，网织红细胞减少，若其百分比＜1%，可作为急性再生障碍性贫血诊断指标之一
出血时间测定（BT）	Duke 法：1～3 分钟	延长，见于血小板大量减少和血小板功能缺陷、急性白血病、维生素 C 缺乏病等
凝血时间测定（CT）	活化法：1.14～2.05 分钟；试管法：4～12 分钟	延长，见于凝血因子缺乏、血循环中有抗凝物质、纤溶活力增强、凝血活酶生成不良等 缩短，见于高血脂、高血糖、脑血栓形成、静脉血栓等

（二）血液生化检查

项目	正常值	临床意义
血清钾（K）	3.5～5.1mmol/L	升高，见于急慢性肾衰竭、肾上腺皮质功能低下低醛固酮血症及应用氨苯蝶啶等造成钾的排出量减少；高钾饮食、口服或注射含钾液过多；溶血、挤压伤、组织缺氧、胰岛素缺乏、洋地黄中毒均可使血钾升高 降低，见于胃肠道丢失钾过多，如呕吐腹泻，胃肠引流；尿内排钾过多，如醛固酮增多症，服用利尿剂；碱中毒、低钾饮食、心功能不全、输入无钾液体等
血清钠（Na）	135～143mmol/L	降低，由胃肠道失钠，见于呕吐、腹泻、胃肠道引流；从肾脏丢失，严重的肾盂肾炎，肾小管严重损害、肾皮质功能不全、糖尿病；皮肤失钠，大量出汗时，只补水未补钠；大面积烧伤，创伤；抗利尿激素过多 升高，临床上少见，由缺水导致，故伴有脱水症状，如：严重脱水、大量出汗、烧伤、糖尿病性多尿、长期呕吐、腹泻后水摄入不足，以及肾上腺皮质功能亢进，原发、继发性醛固酮增多症

续表

项目	正常值	临床意义
血清氯（Cl）	98～106mmol/L	升高，见于代谢性酸中毒时，如高钠血症的脱水、高血氯性代谢性酸中毒等 降低，见于代谢性碱中毒时，如严重呕吐、腹泻、大量出汗、长期饥饿或无盐饮食等
血清钙（Ca）	2.25～2.75µmol/L 新生儿：2.5～3.0µmol/L	升高，见于甲状旁腺功能亢进，维生素 D 过多症，多发性骨髓瘤等 降低，见于手足抽搐症、新生儿低血钙症、甲状旁腺功能减退、慢性肾炎尿毒症，长期低钙饮食或吸收不良等
血清无机磷（P）	1.29～1.94mmol/L	升高，见于甲状旁腺功能减退，从肾脏排出的磷减少；慢性肾炎晚期，无尿或少尿时，磷的排泄障碍；维生素 D 摄取过多，促进小肠对钙、磷的吸收；多发性骨髓瘤及骨折愈合期 降低，见于甲状旁腺功能亢进，尿磷排泄量增加；肾小管变性病变，肾小管重吸收磷功能障碍；佝偻病或软骨病时，伴有继发性甲状旁腺增生，肾脏排磷增加；长期腹泻或吸收不良等
血清镁（Mg）	0.74～0.99µmol/L	升高，见于急慢性肾衰竭、甲状腺功能减退、甲状旁腺功能减退、艾迪生病、多发性骨髓瘤和严重脱水等 降低，见于镁来源不足，如长期禁食、呕吐、腹泻、消化不良等；镁丢失过多，如服用利尿剂、慢性肾炎多尿期；一些内分泌疾病，如甲状腺功能亢进、糖尿病酸中毒、醛固酮增多症等
血清铁（Fe）	9.0～22.0µmol/L	升高，见于溶血性贫血、再生障碍性贫血、巨幼红细胞性贫血、急性肝炎及铅中毒等 降低，见于缺铁性贫血、慢性失血、感染性疾病、恶性肿瘤、肝硬化等
血清铜（Cu）	14.2～19.5µmol/L	升高，见于胆道梗阻、甲状腺功能亢进、恶性肿瘤、肝硬化等 降低，见于肝豆状核疾病，也可见于低蛋白血症，如营养不良、肾病综合征等
血清锌（Zn）	100～118µmol/L	升高，见于锌中毒、甲状腺功能亢进等 降低，见于急性组织损伤、急性传染病、慢性肝病及肾病综合征
血清尿酸（UA）	尿酸酶法： 儿童： 119～327µmol/L 成人： 男 208～428µmol/L 女 155～357µmol/L	升高，见于痛风症、急慢性肾小球肾炎；白血病，多发性骨髓瘤，红细胞增多症或其他恶性肿瘤；氯仿、四氯化碳及铅中毒等
血清尿素（Urea）	3.2～7.0mmol/L	升高，见于各种肾脏疾病，肾小球病变，肾小管、肾间质或肾血管的损害，但是血尿素并不是肾功能的特异指标，它受肾脏以外因素影响，如：尿路结石、泌尿生殖系肿瘤等造成肾小管压力升高，使管内尿素扩散入血液，以及脱水、休克、心衰引起肾供血不足，使血尿素升高

项目	正常值	临床意义
血清肌酐（Cr）	88.4～176.8μmol/L 男性53～106μmol/L， 女性44～97μmol/L	升高，肾功能明显受损。通常血浆肌酐浓度与疾病的严重性平行。肾前性及肾性早期的损害一般不会使血浆肌酐浓度升高
血清肌酸（Cre）	男13～38μmol/L 女26.7～71μmol/L	增高，严重肌肉损伤，挤压综合征，皮肌炎；进行性肌营养不良，肾脏重度损伤
血氨（Am）	18～72μmol/L	病理性升高，见于肝昏迷、肝性脑病、重症肝炎、尿毒症、出血性休克、某些先天性酶缺陷等 大量食入蛋白质，食管静脉曲张造成的上消化道出血也可导致血氨升高
血清总胆红素（Tbil）	新生儿0～1天： 34～103μmol/L 新生儿1～2天： 103～171μmol/L 新生儿2～3天： 68～137μmol/L 成人： 3.4～13.7μmol/L	增高，见于各种黄疸。如肝前性黄疸，由于红细胞破坏过多，贫血、溶血，使血内间接胆红素过剩；肝后性黄疸，由于结石和肝、胆、胰肿瘤以及炎症，致使胆道梗阻，胆汁不能排入小肠；肝细胞损害，引起肝性黄疸，如败血症、肺炎及伤寒等
直接胆红素（1' bil）	0.5～3.4μmol/L	1分钟胆红素测定对黄疸的鉴别有较大意义。低于总胆红素含量的20%时，主要反映胆红素的生成增多，或肝细胞的摄取及结合障碍，前者主要为溶血性疾病，后者多见于先天性黄疸，以及肝炎后高胆红素血症。1分钟胆红素高于总胆红素含量的40%时，包括肝细胞性黄疸、肝内外胆汁淤滞以及胆红素排泄障碍的先天性黄疸
血清总胆固醇（TC）	3.4～5.7mmol/L	升高，多继发于肾病综合征、甲状腺功能减退、糖尿病和胆道梗阻等 降低，见于恶性贫血、溶血性贫血、甲状腺功能亢进、急性感染，营养不良等
血清甘油三酯（TG）	0.57～1.7mmol/L	升高，见于家族性高甘油三酯血症、甲状腺功能减退、肾病综合征等 降低，见于甲状腺功能亢进、肾上腺皮质功能低下、肝功能严重低下等
血清总蛋白（TP）	60～80g/L	浓度升高，见于各种原因失水所致血液浓缩；多发性骨髓瘤、巨球蛋白血病；系统性红斑狼疮等 浓度降低，见于肾病综合征、严重烧伤、结核、甲状腺功能亢进、肿瘤等
血清白蛋白（Alb）	34～54g/L	血清白蛋白降低临床常见与总蛋白降低的原因大致相同
血清球蛋白（G）	20～30g/L	浓度升高，见于多发性骨髓瘤、肝硬化、结缔组织病、血吸虫病、疟疾、慢性感染、肾病严重脱水等。 浓度降低，通常与低丙球蛋白血症相关，临床较少见。见于肾上腺皮质功能亢进和使用免疫抑制剂等

二、尿 液 检 查

（一）常规检查

项目	正常值	临床意义
尿量（UV）	新生儿 0.03～0.06L/24h <1 岁儿童 0.25～0.3L/24h 1～3 岁 0.5～0.6L/24h 3～8 岁 0.6～1L/24h 8～14 岁 0.8～1.4L/24h	减少，生理性饮水少、出汗多等；病理性常见于肾炎、尿毒症肾衰竭、休克、脱水、严重烧伤、心功能不全等 增多，生理性出汗少、饮水过多、饮浓茶、酒精类、精神紧张；病理性尿崩症、糖尿病、慢性肾炎等
气味（S）	新鲜尿有微弱芳香味，在空气中放置使尿产生氨味	新鲜尿液有氨臭味，见于慢性膀胱炎、慢性尿潴留等；烂苹果味见于糖尿病酮症酸中毒；腐臭味见于泌尿系统感染；大蒜臭味见于有机磷中毒
颜色（C）	透明，淡黄或黄色	灰白色云雾状混浊，见于脓尿；红色云雾状混浊常为血尿；酱油色多为急性血管内溶血所引起的血红蛋白尿；深黄色为胆红素尿，见于阻塞性或肝细胞性黄疸；乳白色为乳糜尿，有时有小血块并存，常见于血丝虫病；混浊多为无机盐结晶尿
尿比重（SG）	1.015～1.025 新生儿在 1.002～1.004 之间	降低，见于慢性肾盂肾炎、尿崩症、慢性肾小球肾炎、急性肾衰竭的多尿期等 增高，见于糖尿病、高热、脱水、急性肾小球肾炎等

（二）化学检查

项目	正常值	临床意义
酸碱度（pH）	在 5.5～7.4 之间，一般情况下在 6.5 左右	小于正常值，见于酸中毒、糖尿病、痛风、服酸性药物 大于正常值，见于碱中毒、膀胱炎或服用碳酸氢钠等碱性药物
尿沉渣检查（US）	红细胞：0～3 个/HPF 白细胞：0～5 个/HPF	红细胞增多，见于肾小球肾炎、泌尿系结石、结核、肿瘤 白细胞增多，见于泌尿系炎症
尿蛋白（PRO）	定性：阴性 定量：10～150mg/24h 尿	生理性增多，见于剧烈运动后（运动性蛋白尿）、体位变化（体位性蛋白尿）、身体突然受冷暖刺激，或人的情绪激动等。此时，肾小球内皮细胞收缩或充血，使肾小球通透性增高 病理性蛋白尿，见于急性肾小球肾炎、肾病综合征、肾盂肾炎、慢性肾炎、高血压肾病、苯中毒等
尿糖（UGLU）	定性：阴性 定量：0.56～5.0mmol/24h （100～900mg/24h）	尿糖增多，见于糖尿病、肾病综合征、胰腺炎、肢端肥大症等疾病
胆红素（BIL）	定性：阴性	胆红素阳性，见于肝实质性或阻塞性黄疸病
乳糜定性（CM）	定性：阴性	乳糜阳性，见于丝虫病、尿路淋巴管破裂等病
尿酮体（KET）	尿酮体定性：阴性 定量：丙酮 3mg/24h	尿酮体阳性，见于糖尿病酮症酸中毒、剧烈运动后、饥饿、消化吸收障碍、脱水等

续表

项目	正常值	临床意义
尿胆原（URO）	定性：弱阳性，尿1∶20稀释为阴性 定量：1～4mg/24h	尿胆原增多，见于病毒性肝炎、溶血性黄疸、心力衰竭、肠梗阻、内出血、便秘等 尿胆原减少，见于长期应用抗生素、阻塞性黄疸等
隐血试验（OBT）	阴性	阳性，见于蚕豆病、疟疾、伤寒、大面积烧伤并发血红蛋白尿、砷、苯、铅中毒及毒蛇咬伤所引起的血红蛋白尿

（三）尿显微镜检查

项目	正常值	临床意义
管型（Cast）	一般尿中为0，少量透明管型可见于剧烈运动后	颗粒管型增多，见于急、慢性肾小球肾炎；透明管型增多，见于肾实质损害；红细胞管型增多，见于肾脏出血、急性肾小球肾炎；脂肪管型增多，见于慢性肾炎、肾病综合征
白细胞（UWBC）	5个/HPF	增多，见于细菌性炎症，如急性肾盂肾炎等；非细菌性炎症，如急性肾小球肾炎
红细胞（URBC）	一般无红细胞，或0～2个/HPF	增多，为血尿，见于急性肾小球肾炎、急性肾盂肾炎、泌尿系结石、肾结核、血友病等
小圆上皮细胞（SREC）	正常尿中为0，或有极少量	增加，见于肾小管损害

三、脑脊液检查

项目	正常值	临床意义
颜色（C）	无色水样液体	红色，见于蛛网膜下腔出血、脑出血、硬膜下血肿等。如腰椎穿刺时观察到流出的脑脊液先红后转无色，为穿刺损伤性出血 黄色，见于陈旧性蛛网膜下腔出血及脑出血、包囊性硬膜下血肿、化脓性脑膜炎、脑膜粘连、脑栓塞；椎管梗阻；脑、脊髓肿瘤及严重的结核性脑膜炎；各种原因引起的重症黄疸；心功能不全、含铁血黄素沉着症、胡萝卜素血症、早产儿等 乳白色，见于化脓性脑膜炎 微绿色，见于铜绿假单胞菌性脑膜炎、甲型链球菌性脑膜炎 褐色或黑色，见于中枢神经系统的黑色素瘤、黑色素肉瘤等
透明度（T）	清晰透明	微混，见于乙型脑炎、脊髓灰质炎、脑脓肿（未破裂者）；混浊，见于化脓性脑膜炎、结核性脑膜炎等；毛玻璃状，见于结核性脑膜炎、病毒性脑膜炎等；凝块，见于化脓性脑膜炎、脑梅毒、脊髓灰质炎等；薄膜，见于结核性脑膜炎等

续表

项目	正常值	临床意义
白细胞计数（CWBC）	儿童：$(0\sim15)\times10^6/L$； 新生儿：$(0\sim30)\times10^6/L$	明显增高（$>200\times10^6/L$），见于化脓性脑膜炎、流行性脑脊髓膜炎 中度增高（$<200\times10^6/L$），见于结核性脑膜炎 正常或轻度增高，见于浆液性脑膜炎、流行性脑炎（病毒性脑炎）、脑水肿等
蛋白定性（Pandy 试验）	阴性	明显增高（++ 以上），见于化脓性脑膜炎、结核性脑膜炎、脊髓腔等中枢神经系统恶性肿瘤及其转移癌、脑出血、蛛网膜下腔出血及梗阻等 轻度增高（+～++），见于病毒性脑膜炎、乙型脑炎等
葡萄糖半定量（HGLU）	1～5管或2～5管阳性	增高，见于饱餐或静脉注射葡萄糖后、血性脑脊液、糖尿病、脑干急性外伤或中毒、早产儿或新生儿等 降低，见于急性化脓性脑膜炎、结核性脑膜炎、霉菌性脑膜炎、神经梅毒、脑瘤、低血糖等
细胞分类（DC）	红细胞：无或少量 淋巴及单核细胞：少量 间皮细胞：偶见 其他细胞：无	红细胞增多，见于脑出血、蛛网膜下腔出血、脑血栓、硬膜下血肿等 淋巴细胞增多，见于结核性脑膜炎、霉菌性脑膜炎、病毒性脑膜炎、麻痹性痴呆、乙型脑炎后期、脊髓灰质炎、脑肿瘤、脑溢血、多发性神经炎 中性粒细胞增多，见于化脓性脑膜炎、流行性脑脊髓膜炎、流行性脑炎、脑出血、脑脓肿、结核性脑膜炎恶化期 嗜酸性粒细胞增多，见于寄生虫性脑病等 单核细胞增多，见于浆液性脑膜炎 有吞噬细胞，见于脑膜炎 有肿瘤细胞，见于脑、脊髓肿瘤

（潘道友）

附录七
小儿疫苗接种一览表

一、计划内疫苗（一类疫苗）

接种时间	接种疫苗	次数	可预防的传染病	备注
出生24小时内	乙肝疫苗	第一针	乙型病毒性肝炎	肝炎，发热，急性感染，慢性严重疾病，过敏体质的小儿禁用。
	卡介苗	初种	结核病	早产儿、低出生体重儿（出生体重小于2 500g）、难产儿应该慎种。正在发热、腹泻、严重皮肤病的小儿应暂缓种。结核病，急性传染病，心、肾疾患，免疫功能不全的小儿禁种。
1月龄	乙肝疫苗	第二针	乙型病毒性肝炎	
2月龄	脊灰疫苗（灭活疫苗）	第一次	脊髓灰质炎	服苗前一周有腹泻，或一天腹泻超过4次者；发热、急性病的小儿，应暂缓接种。有免疫缺陷症，正在使用免疫抑制剂（如激素）者禁用。对牛奶过敏者可服液体疫苗。
3月龄	脊疫苗（灭活疫苗）	第二次	脊髓灰质炎	
	百白破疫苗	第一次	百日咳、白喉、破伤风	发热、急性病或慢性病急性发作期的小儿应缓种。中枢神经系统疾病（如癫痫），有抽风史、严重过敏体质的小儿禁用。
4月龄	脊灰疫苗（减毒活疫苗，口服）	第三次	脊髓灰质炎	
	百白破疫苗	第二次	百日咳、白喉、破伤风	
5月龄	百白破疫苗	第三次	百日咳、白喉、破伤风	
6月龄	乙肝疫苗	第三针	乙型病毒性肝炎	
	A群流脑多糖疫苗	第一针	流行性脑脊髓膜炎	接种流脑疫苗后的反应比较轻微，偶尔有人出现短暂低热，有些大孩子（8～12岁）偶尔出现过敏反应，即在接种后的十几个小时皮肤出现疱疹等，此时应请医生诊治。注射局部可能出现红晕和压痛，一般在24小时内消退，不用特殊处理。

续表

接种时间	接种疫苗	次数	可预防的传染病	备注
8月龄	麻腮风疫苗	第一针	麻疹、风疹、流行性腮腺炎	患过麻疹的小儿不必接种。正在发热或有活动性结核的小儿，有过敏史（特别是对鸡蛋过敏）的小儿禁用。注射丙种球蛋白的小儿，间隔1个月后才可接种。
	乙脑减毒活疫苗	初次免疫两针	流行性乙型脑炎	发热及急性疾病；严重慢性病；脑及神经系统疾病；过敏性疾病，既往对抗生素、疫苗有过敏史者。
9月龄	A群流脑多糖疫苗	第二针	流行性脑脊髓膜炎	
1.5～2岁	百白破疫苗	第四次	百日咳、白喉、破伤风	
	麻腮风疫苗	第二针	麻疹、风疹、流行性腮腺炎	
	减活乙脑疫苗	第三针	流行性乙型脑炎	
3岁	A群流脑疫苗，也可用A+C流脑多糖疫苗加强	第三针	流行性脑脊髓膜炎	
4岁	脊灰疫苗（减毒活疫苗，口服）	第四次	脊髓灰质炎	
6岁	白破疫苗（DT）	第一针	白喉、破伤风	
	乙脑灭活疫苗	第四针	流行性乙型脑炎	
	A+C流脑多糖疫苗	第四针	流行性脑脊髓膜炎	

二、计划外疫苗（二类疫苗）

可以根据小儿自身情况、各地区不同状况及家庭经济状况而定。如果选择注射二类疫苗应在不影响一类疫苗情况下进行选择性注射。要注意接种过活疫苗（麻疹疫苗、乙脑疫苗、脊灰糖丸）要间隔4周才能接种灭活疫苗（百白破、乙肝、流脑及所有二类疫苗）

接种疫苗	备注
流感疫苗	有四类小儿不宜接种流感疫苗，其中包括6个月以下婴儿；过敏体质，尤其是对鸡蛋过敏者；患有先天性疾病的小儿；患感冒、发热等或急性病发作时，先治病，等身体恢复后再接种 对7个月以上、患有哮喘、先天性心脏病、慢性肾炎、糖尿病等抗病能力差的小儿，一旦流感流行，易患病并诱发旧病发作或加重者，家长应考虑接种
手足口疫苗	手足口病是一种儿童常见传染病，发病人群以5岁及以下儿童为主，我国每年4～6月是该病的高发季节 本疫苗在小儿6～7月龄时接种
肺炎疫苗	肺炎是由多种细菌、病毒等微生物引起，单靠某种疫苗预防效果有限，一般健康的小儿不主张选用。但体弱多病的孩子，可考虑选用
轮状病毒疫苗	轮状病毒是3个月～2岁婴幼儿病毒性腹泻最常见的原因。接种轮状病毒疫苗能避免小儿严重腹泻 第一剂使用后5天，偶有低热、食欲不振、躁动及活力降低等；第二剂用后只有轻度发热；第三剂使用后上述现象很少发生

续表

接种疫苗	备注
狂犬病疫苗	发病后的死亡率几乎100%,还没有一种有效的治疗狂犬病的方法,凡被病兽或带毒动物咬伤或抓伤后,应立即注射狂犬病疫苗。若被严重咬伤,如伤口在头面部、全身多部位咬伤、深度咬伤等,应联合用抗狂犬病毒血清 小儿在接种过程中,应忌食油、可乐、咖啡、浓茶、刺激性食物,类固醇和免疫抑制剂会导致接种失败,应慎用
水痘疫苗	抵抗力差的小儿应该选用;体质好的小儿可用也可不用,因为水痘是良性自限性"传染病",列入传染病管理范围。即使小儿患了水痘,发生并发症的也很少 有严重疾病史、过敏史、免疫缺陷病者禁用。患一般疾病,在治疗期、发热期的小儿暂缓用
甲肝疫苗	1岁以上未患过甲型肝炎但与甲型肝炎患者有密切接触的人,以及其他易感人群都应该接种甲肝疫苗 发热、急性病或慢性病发作期的小儿应暂缓种。免疫缺陷、正在接受免疫抑制剂治疗及过敏体质小儿禁用

(潘道友)

主要参考书目

[1] 苏树蓉. 中医儿科学 [M]. 北京：人民卫生出版社, 2003.

[2] 江育仁. 中医儿科学 [M]. 上海：上海科学技术出版社, 1985.

[3] 严隽陶. 推拿学 [M]. 北京：中国中医药出版社, 2003.

[4] 戴俭国. 推拿学 [M]. 济南：山东科学技术出版社, 1998.

[5] 罗才贵. 推拿治疗学 [M]. 北京：人民卫生出版社, 2001.

[6] 王之虹. 推拿手法学 [M]. 北京：人民卫生出版社, 2003.

[7] 王国才. 推拿手法学 [M]. 北京：中国中医药出版社, 2003.

[8] 廖品东. 小儿推拿学 [M]. 北京：人民卫生出版社, 2016.

[9] 俞大方. 推拿学 [M]. 上海：上海科学技术出版社, 1985.

[10] 张素芳. 中国小儿推拿学 [M]. 上海：上海中医学院出版社, 1992.

[11] 金义成. 小儿推拿学 [M]. 上海：上海中医学院出版社, 1988.

[12] 刘蓬. 中医耳鼻咽喉科学 [M]. 北京：中国中医药出版社, 2021.

[13] 刘明军, 邰先桃. 小儿推拿学 [M]. 北京：中国中医药出版社, 2021.

[14] 赵霞, 李新民. 中医儿科学 [M]. 北京：中国中医药出版社, 2021.

复习思考题答案要点

模拟试卷

《小儿推拿》教学大纲